Vorwort

Die Buchführung, ein Teil des Rechnungswesens, ist ein wichtiges und interessantes Gebiet innerhalb der kaufmännischen Abteilungen eines Unternehmens. In der Buchführung werden Daten gesammelt und aufbereitet, die für das Unternehmen selbst und für Außenstehende, unter anderem das Finanzamt, von erheblichem Interesse sind. Ein großer Teil des betrieblichen Geschehens spiegelt sich in den Zahlen der Buchführung wider.

Innerhalb der Buchführung gibt es viele Arbeits- und Entwicklungsmöglichkeiten, angefangen vom Buchführungshelfer bis zum Leiter des Rechnungswesens. Es beginnt mit den eher einfachen Arbeiten wie dem Aufbereiten von Belegen, Eingeben von Daten oder Kontrollieren von Zahlungseingängen, setzt sich fort mit dem selbstständigen Erledigen der laufenden Buchführungsarbeiten und kann schließlich bei der Vorbereitung oder sogar Erstellung des Jahresabschlusses enden.

Wer diesen Lehrgang durchgearbeitet hat, sei es innerhalb eines Kurses oder im Selbststudium, wird in der Lage sein,

- das System der doppelten Buchführung sicher anzuwenden,
- alle laufenden Geschäftsvorfälle selbstständig zu erledigen,
- auch schwierigere Buchungsfälle zu bearbeiten,
- Geschäftsvorfälle im Hinblick auf den Jahresabschluss vorzubereiten,
- bei den Jahresabschlussarbeiten mitzuwirken,
- die anfallenden Daten so aufzubereiten, dass sie in anderen Teilbereichen des Rechnungswesens weiter verarbeitet werden können.

Außerdem wird der Absolvent dieses Lehrgangs über alle grundlegenden Kenntnisse zur Umsetzung der Buchführung in die Praxis verfügen.
Zum Durcharbeiten des Lehrgangs sind ca. 60 –100 Unterrichtsstunden und noch einmal die gleiche Zeit für Übungen aufzuwenden.

Die Fußnoten können beim ersten Durcharbeiten des Buches übersprungen werden. Sie dienen als Beleg und als Hinweis für weitere Informationen.

Hinweis: Trotz vielfältiger Vorschriften über die Buchführung gibt es häufig verschiedene Lösungsmöglichkeiten, die alle richtig sein können. Wir stellen jeweils eine Lösung dar und orientieren uns dabei so weit wie möglich an der DATEV, die auf dem Gebiet der Buchführung und Bilanzierung einen Standard gesetzt hat.

Die Autoren wünschen Ihnen viel Erfolg bei der Arbeit, die sicherlich mühsam ist, aber auch Freude bringt.

Anregungen zum Buch werden gern entgegengenommen.

Wir danken der DATEV eG für die freundliche Genehmigung zum Abdruck des Kontenrahmens und der Zeitschrift Freundin Extra Beruf für die Abdruckgenehmigung der Grafik (S. 12).
Die Lösungen zu den Aufgaben können Sie sich aus dem Internet herunterladen unter www.merkur-verlag.de. Dort gehen Sie dann zu diesem Buch, wo Sie dann eine PDF-Datei zum Herunterladen finden.

Die Autoren bedanken sich bei allen Kollegen und Kolleginnen für die Anregungen und die vielfältigen Hilfen, insbesondere sind zu nennen: Roland Pipiale, Uwe Osterwald, Jörn Awe, Jörg Schirmer, Kerstin Janouch, Reinhardt Döhl, Heinz Jaeck, Uwe Strohbach, Steffen Ullrich, Bernd Albinus, Rudolf Bunte, Klaus Presser, Astrid Heynemann, Reiner Weber, Michael Elste.
Berlin/Rinteln, im Frühjahr 2007
Autoren und Verlag

10. Auflage

Das Buch wurde auf den aktuellen Stand der Rechtslage ab dem 01. Jan. 2009 gebracht.
Außerdem wurden einige Beispiele verbessert.
Anlässlich der inzwischen 10. Auflage möchten wir uns bei allen Dozenten und Dozentinnen und Lesern und Leserinnen bedanken. Von allen wurde insbesondere die Praxisnähe und die gute Verständlichkeit hervorgehoben. Das dürfte wohl auch der Grund dafür sein, dass dieses Buch inzwischen seit über 10 Jahren genutzt wird. Mehrere tausend Leser/-innen konnten gerade auch mit Hilfe dieses Buches ihre jeweiligen Prüfungen bestehen.
Berlin/Rinteln, im Frühjahr 2009
Autoren und Verlag

11. Auflage

Das Buch wurde auf den aktuellen Stand der Rechtslage ab dem 01.Jan. 2010 gebracht.
Um das Buch noch benutzerfreundlicher zu machen, haben wir ihm ein vollkommen neues Layout gegeben. Wir hoffen, das dieses Layout eine weitere gute Hilfe für das Lernen sein wird.
Berlin/Rinteln, im Frühjahr 2010
Autoren und Verlag

Hinweis: Für den Teil 1 Finanzbuchführung Xpert brauchen nur die Teile A 1, 2, 4.1 bis 4.6, B2, C1 und C9 durchgenommen werden.

Hans-Holger Schröter
Helga Moll
Siegfried Wurm

Externes Rechnungswesen
Buchführung mit einer Einführung in den Jahresabschluss

Lern- und Arbeitsbuch
für die Veranstaltung Externes Rechnungswesen,
Unternehmungsrechnung, BRW 1, ERW 1, ReWe 1
im Grundstudium bzw. Bachelor in allen
betriebswirtschaftlichen Studiengängen an Unis,
Fachhochschulen und Akademien und für alle
Lehrgangssysteme in der Weiterbildung
(Finanzbuchhalter/in, Xpert - Business und andere)
auch zum Selbststudium

- mit einer Probeklausur und Lösungen im Internet
- Mit DATEV-Kontenrahmen SKR 03 und
- Industriekontenrahmen (IKR)

Merkur
Verlag Rinteln

Wirtschaftswissenschaftliche Bücherei für Schule und Praxis
Begründet von Handelsschul-Direktor Dipl.-Hdl. Friedrich Hutkap †

Verfasser:

Dipl.-Volkswirt Hans-Holger Schröter, Programmbereichsleiter Berufliche Weiterbildung, Berlin, E-Mail: hh.schroeter@gmx.de

Dipl.-Hdl. Helga Moll, Dozentin in der beruflichen Weiterbildung , Berlin

Dipl.-Kfm. Dr. Siegfried Wurm, Steuerberater, Vereidigter Buchprüfer, Dozent in der beruflichen Weiterbildung, Berlin

Die Lösungen zu den Aufgaben können Sie aus dem Internet herunterladen unter www.merkur-verlag.de. Dort gehen Sie dann zu diesem Buch, wo Sie dann eine PDF-Datei zum Herunterladen finden. Dort werden auch – je nach aktueller Lage – zusätzliche Informationen bereitgestellt.

Dozenten können Zusatzmaterialien anfordern unter E-Mail: hh.schroeter@gmx.de

* * * *

12. Auflage 2011
Nachdruck 2013

Titel bis zur 8. Auflage: Finanzbuchführung für alle Branchen.

© 1995 by MERKUR VERLAG RINTELN
Gesamtherstellung:
MERKUR VERLAG RINTELN Hutkap GmbH & Co. KG, 31735 Rinteln
E-Mail: info@merkur-verlag.de
          lehrer-service@merkur-verlag.de
Internet: www.merkur-verlag.de
Layout: Layoutmanufaktur, Berlin, Bianka Spieß, www.layoutmanufaktur.com

ISBN 978-3-8120-0017-8

Inhalt

Abschnitt A: Systemlogik der Buchführung

Abschnitt B: Laufende Buchungsfälle

Abschnitt C: Jahreswechsel – Jahresabschluss

Anhang

Hinweise zur Arbeitsweise und zum Aufbau des Buches

Wie können Sie den größten Nutzen aus diesem Buch ziehen? Blättern Sie am Anfang und auch später das Buch durch, damit Sie einen Eindruck davon bekommen, was auf Sie zukommt bzw. was schon erfolgreich hinter Ihnen liegt.

Auch wenn Sie einen Kurs besuchen, sollten Sie jedes einzelne Kapitel sorgfältig durcharbeiten. Lesen Sie es zunächst überblicksmäßig durch, streichen Sie dabei aber schon jede wichtig erscheinende Stelle an und machen Sie ggf. Randnotizen (das ist ein Arbeitsbuch!). Anschließend gehen Sie das Kapitel noch einmal gründlich durch und notieren sich in Ihrem Arbeitsheft Fragen zu Ihnen noch unklaren Sachverhalten. Wenn Sie einen Buchführungslehrgang besuchen, können diese Fragen dort besprochen werden. Dazu wird er ja von Ihnen besucht. Beim Selbststudium werden Sie sehen, dass sich diese Fragen dann später in der Regel klären lassen. Der Lerneffekt ist auf jeden Fall groß.

Die einzelnen Kapitel sind in der Regel folgendermaßen aufgebaut:
- Überblick,
- Themendarstellung,
- Zusammenfassung,
- Aufgaben.

Im Überblick wird auf die neuen Lerninhalte hingewiesen. Sie sollen wissen, worauf es ankommt und wie die neuen Informationen insgesamt einzuordnen sind.

Die neuen Lerninhalte werden – nach Themen geordnet – ausführlich, ohne Gedankensprünge logisch aufeinander aufbauend dargestellt. Wichtige Aussagen werden optisch hervorgehoben, sodass die Argumentationsfolge gut nachvollzogen werden kann. Arbeiten Sie die Musterbeispiele sorgfältig durch, sie werden Ihnen bei der Lösung der Aufgaben sehr hilfreich sein.

Mit Exkurs gekennzeichnete Punkte enthalten Zusatzinformationen. Diese können Sie beim ersten Durcharbeiten überspringen.

Die Zusammenfassung dient insbesondere der Wiederholung und Prüfungsvorbereitung.

Dieser Lehrgang ist in drei große Abschnitte gegliedert:
- Systemlogik der Buchführung,
- laufende Buchungen,
- Jahreswechsel/Jahresabschluss,

Abschnitt A

Abschnitt A: Systemlogik der Buchführung

Wir erarbeiten uns die grundlegenden Techniken und Zusammenhänge in der Buchführung. Weitere mögliche Lösungen und die ausführlichen gesetzlichen Vorschriften werden wir dabei zunächst außer Acht lassen, auf sie wird in späteren Kapiteln hingewiesen. Zusammenhängend werden diese Vorschriften im letzten Kapitel **Gliederung des Rechnungswesens – Gesetzliche Grundlagen der Buchführung** dargestellt.

Abschnitt B

Abschnitt B: Laufende Buchungen

Hier finden Sie die Buchungsfälle angesprochen, die im Laufe des Jahres in einem Unternehmen vorkommen können. Sofern allerdings der Schwerpunkt der Bearbeitung in der Buchführung im Rahmen der Jahresabschlussarbeiten liegt, werden diese Fälle im Abschnitt C **Jahresabschluss** dargestellt. (Das trifft z. B. für die Anlagenbuchhaltung und die Abschreibungen zu.).

Abschnitt C

Der Abschnitt C: Jahreswechsel/Jahresabschluss

Dieser Abschnit gibt Ihnen schließlich die Informationen, die Sie benötigen, um bei der Erstellung des Jahresabschlusses mitwirken zu können. Diese Informationen sind auch wichtig, um im Laufe des Jahres schon Vorkehrungen für den Jahresabschluss treffen zu können. Einen Überblick über die rechtlichen Grundlagen für das Rechnungswesen erhalten Sie im letzten Kapitel des Abschnitts C.

Wer in einer Buchhaltung arbeitet, bucht immer aus der Sicht des Unternehmens. Das ist wichtig, denn derselbe Geschäftsfall wird bei unseren Geschäftspartnern anders gebucht als bei uns. Deshalb heißt es in unseren Darstellungen und Aufgaben immer „WIR". Damit alles noch ein wenig bildhafter wird, stellen wir vorweg unsere Übungsfirma Horst Bachnik e.K. Sportartikel Großhandel vor. Studieren Sie gegebenenfalls einmal wieder diesen Teil, damit Sie sich einige Sachverhalte besser veranschaulichen können. Wichtig ist diese Unternehmensskizze gerade auch, damit klar wird, wer alles an einem Geschäftsgang beteiligt ist und von wem folglich der Buchhalter Informationen für seine Arbeit erhalten kann.

Einführung
Wir stellen vor: Horst Bachnik e.K. Sportartikel Großhandel

In diesem Kapitel lernen Sie das Unternehmen Horst Bachnik e.K. Sportartikel Großhandel kennen.

Anhand eines Geschäftsablaufs von der Bestellung bis zur Auslieferung wird dargestellt, wie die einzelnen kaufmännischen Abteilungen zusammenarbeiten und wie die Buchführung in diesen Ablauf einbezogen ist.

Gleichzeitig erfahren Sie, wie moderne Kommunikationsmittel als Werkzeug des Kaufmanns eingesetzt werden.

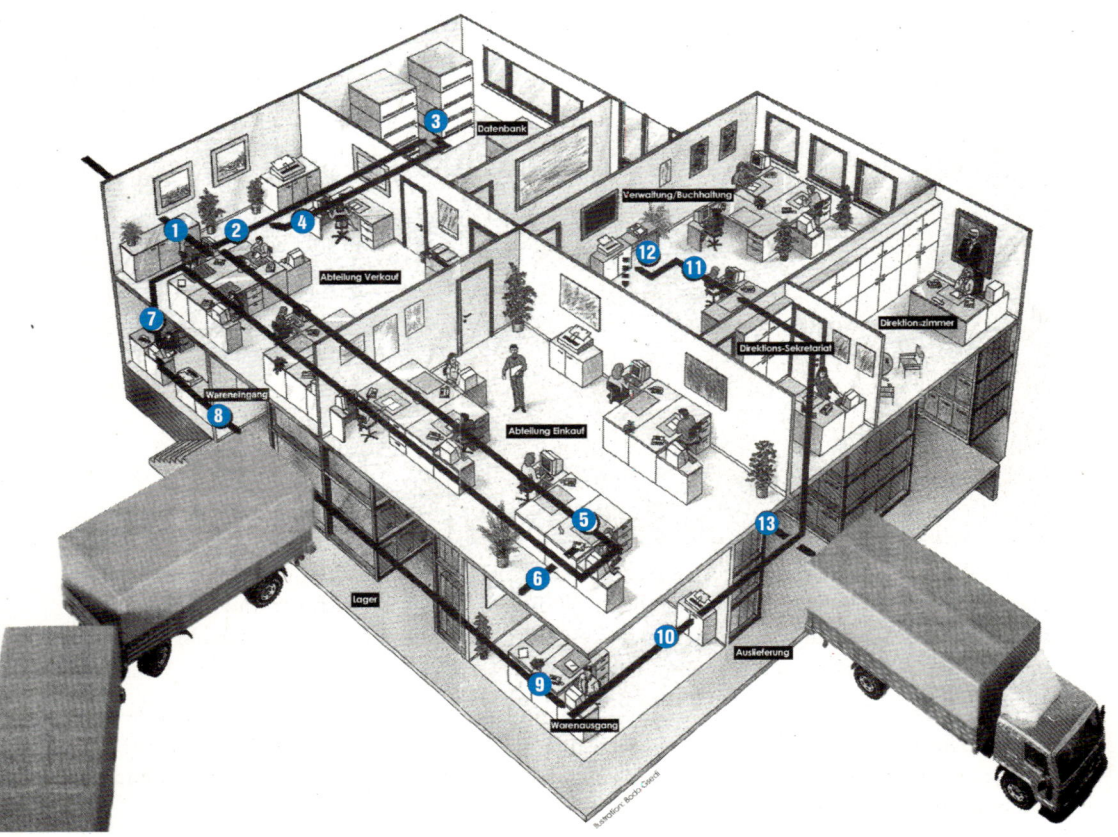

Der Sachbearbeiter der Verkaufsabteilung (2) wird von unserem Kunden, dem Einzelhändler Frank Nagel e.K., angerufen (1). Er möchte für eine große Trimm-dich-Aktion 100 Hantelgewichte bestellen. Die Lieferung soll am 15. November erfolgen. Der Verkäufer gibt diese Bestellung in den Computer ein. Um dem Kunden sofort eine verbindliche Antwort geben zu können, fragt er bei der Lagerdatenbank an, ob 100 Hantelgewichte vorrätig sind (3). Er erhält auf seinem Bildschirm die Auskunft (4), dass dies nicht der Fall ist, dass sie aber bis zum 15. November beschafft werden können. Aufgrund dieser Information kann die Bestellung angenommen und dem Kunden pünktliche Lieferung zugesagt werden.

Anschließend wird der gesamte Vorgang der Sachbearbeiterin der Abteilung Einkauf mitgeteilt (5). Die Einkäuferin bestellt daraufhin beim Hersteller per Telefax (6) 100 Hantelgewichte und informiert den Wareneingang (7).

Der Hersteller liefert die Hantelgewichte ins Lager (8).

Auch der Warenausgang ist informiert worden (9). Die Hantelgewichte werden zur Auslieferung vorbereitet (10). Die Buchhaltung weiß ebenfalls Bescheid (11) und schreibt Lieferschein und Rechnung (12). Die Lieferung an den Kunden erfolgt fristgerecht am 15. November (13).
Nach dieser groben Skizzierung sollen alle Vorgänge, die die Buchhaltung betreffen, näher betrachtet werden.

Wir sind die Sportartikelgroßhandlung Horst Bachnik e.K.

Die Bestellung kommt von dem Kunden Frank Nagel e.K., Lieferant für die Hantelgewichte ist die Eisenwaren OHG.

Als die Hantelgewichte im Lager eintreffen, erhält die Abteilung Wareneingang einen Lieferschein. Sie prüft über die zentrale Datenbank, ob die gelieferte Ware nach Art und Menge mit der bestellten übereinstimmt. Wenn alles in Ordnung ist, wird in die Datenbank das O.K. gegeben und der Lieferschein an die Buchhaltung weitergeleitet.

Die Eisenwaren OHG schickt uns die Rechnung über die gelieferten Hantelgewichte. Die Einkaufsabteilung überprüft diese Rechnung, zeichnet sie ab und übergibt sie der Buchhaltung. Hier sind jetzt alle Unterlagen vorhanden, um den Geschäftsablauf zu belegen und die notwendigen Buchungen durchzuführen.

Die Eingangsrechnung wird gebucht als eine Verbindlichkeit, das ist eine Schuld gegenüber dem Lieferanten. Unter Berücksichtigung des vereinbarten Zahlungsziels erfolgt anschließend die Zahlung der Lieferantenrechnung.

In der Zwischenzeit hat die Verkaufsabteilung der Datenbank entnommen, dass die von Frank Nagel bestellte Ware jetzt vollständig vorrätig ist. Die Auslieferung an den Kunden kann veranlasst werden. Die Fakturistin (Fakturisten schreiben Rechnungen) erstellt die Rechnung entsprechend den mit unserem Kunden vereinbarten Preis und Bedingungen. Die fertige Rechnung wird an Frank Nagel e.K. geschickt, ein Durchschlag geht an die Buchhaltung.

Diese Ausgangsrechnung wird gebucht als eine Forderung, d. h., der Kunde schuldet uns den in der Rechnung ausgewiesenen Betrag.

Mit Hilfe von Übersichtslisten über die ausstehenden offenen Posten, das sind Rechnungen, die noch nicht bezahlt worden sind, wird der Zahlungseingang unserer Kunden überwacht. Falls unser Kunde Frank Nagel e.K. nicht in der vereinbarten Zeit zahlt, erhält er ggf. eine Mahnung. Wenn die Zahlung eintrifft, wird sie gebucht und die offene Rechnung ausgeglichen.

An diesem Beispiel haben Sie die wichtigsten Arbeitsabläufe für die Abwicklung eines Geschäftsvorfalls kennengelernt.

Das Buchen der Eingangs- und Ausgangsrechnungen und des dazugehörigen Zahlungsverkehrs kommt in vielen Unternehmen, insbesondere Handelsunternehmen, tagtäglich in großem Umfang vor, andere Geschäftsvorfälle wie die Anschaffung eines zusätzlichen Computers oder eines Schreibtisches für das eigene Büro dagegen nur gelegentlich. Alle Arbeiten im Zusammenhang mit der Aufstellung des Jahresabschlusses für das Unternehmen sind nur einmal im Jahr zu erledigen. Sie können allerdings einige Zeit in Anspruch nehmen.

Wir werden im Laufe unseres Lehrgangs auf dieses Beispiel wieder zurückkommen. Einige Probleme werden dadurch veranschaulicht und leichter verständlich.

1 Inventur, Inventar, Bilanz, Buchungssatz und Kontensystem

In diesem Kapitel lernen Sie die grundlegenden Zusammenhänge von Inventur, Inventar und Bilanz kennen.

Sie erfahren, dass für jeden Bilanzposten ein Konto eingerichtet werden muss. Es werden die verschiedenen Kontenarten vorgestellt.

Buchungssatz und Abschluss der Konten werden erläutert.
Zum Abschluss erfahren Sie, wie ein Unternehmen seinen Erfolg ermittelt.

Nach Durcharbeitung dieses langen Kapitels haben Sie das grundlegende Rüstzeug erworben, um erfolgreich weiterarbeiten zu können.

1.1 Vom Inventar zur Bilanz

In der Einführung haben wir einen kompletten Geschäftsvorfall verfolgt. Sie beschäftigen sich mit diesem Buch und sitzen vielleicht in einem Buchführungslehrgang, weil Sie selbst auch in einer Buchhaltung tätig werden wollen. Sie beginnen im Großhandel für Sportartikel Horst Bachnik e.K. in der Buchhaltung. Sie haben ein sehr interessantes Arbeitsgebiet gewählt. Spätestens am Ende dieses Lehrgangs werden Sie dem zustimmen.

Um die laufenden, mehr oder weniger täglich vorkommenden Geschäftsvorfälle und die Arbeiten zum Jahresabschluss bewältigen zu können, müssen Sie zunächst die Grundlagen der Buchführung, auch *Systemlogik der Buchführung* genannt, kennen. Diese Systemlogik der Buchführung muss nicht nur ganz genau und klar verstanden, sondern durch intensives Üben auch beherrscht werden. Sie wird bei allen Buchungsfällen angewandt, gleichgültig wie einfach oder schwierig sie sein mögen.

Ihnen war versprochen worden, dass es in diesem Lehrgang möglichst anschaulich zugehen soll. Deshalb wenden wir uns jetzt wieder unserer Firma zu. Wir werden sehr praxisnah sein, aber zunächst alle im Moment störenden Einzelheiten und Probleme ausblenden, um zu gegebener Zeit ausführlich auf sie einzugehen. Durch dieses Vorgehen wird die Praxis zwar vereinfacht, aber nicht verfälscht.

Noch eine Vorbemerkung, bevor wir dann endlich konzentriert zur Sache kommen: Am Ende des Lehrgangs wird im letzten Abschnitt ganz ausführlich auf den Jahresabschluss eingegangen. Dort werden dann auch alle Einzelheiten über Inventar, Inventur, Bilanz und Gewinn- und Verlustrechnung behandelt.

Sie haben Ihre Stelle in der Firma Bachnik e.K. am Jahresanfang angetreten und geraten mitten in die Abschlussarbeiten des Vorjahres. So kommen Sie gerade recht, um bei der Inventur zu helfen. *Inventur* bedeutet, dass alle Vermögensgegenstände und Schulden, die zum Schluss des Geschäftsjahres im Unternehmen vorhanden sind, aufgeschrieben werden.

Bei einer Reihe von Vermögensgegenständen, z. B. Waren, Fuhrpark, Kasse, Betriebs- und Geschäftsausstattung, erfolgt dies durch Zählen, Messen oder Wiegen. Man nennt diesen Vorgang auch *körperliche Bestandsaufnahme.* Anschließend werden zu jedem einzelnen Posten die Werte ermittelt.

Inventar der Horst Bachnik e.K. zum 31. Dez. 20xx in €

A. Vermögen		
I. Anlagevermögen		
Betriebs- und Geschäftsausstattung		10.200,50
II. Umlaufvermögen		
1. Warenbestand lt. Anlage		16.396,46
2. Forderungen an Kunden		
Frank Nagel e.K.	1.242,29	
Bernd Vollert e.K.	1.408,63	
Sabine Kundmüller e.K.	1.036,46	
Michael Maasch e.K.	857,14	4.544,52
3. Postbank		15.790,52
4. Kasse		1.200,35
Summe des Vermögens		**48.132,35**
B. Schulden		
I. Langfristige Verbindlichkeiten bei der Bank		15.000,00
II. Verbindlichkeiten		
Sportschuhe GmbH	535,77	
Textil KG	1.482,71	
Eisenwaren OHG	274,17	
Atlantik Surfen GmbH	924,88	3.217,53
Summe der Schulden		**18.217,53**
C. Berechnung des Reinvermögens		
Summe des Vermögens		48.132,35
– Summe der Schulden		18.217,53
= Reinvermögen		**29.914,82**

Die Größe anderer Vermögensgegenstände, z. B. der Forderungen, Bankguthaben und Schulden (Verbindlichkeiten), muss aus den Büchern entnommen werden. Dieser Vorgang wird auch *Buchinventur* genannt.

Der Vorgang der genauen Bestandsaufnahme aller Vermögensgegenstände und Schulden heißt Inventur. Die Inventur ist eine Tätigkeit. Ihr Ergebnis wird in einer geordneten Zusammenstellung festgehalten. Diese Zusammenstellung heißt *Inventar*. Es besteht aus den drei Teilen *Vermögen, Schulden, Reinvermögen*.

Verzeichnis Artikelbestände zum 31. Dez. 20xx

Nr.	Bezeichnung	Menge	Einzelpreis in €	Gesamtpreis in €
101	Joggingschuhe	23	43,71	1.005,33
102	Tennisschuhe	6	36,54	219,24
111	Trainingsanzug	36	51,86	1.866,96
112	Tennishose	12	19,98	239,76
113	Tennisrock	29	22,33	647,57
114	Sporthemd	47	14,75	693,25
121	Tennisschläger Mid super	22	121,85	2.680,70
122	Tennisschläger As pro	22	79,14	1.741,08
131	Hantelstange	32	29,43	941,76
132	Hantelgewicht	32	48,25	1.544,00
141	Surfbrett	15	225,43	3.381,45
142	Surfanzug	17	54,72	930,24
143	Surfschuhe	28	18,04	505,12
				16.396,46

Wenn von dem Vermögen die Schulden abgezogen werden, erhalten wir das Reinvermögen (auch Eigenkapital genannt).

> **» Reinvermögen gleich Vermögen minus Schulden**

Diese Gleichung kann umgeformt werden:

> **» Vermögen gleich Reinvermögen plus Schulden**

Wenn wir für Reinvermögen Eigenkapital und für Schulden Fremdkapital setzen, heißt die Gleichung:

> **» Vermögen gleich Eigenkapital plus Fremdkapital**

Diese Gleichung heißt *Bilanzgleichung*.

Nach dem Gesetz wird nicht nur eine ausführliche Aufstellung des Vermögens und der Schulden durch Inventur verlangt, sondern auch eine kurz gefasste Übersicht. Diese Übersicht, in der das Vermögen dem Eigenkapital und den Schulden gegenübergestellt wird, heißt *Bilanz*. Sie wird in Kontoform aufgestellt, die linke Seite heißt *Aktiva*, die rechte *Passiva*. In der Bilanz werden gleichartige Vermögensposten, z. B. alle Schreibtische und sonstige Büromöbel, zu einem Posten, z. B. Betriebs- und Geschäftsausstattung, zusammengefasst.

Wir wollen jetzt aus dem von uns ermittelten Inventar eine Bilanz aufstellen. Sie hat folgendes Aussehen:

Aktiva	Bilanz in €		Passiva
A. Anlagevermögen		A. Eigenkapital	29.914,82
BGA*	10.200,50	B. Schulden	
B. Umlaufvermögen		I. Darlehen	15.000,00
I. Warenbestand	16.396,46	II. Verbindlichkeiten	3.217,53
II. Forderungen	4.544,52		
III. Postbank	15.790,52		
IV. Kasse	1.200,35		
	48.132,35		48.132,35

* BGA = Betriebs- und Geschäftsausstattung.

Aus dieser Bilanz kann der Unternehmer Horst Bachnik e.K. schnell und übersichtlich entnehmen, wie zum Zeitpunkt des 31. Dez. sein Vermögen und seine Verbindlichkeiten aussahen.

Damit es nicht untergeht, weisen wir noch einmal ganz deutlich darauf hin, dass die Bilanz eine Aufstellung des Vermögens und der Verbindlichkeiten *zu einem bestimmten Zeitpunkt* ist, das heißt, die ausgewiesenen Werte gelten nur für den Bilanzstichtag. Es handelt sich also um eine *Zeitpunktaufstellung*.

Aufgaben

1-1. Ergänzen Sie: Das Inventar ist ein Verzeichnis aller ....

und aller .... Das Reinvermögen wird ermittelt aus der Gleichung

.... minus ....

Das Reinvermögen wird auch .... genannt.

Die Bilanzgleichung lautet: .... gleich ....

plus ....

1-2. Die Textilgroßhandlung Emil Lappen GmbH, 50730 Köln, ermittelt bei der Inventur zum 31. Dez. 20xx folgende Werte:

Geschäftsausstattung lt. Verzeichnis			21.500,00
Fuhrpark lt. besonderem Verzeichnis			43.000,00
Forderungen	Franz Albrecht e.K., Leverkusen	3.850,00	
	Johannes Klüngel e.K., Köln	4.180,00	
	Richard Christian OHG, Köln	2.850,00	
Waren laut Warenliste			74.000,00
Guthaben	bei der Deutschen Bank, Köln	13.165,00	
	bei der Sparkasse der Stadt Köln	2.970,00	
Kassenbestand			776,00
Darlehensschuld bei der Commerzbank, Köln			72.000,00
Verbindlichkeiten	Textilfabrik Bach KG, Rheine	5.610,00	
	Sebastian Weber e.K., Emden	1.320,00	
	R. Wiese & Co. OHG, Soest	1.650,00	

- **Erstellen Sie das Inventar.**
- **Erstellen Sie die Bilanz.**

Inventar der Textilgroßhandlung Emil Lappen GmbH zum 31. Dez. 20xx		

Aktiva		Bilanz	Passiva

1-3. Beantworten Sie bitte die folgenden Fragen:

a) Wie lautet die Bilanzgleichung?

....
....

b) Wie wird das Reinvermögen aus dem Inventar berechnet?

....
....

c) Was versteht man unter einer Bilanz?

....
....

d) Welcher Vorgang wird körperliche Bestandsaufnahme genannt?

....
....
....

e) Welcher Vorgang wird als Inventur bezeichnet?

....
....

f) In welchen Fällen spricht man von Buchinventur?

....
....

1.2 Wertveränderungen in der Bilanz

Was passiert mit unserer gerade mühsam aufgestellten Bilanz, wenn jetzt wieder ein Geschäftsvorfall vorkommt? Nehmen wir ein Beispiel: Wir kaufen von unserem Lieferanten Atlantik Surfen GmbH für 1.500,00 € Ware gegen bar ein. Die Bilanzposten Kasse und Waren verändern sich. Wir müssten den Bilanzposten Waren um 1.500,00 € erhöhen und den Posten Kasse um 1.500,00 € vermindern. Um die Möglichkeiten der Veränderung der Bilanz klar herauszustellen und zu beweisen, dass die Bilanzgleichung in jedem Fall erhalten bleibt, konstruieren wir das folgende einfache Beispiel:

Aktiva	Bilanz		Passiva
Waren	12.000,00	Eigenkapital	15.000,00
Bank	7.000,00	Darlehen	4.000,00
Kasse	5.000,00	Verbindlichkeiten	5.000,00
	24.000,00		24.000,00

In der Bilanz sind folgende vier Wertbewegungen zu unterscheiden:

1. Aktivtausch

Bareinkauf von Tennisschlägern 1.500,00 €. Warenbestand plus 1.500,00 €, Kasse minus 1.500,00 €.
Dieser Geschäftsvorfall betrifft nur die Aktivseite der Bilanz.
Die Bilanzsumme bleibt gleich. Es gilt: Aktiva = Passiva.
Eine nach diesem Geschäftsvorfall neu aufgestellte Bilanz hat dann folgendes Aussehen:

Aktiva	Bilanz		Passiva
Waren	13.500,00	Eigenkapital	15.000,00
Bank	7.000,00	Darlehen	4.000,00
Kasse	3.500,00	Verbindlichkeiten	5.000,00
	24.000,00		24.000,00

2. Passivtausch

Eine kurzfristige Verbindlichkeit wird in eine Darlehensschuld umgewandelt 1.200,00 €.
Darlehen plus 1.200,00 €, Verbindlichkeiten minus 1.200,00 €.
Dieser Geschäftsvorfall betrifft nur die Passivseite der Bilanz.
Die Bilanzsumme bleibt wiederum gleich. Es gilt: Aktiva = Passiva.
Eine nach diesem Geschäftsvorfall neu aufgestellte Bilanz hat dann folgendes Aussehen:

Aktiva	Bilanz		Passiva
Waren	13.500,00	Eigenkapital	15.000,00
Bank	7.000,00	Darlehen	5.200,00
Kasse	3.500,00	Verbindlichkeiten	3.800,00
	24.000,00		24.000,00

3. Aktiv-Passiv-Mehrung (Bilanzverlängerung)

Wareneinkauf auf Ziel 2.000,00 €. Warenbestand plus 2.000,00 €, Verbindlichkeiten plus 2.000,00 €.

Der Geschäftsvorfall betrifft die Aktiv- und Passivseite der Bilanz. Ein Posten der Aktiv- und ein Posten der Passivseite vermehren sich um den gleichen Betrag. Die Bilanzsummen nehmen um den gleichen Betrag zu. Die Bilanzgleichung bleibt aber auf jeden Fall erhalten.

Eine nach diesem Geschäftsvorfall neu aufgestellte Bilanz hat dann folgendes Aussehen:

Aktiva	Bilanz		Passiva
Waren	15.500,00	Eigenkapital	15.000,00
Bank	7.000,00	Darlehen	5.200,00
Kasse	3.500,00	Verbindlichkeiten	5.800,00
	26.000,00		**26.000,00**

4. Aktiv-Passiv-Minderung (Bilanzverkürzung)

Eine Lieferantenrechnung wird durch Banküberweisung beglichen 1.600,00 €. Bank minus 1.600,00 €, Verbindlichkeiten minus 1.600,00 €.

Der Geschäftsvorfall betrifft die Aktiv- und die Passivseite der Bilanz. Ein Posten der Aktiv- und ein Posten der Passivseite werden um den gleichen Betrag vermindert. Die Bilanzsummen nehmen um den gleichen Betrag ab. Die Bilanzgleichung bleibt erhalten.

Eine nach diesem Geschäftsvorfall neu aufgestellte Bilanz hat dann folgendes Aussehen:

Aktiva	Bilanz		Passiva
Waren	15.500,00	Eigenkapital	15.000,00
Bank	5.400,00	Darlehen	5.200,00
Kasse	3.500,00	Verbindlichkeiten	4.200,00
	24.400,00		**24.400,00**

Diese Betrachtungen scheinen Ihnen im Moment vielleicht sehr abstrakt und kaum nützlich zu sein, aber Sie werden gleich sehen, dass die Erkenntnis, dass jeder Geschäftsvorfall zwei Bilanzposten berührt, für das Arbeiten mit Konten von großer Wichtigkeit ist.

Aufgaben

1-4. Geben Sie bei den folgenden Geschäftsvorfällen jeweils an, um welche Art von Wertbewegung es sich handelt:

Geschäftsvorfälle	Art der Wertbewegung
1. Kauf einer Schreibmaschine gegen Barzahlung.	
2. Verkauf eines Pkw bar.	
3. Kauf einer Computeranlage gegen Rechnung, Zahlungsziel 3 Wochen.	
4. Umwandlung einer kurzfristigen Verbindlichkeit in ein Darlehen.	
5. Ein Kunde überweist auf unser Postbankkonto.	
6. Zahlung an einen Lieferanten durch Banküberweisung.	
7. Tilgung einer Darlehensschuld durch Banküberweisung.	

1.3 Bilanz und Buchführung mit Konten

Wir erinnern uns noch einmal daran, dass die Bilanz die **Wertestruktur** eines Unternehmens **zu einem bestimmten Zeitpunkt** wiedergibt. **Die Bilanz ist eine Augenblicksaufnahme.**
Wir machen jetzt einen Sprung über ein ganzes Jahr. Wieder muss eine Inventur durchgeführt, das Inventar und eine Bilanz erstellt werden.

Auch diese ebenfalls zu einem bestimmten Zeitpunkt, dem Bilanzstichtag, in der Regel dem 31. Dezember, aufgestellte Bilanz ist eine Augenblicksaufnahme. Sie sagt etwas über die wirtschaftliche Situation des Unternehmens zu diesem Zeitpunkt aus. Wir können diese neue Bilanz mit der Vorjahresbilanz vergleichen und feststellen, ob und wie sich die einzelnen Posten verändert haben. Besonders interessant ist es, das Konto Eigenkapital zu betrachten.

Bei einer Erhöhung des Eigenkapitals liegt ein Gewinn, bei einer Verminderung ein Verlust des Unternehmens vor.

Allerdings lässt sich aufgrund dieses Vergleichs nicht feststellen, wie die Veränderungen zustande gekommen sind. Der Vergleich zweier Zeitpunkte (Augenblicksaufnahmen) ermöglicht es nicht, etwas über die dazwischenliegenden Entwicklungen auszusagen. Wenn auch die *Entwicklungen im Zeitraum* eines ganzen Jahres festgehalten werden sollen, muss eine Buchführung eingerichtet werden.

Die Buchführung ist also eine Bewegungsrechnung oder eine Zeitraumrechnung. Sie erfasst sämtliche laufenden Wertveränderungen aller Vermögens- und Schuldposten und des Eigenkapitals des Unternehmens während eines Geschäftsjahres.

Die laufenden Vermögensveränderungen werden so festgehalten, dass jede Veränderung der einzelnen Bilanzposten während dieses Zeitraumes aufgezeichnet wird. Wie wir oben demonstriert haben, erfolgt eine Wertveränderung jeweils an zwei Stellen, an zwei Posten unserer Bilanz. Deshalb wird von *doppelter Buchführung* gesprochen.

Damit die laufenden Wertbewegungen übersichtlich und rationell aufgezeichnet werden können, wird für jeden Bilanzposten ein Konto eingerichtet.[1] Für unsere Übungszwecke hat ein Konto einfach die Form eines T. In der Praxis enthält ein Konto weitere Informationen.

» Die linke Seite des Kontos heißt Soll, die rechte Seite Haben.

Soll		Kontoname		Haben
Datum und Gegenkonto		Betrag	Datum und Gegenkonto	Betrag

Wir beginnen mit der Aktivseite der Bilanz. Für den Bilanzposten Waren wird ein Konto **Waren** eingerichtet, für den Bilanzposten Bank ein Konto **Bank** usw. Die *Saldenvorträge* (abgekürzt SV;

---

1 Wie Sie später noch sehen werden, können für einen Bilanzposten auch mehrere Konten eingerichtet werden. Wir werden aber zunächst für jeden Bilanzposten jeweils nur ein Konto einrichten.

das sind die Anfangsbestände) des Vermögens werden auf der linken Seite des entsprechenden Kontos eingetragen. Wir entnehmen die Werte aus der ersten Bilanz unseres Beispiels (vgl. Punkt 1.2).

Die aus der Aktivseite der Bilanz gebildeten Konten heißen Aktivkonten.

Wir fahren mit der Passivseite der Bilanz fort. Die Saldenvorträge des Eigenkapitals und der Schulden werden auf der rechten Seite des entsprechenden Kontos eingetragen.

Die aus der Passivseite der Bilanz gebildeten Konten heißen Passivkonten.

Praktischer Lernhinweis: Machen Sie sich von der Skizze der Buchungsregeln der Konten eine Kopie und kleben Sie diese Kopie auf die Rückseite Ihres Namensschildes. Sie haben dann immer die Regeln vor Augen und können sich diese schnell einprägen.

Aktiva	Bilanz		Passiva
Waren	12.000,00	Eigenkapital	15.000,00
Bank	7.000,00	Darlehen	4.000,00
Kasse	5.000,00	Verbindlichkeiten	5.000,00
	24.000,00		24.000,00

Aktivkonten →   **Passivkonten** →

Soll	Waren	Haben		Soll	Eigenkapital	Haben
SV	12.000,00				SV	15.000,00

Soll	Bank	Haben		Soll	Darlehen	Haben
SV	7.000,00				SV	4.000,00

Soll	Kasse	Haben		Soll	Verbindlichkeiten	Haben
SV	5.000,00				SV	5.000,00

Buchungsregeln für Bestandskonten

Soll	Aktivkonten	Haben
Saldovortrag (Anfangsbestand)	Abgänge	
Zugänge	Saldo (Endbestand)	

Soll	Passivkonten	Haben
Abgänge	Saldovortrag (Anfangsbestand)	
Saldo (Endbestand)	Zugänge	

Auf der *Sollseite* stehen bei den **Aktivkonten** die Saldenvorträge (Anfangsbestände) und die Zugänge. Auf der Habenseite stehen die Abgänge und der Saldo (Endbestand).

Auf der *Habenseite* stehen bei den **Passivkonten** die Saldenvorträge (Anfangsbestände) und die Zugänge. Auf der Sollseite stehen die Abgänge und der Saldo (Endbestand).

Wir werden jetzt die vier Schritt für Schritt betrachteten Geschäftsvorfälle auf die entsprechenden Konten übertragen. Wir gehen von der ersten Bilanz aus und müssen schließlich zu denselben Werten gelangen, die wir auch vorher in der letzten Bilanz erhielten.

Wir hatten schon festgestellt, dass bei allen Geschäftsvorfällen immer zwei Bilanzposten berührt wurden. Da wir jetzt für alle Bilanzposten ein Konto eingerichtet haben, müssen auch bei jedem Geschäftsvorfall zwei Konten berührt werden. Wir geben das Gegenkonto immer mit an, damit wir auch später schnell nachvollziehen können, auf welchem zweiten Konto noch gebucht wurde. In unseren Übungen geben wir zusätzlich noch die Nummer des Geschäftsvorfalles an. In der Praxis wird – nicht immer – ein Buchungstext eingetragen.

Arbeitsschritte zur Buchung auf Bestandskonten:

1. Auf welchen Konten ist zu buchen?
2. Handelt es sich um Aktiv- oder Passivkonten?
3. Erfolgt auf den Konten ein Zugang oder ein Abgang?
4. Ist im Soll oder im Haben zu buchen?

1. Geschäftsvorfall: Bareinkauf von Tennisschlägern 1.500,00 €.

1. Auf welchen Konten ist zu buchen?
   Wir kaufen Ware ein, also ist auf dem Konto Waren zu buchen. Wir bezahlen die erhaltene Ware bar, also wird das Konto Kasse als zweites berührt.
2. Handelt es sich um Aktiv- oder Passivkonten?
   Die Konten Waren und Kasse stehen beide auf der Aktivseite der Bilanz, es sind also Aktivkonten. Aus dem Inventar wissen wir, dass die Posten der Aktivseite der Bilanz zum Vermögen gehören.

3. Erfolgt auf den Konten ein Zugang oder ein Abgang?

   Wir erhalten Ware, also nimmt unser Bestand an Ware zu. Beim Warenkonto handelt es sich also um einen Zugang. Wenn auch das zweite Konto ein Aktivkonto ist, muss dort der Bestand abnehmen (Abgang), damit die Bilanzgleichung erhalten bleibt. Aber auch aus dem Sachverhalt selbst wird klar, wenn wir etwas bezahlen, dann haben wir selbstverständlich anschließend weniger in der Kasse.

4. Ist im Soll oder im Haben zu buchen?

   Nach den Buchungsregeln der Bestandskonten sind bei Aktivkonten Zugänge im Soll zu buchen und Abgänge im Haben. Beim Warenkonto liegt ein Zugang vor, also ist im Soll zu buchen, beim Kassenkonto liegt ein Abgang vor, also ist im Haben zu buchen.

Die Ergebnisse der vier Überlegungsschritte tragen wir in das Schema ein.

Konten	Aktiv/Passiv	Zugang/Abgang	Soll	Haben
Waren	Aktiv	Zugang	1.500,00	
Kasse	Aktiv	Abgang		1.500,00

Gehen Sie für die nächsten drei Geschäftsvorfälle ebenfalls die vier Überlegensschritte durch und vergleichen Sie dann mit den Eintragungen des Schemas.

Hinweis: Dieses Schema ist sehr hilfreich, auch später. Prägen Sie es sich gut ein.

2. Geschäftsvorfall: Eine kurzfristige Verbindlichkeit wird in eine Darlehensschuld umgewandelt 1.200,00 €.

Konten	Aktiv/Passiv	Zugang/Abgang	Soll	Haben
Verbindlichkeiten	Passiv	Abgang	1.200,00	
Darlehen	Passiv	Zugang		1.200,00

3. Geschäftsvorfall: Wareneinkauf auf Ziel 2.000,00 €.

Konten	Aktiv/Passiv	Zugang/Abgang	Soll	Haben
Waren	Aktiv	Zugang	2.000,00	
Verbindlichkeiten	Passiv	Zugang		2.000,00

4. Geschäftsvorfall: Eine Lieferantenrechnung wird durch Banküberweisung beglichen 1.600,00 €.

Konten	Aktiv/Passiv	Zugang/Abgang	Soll	Haben
Verbindlichkeiten	Passiv	Abgang	1.600,00	
Bank	Aktiv	Abgang		1.600,00

Entsprechend den Anweisungen werden jetzt die Beträge auf die richtige Seite des angegebenen Kontos eingetragen. Links neben dem Betrag wird jeweils das Gegenkonto angegeben. Für den Saldovortrag (den Anfangsbestand) lernen Sie anschließend das Gegenkonto kennen.

Soll	Waren		Haben
SV	12.000		
1) Ka	1.500		
3) Verb	2.000		

Soll	Eigenkapital		Haben
		SV	15.000

Soll	Bank		Haben
SV	7.000	4) Verb	1.600
1) Ka	1.500		
3) Verb	2.000		

Soll	Darlehen		Haben
		SV	4.000
		2) Verb	1.200

Soll	Kasse		Haben
SV	5.000	1) Wa	1.500

Soll	Verbindlichkeiten		Haben
2) Darl.	1.200	SV	5.000
4) Ba	1.600	3) Wa	2.000

Die angekündigte abschließende Bilanz (das wäre die letzte aus unserem Beispiel mit den Bilanzveränderungen) können wir an dieser Stelle noch nicht erstellen. Dazu benötigen wir erst noch weitere Informationen. Zunächst sollten Sie wieder das neu Gelernte üben.

Aufgaben

1-5. Ergänzen Sie:

In der Bilanz werden die .... dem .... und den .....

.... auf einem .... gegenübergestellt. Im Gegensatz zum Inventar

handelt es sich um eine .... Übersicht, in der ....Posten zu einer

Position zusammengefasst werden.

Die Bilanz ist eine ...., die Buchführung erfasst alle ....

......................................in einer Geschäftsperiode, sie ist deshalb eine ....

........oder ....

1-6. Beantworten Sie für die folgenden Geschäftsvorfälle jeweils die nachstehenden Fragen:

- **Auf welchen Konten muss gebucht werden?**
- **Handelt es sich um ein Aktiv- oder ein Passivkonto?**
- **Findet auf den jeweiligen Konten ein Zugang oder ein Abgang statt?**
- **Auf welcher Kontoseite ist folglich zu buchen? (Beträge eintragen)**

a) Kauf eines Druckers gegen Barzahlung 900,00 €.

Konten	Aktiv/Passiv	Zugang/Abgang	Soll	Haben

b) Verkauf eines alten Pkw gegen Barzahlung 1.000,00 €.

Konten	Aktiv/Passiv	Zugang/Abgang	Soll	Haben

c) Ein Kunde überweist auf unser Bankkonto 2.500,00 €.

Konten	Aktiv/Passiv	Zugang/Abgang	Soll	Haben

d) Ein Lieferant ist bereit, unsere Verbindlichkeit in ein Darlehen mit einer Laufzeit von 2 Jahren umzuwandeln 1.860,00 €.

Konten	Aktiv/Passiv	Zugang/Abgang	Soll	Haben

e) Banküberweisung an einen anderen Lieferanten 760,00 €.

Konten	Aktiv/Passiv	Zugang/Abgang	Soll	Haben

f) Wir kaufen Waren ein, Zahlungsziel 30 Tage 540,00 €.

Konten	Aktiv/Passiv	Zugang/Abgang	Soll	Haben

g) Eine Verbindlichkeit wird mit einer Forderung verrechnet 850,00 €.

Konten	Aktiv/Passiv	Zugang/Abgang	Soll	Haben

h) Rückzahlung einer Darlehensschuld durch Banküberweisung 3.000,00 €.

Konten	Aktiv/Passiv	Zugang/Abgang	Soll	Haben

i) Wir kaufen Waren gegen Barzahlung 450,00 €.

Konten	Aktiv/Passiv	Zugang/Abgang	Soll	Haben

1.4 Saldenvortrags- und Schlussbilanzkonto

Wir hatten gerade festgestellt, dass sich jeder Geschäftsvorfall auf mindestens zwei Konten auswirkt. Daraus ergibt sich, dass jeder Vorgang „doppelt", nämlich einmal auf der Sollseite und einmal auf der Habenseite erfasst werden muss. Diese Regel gilt auch für die Anfangsbestände. Ihre Gegenbuchung erfolgt über das Konto Saldenvorträge (gelegentlich wird auch vom Eröffnungsbilanzkonto gesprochen, weil die Werte aus der Eröffnungsbilanz entnommen werden). Für unser obiges Beispiel hat das Konto **Saldenvorträge** folgendes Aussehen:

Soll		Saldenvorträge		Haben
Eigenkapital	15.000,00	Waren		12.000,00
Darlehen	4.000,00	Bank		7.000,00
Verbindlichkeiten	5.000,00	Kasse		5.000,00
	24.000,00			**24.000,00**

Vergleichen Sie das Konto Saldenvorträge mit der Bilanz. Sie werden feststellen, dass es genau denselben Inhalt hat, aber: Es ist spiegelverkehrt aufgebaut. Das hat einen einfachen Grund.

Sehen sie sich noch einmal das Schema Buchungsregeln für Bestandskonten an. Der Saldovortrag (Anfangsbestand) für Waren steht im Soll. Damit die Bilanzgleichung erhalten bleibt, muss die Gegenbuchung dann im Haben erfolgen. Bei den Passivkonten verhält es sich genau umgekehrt.

Für die Endbestände gilt dasselbe wie für die Anfangsbestände. Bevor wir aber die Endbestände buchen können, müssen wir sie ermitteln. Die Endbestände erhalten wir, indem wir die Konten abschließen. Es ist zweckmäßig, dabei in folgenden Schritten vorzugehen:

Kontoabschluss

1. Die wertmäßig größere Seite wird ermittelt. Bei den Aktivkonten ist das in der Regel die Sollseite, bei den Passivkonten die Habenseite.
2. Unter beide Betragsspalten wird ein Abschlussstrich gezogen, dabei muss auf der wertmäßig kleineren Seite eine Zeile für den Eintrag des Saldos frei bleiben.
3. Die wertmäßig größere Seite wird addiert und die Gesamtsumme unter dem Abschlussstrich eingetragen. Dieser Betrag wird auf die andere Kontoseite übernommen.
4. Auf der wertmäßig kleineren Seite wird die Differenz zwischen allen eingetragenen Beträgen und der Gesamtsumme berechnet und in die freigehaltene Zeile geschrieben. Diese Differenz – der Saldo – ist der jeweilige Bestand am Abschlussstichtag, der Endbestand.
5. Der Saldo wird nach der größeren Seite als Soll- oder Habensaldo bezeichnet. Ein Sollsaldo wird also zum Ausgleich der Habenseite eingesetzt, ein Habensaldo auf der Sollseite.
6. Beide Endbeträge werden doppelt unterstrichen.

Genau wie der Anfangsbestand erfordert auch der Schlussbestand eine Gegenbuchung. Sie erfolgt für die Bestandskonten auf dem Schlussbilanzkonto.

Soll	Waren		Haben
SV	12.000,00	Saldo	15.500,00
1) Ka	1.500,00		
3) Verb	2.000,00		
	15.500,00		**15.500,00**

Soll	Eigenkapital		Haben
Saldo	**15.000,00**	SV	**15.000,00**

Soll	Bank		Haben
SV	7.000,00	4) Verb	1.600,00
		Saldo	5.400,00
	7.000,00		**7.000,00**

Soll	Darlehen		Haben
Saldo	5.200	SV	4.000
		2) Verb	1.200
	5.200		**5.200**

Soll	Kasse		Haben
SV	5.000,00	1) Wa	1.500,00
		Saldo	3.500,00
	5.000,00		**5.000,00**

Soll	Verbindlichkeiten		Haben
2) Darl	1.200,00	SV	5.000,00
4) Ba	1.600,00	3) Wa	2.000,00
Saldo	4.200,00		
	7.000,00		**7.000,00**

Soll	Schlussbilanzkonto		Haben
Waren	15.500,00	Eigenkapital	15.000,00
Bank	5.400,00	Darlehen	5.200,00
Kasse	3.500,00	Verbindlichkeiten	4.200,00
	24.400,00		**24.400,00**

Jetzt wird auch klar, warum wir vom *Saldo* (Endbestand) und vom *Saldovortrag* (Anfangsbestand) gesprochen haben. Der beim Abschluss eines Kontos ermittelte Saldo wird auf das neu eröffnete Konto wieder vorgetragen.

Auf einem abgeschlossenen Konto kann nicht weiter gebucht werden. Wenn weitere Buchungen für das Konto eingetragen werden sollen, muss das Konto neu eröffnet werden.

In einer manuellen Buchführung nimmt man eine neue Kontokarte und trägt im Kopf die entsprechenden Stammdaten des Kontos ein. In die erste Zeile kommt der Saldovortrag, das ist der Saldo des zuletzt abgeschlossenen Kontoblattes.

In einer EDV-Buchführung werden diese Schritte vom Programm automatisch übernommen. Bei jedem Ausdruck eines Kontoblattes wird das Konto abgeschlossen und der Kontoabschluss mit ausgedruckt. Deshalb sind auch keine Abschlussbuchungen notwendig. Das Programm greift auf die Kontensalden zu und setzt sie in die Schlussbilanz ein.[1]

---

1 Eine Art Schlussbilanzkonto finden Sie in der HÜ (Hauptabschlussübersicht) wieder (vgl. das Kapitel HÜ im Abschnitt C). Es wird dort allerdings Vermögensbilanz genannt. In den DATEV-Kontenrahmen werden Sie vergeblich nach einem Schlussbilanzkonto suchen. In der EDV-Buchführung ist es nicht notwendig, weil hier die Konten automatisch zu den einzelnen Bilanzposten zusammengezogen werden und beim Wechsel in das neue Jahr werden dann die Kontensalden des alten Jahres automatisch direkt über das Saldovortragskonto auf die Konten des neuen Jahres gebucht. Die nicht automatisch übernommenen Konten werden aus den endgültigen Salden der Konten des Vorjahres übernommen. Für unsere Übungszwecke verwenden wir als Schlussbilanzkonto das Konto 9400 SBK. Vgl. auch das spätere Kapitel Kontenrahmen.

Hinweis: Ein EDV-Kontoblatt enthält eine ganze Reihe von zusätzlichen Informationen, wie Firmennamen, Kontobezeichnung und Kontonummer. Außerdem wird die Blattnummer des Kontos ausgedruckt, damit festgestellt werden kann, ob alle Kontenblätter für ein bestimmtes Konto lückenlos vorhanden sind. Wichtig sind noch der Eröffnungsbilanzwert, sofern einer vorhanden war, und der alte Saldo, das ist der Saldo des vorhergehenden Kontoblattes. Außerdem finden Sie ober- und unterhalb der Umsatzspalten die alten und die neuen Jahresverkehrszahlen. Die Jahresverkehrszahlen sind die Summen der aufgelaufenen Soll- bzw. Habenbeträge. Diese Informationen können von unterschiedlichem Interesse je nach Konto sein.

Aufgaben

1-7. Die folgenden im letzten Monat ermittelten Bestände sind auf die Konten vorzutragen:
Betriebs- und Geschäftsausstattung (BGA) 8.000,00 €, Forderungen 1.250,00 €, Waren 3.000,00 €, Bankguthaben 7.000,00 €, Kasse 600,00 €, Darlehensschulden 2.000,00 €, Verbindlichkeiten 3.000,00 €, Eigenkapital

Buchen Sie anschließend die folgenden Geschäftsvorfälle:

1.	Barverkauf einer alten Schreibmaschine	300,00 €
2.	Banküberweisung eines Kunden	550,00 €
3.	Banküberweisung an Lieferanten	780,00 €
4.	Wareneinkauf auf Ziel	500,00 €
5.	Umwandlung einer Verbindlichkeit in ein Darlehen	1.000,00 €

Schließen Sie die Konten über das Schlussbilanzkonto ab.

Soll	Saldenvorträge		Haben

Soll			Haben		Soll			Haben

Soll			Haben		Soll			Haben	

Soll			Haben		Soll			Haben	

Soll			Haben		Soll			Haben	

Soll		Schlussbilanzkonto		Haben

1-8. Der Einzelunternehmer H. Reese hat bei der Inventur folgende Bestände ermittelt: Bebaute Grundstücke 125.000,00 €, Fuhrpark 22.500,00 €, BGA 100.000,00 €, Waren 42.000,00 €, Forderungen 31.000,00 €, Postbank 11.500,00 €, Kasse 5.000,00 €, Eigenkapital 191.000,00 €, Darlehensschulden 105.000,00 €, Verbindlichkeiten 41.000,00 €.

Geschäftsvorfälle:

1.	Kauf eines Pkw auf Ziel	15.000,00 €
2.	Postbanküberweisung an Lieferanten	5.200,00 €
3.	Kauf eines Computers auf Ziel	5.500,00 €
4.	Postbanküberweisung eines Kunden	3.800,00 €
5.	Barzahlung eines Kunden	780,00 €
6.	Umwandlung einer kurzfristigen Verbindlichkeit in ein Darlehen	3.500,00 €

Eröffnen Sie die Konten.
Buchen Sie die Geschäftsvorfälle auf die Konten.
Schließen Sie die Konten ab.

Soll   Saldenvorträge   Haben

Soll   Haben   Soll   Haben

Soll   Haben   Soll   Haben

Soll   Haben   Soll   Haben

Soll   Haben   Soll   Haben

Soll   Haben   Soll   Haben

Soll   Schlussbilanzkonto (SBK)   Haben

1.5 Buchungssatz

Bislang haben wir ein ziemlich aufwendiges Überlegungsschema angewendet, um festzulegen, auf welchen Konten und auf welcher Kontenseite zu buchen ist. Inzwischen haben Sie einige Sicherheit erlangt und die einzelnen Überlegungsschritte sind Ihnen schon etwas geläufiger. Wir werden dieses Überlegungsschema jetzt deutlich verkürzen und so - wie in der Praxis - eine kurze Buchungsanweisung erstellen. Eine solche Anweisung heißt Buchungssatz.

Wichtig ist, dass sowohl aufgrund eines Geschäftsvorfalles der richtige Buchungssatz gebildet, als auch umgekehrt vom Buchungssatz auf den ihm zugrunde liegenden Geschäftsvorfall geschlossen werden kann.

Zu unterscheiden sind einfache und zusammengesetzte Buchungssätze. Einfache Buchungssätze berühren zwei Konten, zusammengesetzte mehr als zwei Konten. Zu beachten ist, dass in manchen EDV-Programmen die Eingabe von zusammengesetzten Buchungssätzen nur beschränkt möglich ist.

Bevor wir das erste Beispiel zur Bildung eines Buchungssatzes bearbeiten, erinnern wir uns an die zuvor gewonnenen Erkenntnisse in Bezug auf die Bilanzgleichung:

» **Die Summe der Aktiva ist immer gleich der Summe der Passiva.**

Das bedeutet, dass jeder Geschäftsvorfall mit dem gleichen Betrag einmal auf der Sollseite und einmal auf der Habenseite eines zweiten Kontos gebucht werden muss. Sonst gilt nicht mehr die Bilanzgleichung und unsere Buchung war falsch. Die Erinnerung an die Bilanzgleichung ist insbesondere bei der Bildung von schwierigeren Buchungsfällen sehr hilfreich.

Damit Sie den Vergleich mit dem bisherigen Überlegungsschema und einem Buchungssatz haben, greifen wir die Geschäftsvorfälle aus den Bilanzbewegungen wieder auf.

Arbeitsschritte zur Bildung eines Buchungssatzes:

1. Auf welchen Konten ist zu buchen?
2. Handelt es sich um Aktiv- oder Passivkonten?
3. Erfolgt auf den Konten ein Zugang oder ein Abgang?
4. Ist im Soll oder im Haben zu buchen?
5. Der Buchungssatz ist mit Soll an Haben zu bilden.

Hinweis: Die Regel, nenne zuerst das Konto mit der Sollbuchung und dann das Konto mit der Habenbuchung, Soll an Haben, gilt streng nur in manuell organisierten Buchführungen. In EDV-Buchhaltungen kann es davon Abweichungen geben, vgl. dazu DATEV.

1. Geschäftsvorfall: Bareinkauf von Tennisschlägern 1.500,00 €.

1. Auf welchen Konten ist zu buchen?

Wir kaufen Ware ein, also ist auf dem Warenkonto zu buchen. Wir bezahlen die erhaltene Ware bar, also ist das Konto Kasse als zweites berührt.

2. Handelt es sich um Aktiv- oder Passivkonten?

Die Konten Ware und Kasse stehen beide auf der Aktivseite der Bilanz, es sind also Aktivkonten. Aus dem Inventar wissen wir, dass die Posten der Aktivseite der Bilanz zum Vermögen gehören.

3. Erfolgt auf den Konten ein Zugang oder ein Abgang?

Wir erhalten Ware, also nimmt unser Bestand an Ware zu. Beim Warenkonto handelt es sich also um einen Zugang. Wenn auch das zweite Konto ein Aktivkonto ist, muss dort der Bestand abnehmen (Abgang), damit die Bilanzgleichung erhalten bleibt. Aber auch aus dem Sachverhalt selbst wird klar, wenn wir etwas bezahlen, dann haben wir selbstverständlich anschließend weniger in der Kasse.

4. Ist im Soll oder im Haben zu buchen?

Nach den Buchungsregeln der Bestandskonten sind bei Aktivkonten Zugänge im Soll zu buchen und Abgänge im Haben. Beim Warenkonto liegt ein Zugang vor, also ist im Soll zu buchen, beim Kassenkonto liegt ein Abgang vor, also ist im Haben zu buchen.

5. Ware an Kasse

Das Ergebnis sah in unserem bisherigen Überlegungsschema so aus:

Konten	Aktiv/Passiv	Zugang/Abgang	Soll	Haben
Ware	Aktiv	Zugang	1.500,00	
Kasse	Aktiv	Abgang		1.500,00

Der Buchungssatz dazu lautet:

Geschäftsvorfälle		Konten	Soll	Haben
1. Bareinkauf von Tennisschlägern	1.500,00	Ware an Kasse	1.500,00	1.500,00

Hinweis: Bitte kürzen Sie nicht noch weiter ab. Verwenden Sie für jedes Konto immer eine Zeile.

2. Geschäftsvorfall: Eine kurzfristige Verbindlichkeit wird in eine Darlehensschuld umgewandelt 1.200,00 €.

1. Der Geschäftsvorfall berührt die Konten Verbindlichkeiten und Darlehen.
2. Beide Konten sind Passivkonten.
3. Das Konto Verbindlichkeiten nimmt ab, das Konto Darlehen zu.
4. Auf dem Konto Verbindlichkeiten ist folglich im Soll, auf dem Konto Darlehen im Haben zu buchen.
5. Verbindlichkeiten an Darlehen

3. Geschäftsvorfall: Wareneinkauf auf Ziel 2.000,00 €.

1. Es werden die Konten Ware und Verbindlichkeiten berührt.
2. Das Konto Ware ist ein Aktivkonto; das Konto Verbindlichkeiten ein Passivkonto.
3. Das Konto Ware nimmt zu, das Konto Verbindlichkeiten ebenfalls.
4. Auf dem Konto Ware wird im Soll, auf dem Konto Verbindlichkeiten im Haben gebucht.
5. Ware an Verbindlichkeiten

4. Geschäftsvorfall: Eine Lieferantenrechnung wird durch Banküberweisung beglichen 1.600,00 €.

1. Es werden die Konten Verbindlichkeiten und Bank berührt.
2. Das Konto Verbindlichkeiten ist ein Passivkonto; das Konto Bank ein Aktivkonto.
3. Beide Konten nehmen ab.
4. Auf dem Konto Verbindlichkeiten wird im Soll, auf dem Konto Bank im Haben gebucht.
5. Verbindlichkeiten an Bank

Die Geschäftsvorfälle 2 bis 4 werden dann im Buchungsschema folgendermaßen festgehalten:

Geschäftsvorfälle	Konten	Soll	Haben
2. Eine kurzfristige Verbindlichkeit wird in eine Darlehensschuld umgewandelt 1.200,00	Verbindlichkeiten an Darlehen	1.200,00	1.200,00
3. Wareneinkauf auf Ziel 2.000,00	Ware an Verbindlichkeiten	2.000,00	2.000,00
4. Eine Lieferantenrechnung wird durch Banküberweisung beglichen 1.600,00	Verbindlichkeiten an Bank	1.600,00	1.600,00

Buchen auf mehr als zwei Konten

Durch einen Geschäftsvorfall können auch mehr als zwei Konten berührt werden. Wir ändern das letzte Beispiel ab:

Geschäftsvorfall 4a: Eine Lieferantenrechnung wird durch Banküberweisung 1.300,00 € und bar 300,00 € beglichen.

Wir überlegen wieder:
1. Es werden die Konten Verbindlichkeiten, Bank und Kasse berührt.
2. Das Konto Verbindlichkeiten ist ein Passivkonto; die Konten Bank und Kasse sind Aktivkonten.
3. Alle Konten nehmen ab.
4. Auf dem Konto Verbindlichkeiten wird im Soll, auf den Konten Bank und Kasse im Haben gebucht.
5. Verbindlichkeiten
   an Bank
   an Kasse

Unser zusammengesetzter Buchungssatz sieht dann folgendermaßen aus:

Geschäftsvorfälle	Konten	Soll	Haben
4a. Eine Lieferantenrechnung wird durch Banküberweisung 1.300,00 und bar 300,00 beglichen	Verbindlichkeiten an Bank an Kasse	1.600,00	1.300,00 300,00

Aufgaben

1-9. Bilden Sie zu folgenden Geschäftsvorfällen die Buchungssätze:

Geschäftsvorfälle	Konten	Soll	Haben
1. Kauf eines Druckers gegen Barzahlung 1.450,00			
2. Verkauf eines alten Pkw gegen Barzahlung 1.000,00			
3. Kunde überweist auf unser Bankkonto 2.500,00			
4. Umwandlung einer Verbindlichkeit in ein Darlehen 1.860,00			
5. Banküberweisung an einen anderen Lieferanten 760,00			
6. Eine Verbindlichkeit wird mit einer Forderung verrechnet 850,00			
7. Rückzahlung einer Darlehensschuld durch Banküberweisung 3.000,00			
8. Kauf eines Computers gegen bar 3.500,00			
9. Kauf eines gebrauchten Pkw per Banküberweisung 12.000,00			
10. Aufnahme eines Darlehens bei der Bank 5.000,00			

1-10. Welche Geschäftsvorfälle liegen den folgenden Buchungssätzen zugrunde?

Geschäftsvorfälle	Konten	Soll	Haben
1.	Verbindlichkeiten an Bank	835,00	835,00
2.	Pkw an Bank	2.200,00	2.200,00
3.	Bank an Forderungen	1.234,00	1.234,00
4.	Verbindlichkeiten an Darlehen	2.000,00	2.000,00
5.	BGA an Postbank	1.960,00	1.960,00
6.	Verbindlichkeiten an Forderungen	780,00	780,00
7.	Bank an Forderungen	675,00	675,00
8.	BGA an Bank	1.200,00	1.200,00
9.	Darlehen an Bank	800,00	800,00
10.	Pkw an Bank	7,800,00	7.800,00
11.	Bank an Pkw	2.000,00	2.000,00

1-11. Bilden Sie zu folgenden Geschäftsvorfällen die Buchungssätze:

Geschäftsvorfälle		Konten	Soll	Haben
1. Wir kaufen einen Schreibtisch bar	2.650,00			
2. Rückzahlung einer Darlehensschuld durch Banküberweisung	1.270,00			
3. Ein Kunde überweist auf unser Postbankkonto	728,00			
4. Banküberweisung an Lieferanten	572,00			
5. Wir kaufen einen Drucker gegen Barzahlung	3.270,00			
6. Wir kaufen einen Pkw gegen Banküberweisung Rest in 3 Monaten	24.000,00 15.000,00			
7. Zahlung einer Lieferantenrechnung vom Bankkonto Rest vom Postbankkonto	850,00 500,00			
8. Kauf eines gebrauchten Computers gegen bar Rest in vier Wochen	920,00 420,00			

1.6 Buchen auf Erfolgskonten

Bei den bisherigen Geschäftsvorfällen wurden alle Aktiv- und Passivkonten berührt, mit Ausnahme des Eigenkapitals, das sich nicht verändert hat. Das bedeutet, dass bei den bisherigen Geschäftsvorfällen kein Erfolg erzielt wurde.

Hinweis: Bitte beachten Sie, dass im Rahmen des Rechnungswesens der Begriff Erfolg sowohl einen Gewinn als auch einen Verlust bedeuten kann. Das ist anders als in der Umgangssprache.

Wir hatten bereits in der Einführung festgehalten, dass wir den Erfolg ermitteln können, indem wir das Eigenkapital am Ende des Geschäftsjahres mit dem Eigenkapital am Anfang des Geschäftsjahres vergleichen. Ist das Eigenkapital größer geworden, haben wir einen Gewinn erzielt, ist es geringer geworden, haben wir einen Verlust erlitten.

Die bisherigen Geschäftsvorfälle haben lediglich Vermögensumschichtungen bewirkt. Ein Unternehmen wird aber geführt, um Gewinne zu erzielen. Die folgenden Geschäftsvorfälle werden sich auf den Erfolg auswirken. Wir werden die dazu erforderlichen Konten kennenlernen.

Vorbemerkung: Unser Musterunternehmen ist ein Großhandelsunternehmen, das durch Einkauf und Verkauf von Waren Gewinne erzielen will. Da die Entwicklung der Buchungsregeln für die Warenkonten schwierig ist, werden wir die Erfolgskonten zunächst mit zwei einfachen Beispielen ohne Warenverkauf einführen.

Ertragskonten

Wir haben an die Kanwas GmbH einen von uns nicht benötigten Lagerraum in unserem Gebäude vermietet und eine monatliche Miete von 800,00 € vereinbart. Am Monatsanfang finden Sie im Bankkontoauszug eine Position Gutschrift Miete Lagerraum Kanwas GmbH 800,00 €.

- Wie ist zu buchen?
- Wir wissen, dass mindestens zwei Konten benötigt werden. Eines davon ist leicht gefunden, das ist das Bankkonto.
- Das Aktivkonto Bank nimmt zu, also ist im Soll zu buchen.
- Welches kann das zweite Konto sein? Das Aktivkonto Bank hat zugenommen, wir haben also einen Vermögenszuwachs.
- Bei einem Aktivtausch müsste ein anderer Vermögensgegenstand abnehmen. Das ist aber offensichtlich nicht der Fall.
- Schauen wir uns die Passivseite an. Dort gäbe es die Möglichkeiten einer Aktiv-Passiv-Minderung oder -Mehrung. Da wir bereits festgestellt haben, dass die Aktivseite einen Zugang aufweist, kommt nur eine Aktiv-Passiv-Mehrung in Frage, d. h., auch auf der Passivseite muss ein Konto einen Zugang aufweisen. Wenn wir Geld für Miete erhalten, werden unsere Schulden nicht größer. Also bleibt als zu berührendes Konto nur noch das Eigenkapitalkonto übrig.

Konten	Aktiv/Passiv	Zugang/Abgang	Soll	Haben
Bank	Aktivkonto	Zunahme	800,00	
Eigenkapital	Passivkonto	Zunahme		800,00

Übertragen in unser Buchungsschema sieht der Geschäftsvorfall so aus:

Geschäftsvorfälle	Konten	Soll	Haben
Wir erhalten auf unserem Bankkonto eine Gutschrift für die Miete eines Lagerraumes 800,00	Bank an Eigenkapital	800,00	800,00

Als vorläufiges Zwischenergebnis halten wir fest:
- Durch diesen Geschäftsvorfall hat das Eigenkapital zugenommen, wir haben eine Vermögensmehrung erzielt.
- Wir können hier also von einem *erfolgswirksamen Geschäftsvorfall* sprechen.

Weitere Beispiele für Erträge: Provisionen, Zinsen, Grundstückserträge.

Aufwandskonten

Wenn eine Vermögensmehrung möglich ist, gibt es sicherlich auch einen Fall, bei dem eine Vermögensminderung eintritt. Nehmen wir dazu das folgende Beispiel:
Wir verschicken an unseren Kunden Reis e.K. eine Warensendung per Paketdienst. Mit dem Kunden ist verabredet, dass wir die Zustellkosten übernehmen. Der Fahrer kassiert sofort bei Abholung die Frachtgebühren von 20,00 € bar gegen Quittung.

Wie ist zu buchen?
- Das erste Konto steht wieder sofort fest, das Kassenkonto.
- Das Aktivkonto Kasse vermindert sich durch die Zahlung, ein anderes Aktivkonto erhöht sich nicht. Damit die Bilanzgleichung wieder stimmt, muss sich die Passivseite vermindern.
- Auf der Passivseite stehen das Eigen- und das Fremdkapital. Da durch die Zahlung der Frachtkosten das Fremdkapital (= Schulden) nicht kleiner wird, muss das Eigenkapital abnehmen.

Konten	Aktiv/Passiv	Zugang Abgang	Soll	Haben
Eigenkapital	Passivkonto	Abnahme	20,00	
Kasse	Aktivkonto	Abnahme		20,00

Übertragen in unser Buchungsschema sieht der Geschäftsvorfall so aus:

Geschäftsvorfälle	Konten	Soll	Haben
Wir zahlen Ausgangsfrachten bar 20,00	Eigenkapital an Kasse	20,00	20,00

Weitere Beispiele für Aufwendungen: Personalkosten, Raumkosten, Versicherungen, Fahrzeugkosten, Werbe- und Reisekosten, Bewirtungskosten, Kosten der Warenabgabe, Ausgangsfrachten, sonstige betriebliche Aufwendungen, Porto, Telefon, Bürobedarf.

Grundregeln der Buchführung:

1. Jeder Geschäftsvorfall verändert die Bilanz.

2. Nicht jeder Geschäftsvorfall bewirkt einen Erfolg.

3. Erfolgswirksame Geschäftsvorfälle verändern das Eigenkapital.

Abschluss der Erfolgskonten

Vorläufig haben wir diese Erfolge direkt auf dem Eigenkapitalkonto gebucht. Grundsätzlich ist das auch richtig, aber nach den Grundsätzen ordnungsmäßiger Buchführung soll die Buchführung klar und übersichtlich sein. Das ist sicher nicht der Fall, wenn sämtliche Erträge und Aufwendungen auf einem einzigen Konto gebucht werden.

Wenn der Unternehmer wissen möchte, wie hoch die Kosten für Frachten sind, müsste das gesamte, über viele Seiten gehende Eigenkapitalkonto durchgegangen und alle Positionen, die Frachten betreffen, herausgesucht und aufaddiert werden. Das wäre nicht nur sehr unübersichtlich und mühselig, sondern vor allem auch sehr unwirtschaftlich. Deshalb werden für alle Eigenkapitalminderungen besondere Aufwandskonten, für die Eigenkapitalmehrungen eigene Ertragskonten eingerichtet. Die Aufwands- und Ertragskonten bilden die Gruppe der Erfolgskonten. Die Erfolgskonten fassen jeweils gleichartige Erträge bzw. Aufwendungen zusammen.

Die Erfolgskonten, die Aufwands- und Ertragskonten, werden aber nicht direkt über das Eigenkapitalkonto abgeschlossen, sondern vorher auf einem besonderen Konto, dem Gewinn- und Verlustkonto, gesammelt. Erst der Saldo von diesem Gewinn- und Verlustkonto wird auf das Eigenkapitalkonto umgebucht. Er stellt den Erfolg, also den Gewinn oder Verlust einer Abrechnungsperiode, dar.

Die Erfolgskonten halten die Veränderungen des Eigenkapitals fest:

• **auf den Aufwandskonten werden Eigenkapitalminderungen,**
• **auf den Ertragskonten Eigenkapitalmehrungen gebucht.**

Die Buchungsregeln für Passivkonten, also auch für das Eigenkapitalkonto, lauten: Anfangsbestand und Zugänge werden im Haben, Abgänge und Endbestand im Soll gebucht.

Die Erfolgskonten sind Unterkonten des Eigenkapitalkontos. Da sie nur die Veränderungen des Eigenkapitals festhalten, haben sie weder einen Anfangs- noch einen Endbestand. Gebucht werden also jeweils nur Zugänge oder Abgänge.

Buchungsregeln für die Erfolgskonten:

Soll	Aufwandskonten	Haben
Aufwendungen		Saldo

Soll	Ertragskonten	Haben
Saldo		Erträge

Die Abgänge des Eigenkapitals (= Aufwendungen) werden auf Aufwandskonten im Soll, der Saldo im Haben gebucht.

Die Zugänge des Eigenkapitals (= Erträge) werden auf Ertragskonten im Haben, der Saldo im Soll gebucht.

Wir greifen jetzt unsere beiden Ausgangsbeispiele wieder auf. Wie soll der Buchungssatz jeweils endgültig lauten?

1. Die Kanwas GmbH hat die monatliche Miete für einen Lagerraum in Höhe von 800,00 € auf unser Bankkonto überwiesen.

Konten	Aktiv/Passiv	Zugang/Abgang	Soll	Haben
Bank	Aktivkonto	Zunahme	800,00	
Mieterträge (Grund-stückserträge)	Ertragskonto	Zunahme		800,00

Übertragen in unser Buchungsschema sieht der Geschäftsvorfall so aus:

Geschäftsvorfälle	Konten	Soll	Haben
Wir erhalten auf unserem Bankkonto eine Gutschrift für die Miete eines Lagerraumes 800,00	Bank an Mieterträge	800,00	800,00

2. Wir zahlen an den Paketdienst 20,00 € Frachtgebühren bar.

Konten	Aktiv/Passiv	Zugang/Abgang	Soll	Haben
Ausgangsfrachten	Aufwandskonto	Zunahme	20,00	
Kasse	Aktivkonto	Abnahme		20,00

Übertragen in unser Buchungsschema sieht der Geschäftsvorfall so aus:

Geschäftsvorfälle	Konten	Soll	Haben
Wir zahlen Ausgangsfrachten bar 20,00	Ausgangsfrachten an Kasse	20,00	20,00

Abgeschlossen werden die Konten genauso wie die Bestandskonten. Der Saldo der Erfolgskonten wird auf das Gewinn- und Verlustkonto gebucht.

Schließlich wird der Saldo des GuV-Kontos gebildet. Da in unserem Beispiel die Habenseite größer als die Sollseite ist, steht der Saldo auf der Sollseite.

Geschäftsvorfälle	Konten	Soll	Haben
Wir erhalten auf unserem Bankkonto eine Gutschrift für die Miete eines Lagerraumes 800,00	Bank an Mieterträge	800,00	800,00
Wir zahlen Ausgangsfrachten bar 20,00	Ausgangsfrachten an Kasse	20,00	20,00
Abschluss des Ertragskontos	Mieterträge an GuV	800,00	800,00
Abschluss des Aufwandskontos	GuV an Ausgangsfrachten	20,00	20,00
Abschluss des GuV-Kontos	GuV an Eigenkapitalkonto	780,00	780,00
Abschluss des Eigenkapitalkontos	Eigenkapitalkonto an SBK		

Auf den T-Konten ergibt sich folgendes Bild:

Soll	Grundstückserträge	Haben		Soll	Ausgangsfrachten	Haben
GuV	**800,00**	Bank **800,00**		Kasse	**20,00**	GuV **20,00**

Soll	GuV	Haben
Ausgangsfrachten	20,00	Grundstückserträge 800,00
Eigenkapital	**780,00**	
	800,00	**800,00**

Soll	Eigenkapital	Haben
	SV	
	GuV (Gewinn)	780,00

Wenn die Aufwendungen höher sind als die Erträge, steht der Saldo auf dem GuV-Konto im Haben.

Soll	Eigenkapital	Haben
GuV (Verlust)	SV	

Hinweis: Die Salden der Aufwands- und Ertragskonten (die Erfolgskonten) werden zunächst auf dem GuV-Konto gesammelt. Der sich dann ergebende Gesamtsaldo wird schließlich auf das Eigenkapital-konto umgebucht. Die Erfolgskonten sind also Unterkonten des Passivkontos (des Bestandskontos) Eigenkapital. Deshalb haben sie keinen Saldovortrag (Anfangsbestand).

Aufgaben

1-12. Ergänzen Sie:

Veränderungen des Eigenkapitals werden auf den .... festgehalten.

Eine betrieblich verursachte Minderung des Eigenkapitals nennt man ...., eine

betrieblich verursachte Mehrung ....

Die Erfolgskonten haben weder einen ....- noch einen .... -Bestand. Ihre

Salden werden auf dem .... gesammelt. Der Saldo des

Gewinn- und Verlustkontos wird auf das ....umbucht.

1-13. Entscheiden Sie, ob es sich bei den folgenden Geschäftsvorfällen um erfolgsneutrale oder erfolgswirksame Vorfälle handelt.

Geschäftsvorfälle	erfolgswirksam/-neutral
1. Zahlung der Personalkosten durch Banküberweisung.	
2. Zahlung an einen Lieferanten durch Postbanküberweisung.	
3. Verkauf einer gebrauchten Computeranlage zum Buchwert gegen Barzahlung.	
4. Die Bank schreibt uns Zinsen gut.	
5. Für die Vermittlung eines Verkaufs erhalten wir Provision bar.	
6. Die Bank belastet unser Konto mit Darlehenszinsen.	
7. Eine Lkw-Reparatur wird bar bezahlt.	
8. Ein Kunde überweist auf unser Bankkonto.	
9. Gewerbesteuer wird durch die Bank überwiesen.	
10. Wir kaufen eine Registrierkasse gegen Barzahlung.	

4 Schröter u.a. - ISBN: 978-3-8120-0017-8

1-14. Richten Sie folgende Erfolgskonten ein: Zinserträge, Raumkosten, Reparaturen, Porto, Telefon, Gehälter, Zinsaufwendungen, Provisionserlöse, Strom.

Buchen Sie die folgenden Geschäftsvorfälle auf den Erfolgskonten und schließen Sie diese Konten über das GuV-Konto ab.

Geschäftsvorfälle	Konten	Soll	Haben
1. Die Bank schreibt uns Zinsen gut 120,00			
2. Wir überweisen Miete vom Bankkonto 225,00			
3. Barzahlung für Reparatur des Computers 350,00			
4. Wir kaufen Briefmarken bar 25,00			
5. Postbanküberweisung der Telefongebühren 145,00			
6. Wir zahlen Gehälter durch Banküberweisung 3.200,00			
7. Die Bank belastet uns mit Zinsen 34,50			
8. Wir erhalten eine Provision auf das Bankkonto 540,00			
9. Stromrechnung wird vom Postbankkonto überwiesen 328,00			

Soll		Haben		Soll		Haben

Soll		Haben		Soll		Haben

Soll		Haben		Soll		Haben

Soll			Haben		Soll			Haben

Soll			Haben		Soll			Haben

Soll	GuV-Konto		Haben

1-15. Die Beate Vetter GmbH, Regensburg, hat durch Inventur folgende Bestände ermittelt: BGA 15.000,00 €, Forderungen 5.230,00 €, Warenbestand 3.300,00 €, Kasse 4.500,00 €, Bankguthaben 2.500,00 €, Verbindlichkeiten 4.800,00 €, Eigenkapital?

• Eröffnen Sie die Konten mit den Saldovorträgen.
• Buchen Sie die Geschäftsvorfälle.
• Schließen Sie alle Konten ab.

Geschäftsvorfälle		Konten	Soll	Haben
1. Barkauf eines Ladenregals	1.500,00			
2. Wir zahlen Gehälter bar	1.900,00			
3. Provision wird auf unser Bankkonto überwiesen	8.560,00			

4. Die Bank schreibt uns Zinsen gut 76,00				
5. Banküberweisung der Telefongebühren 230,00				
6. Barzahlung einer Autoreparatur 460,00				
7. Banküberweisung unserer Stromrechnung 560,00				
8. Banküberweisung an Lieferanten 1.200,00				

Soll		Haben		Soll		Haben	

Soll		Haben		Soll		Haben	

Soll		Haben		Soll		Haben	

Soll		Haben		Soll		Haben	

Soll   Haben   Soll   Haben

Soll   Haben   Soll   Haben

Soll   Haben   Soll   Haben

Soll   **SBK**   Haben

1.7 Warenkonten

Die wichtigsten Geschäftsvorfälle in einem Handelsunternehmen, also auch in unserem Groß-handel Horst Bachnik e.K., sind der Einkauf von Waren und der Verkauf zu einem höheren Preis. Da das Buchen des gesamten Warenverkehrs relativ schwierig ist, haben wir die Erfolgskonten zunächst an einfacheren Beispielen vorgestellt. Nach diesen Vorbereitungen können wir uns nun-mehr dem Buchen des Warenverkehrs zuwenden.

Einrichten der Warenkonten

Um uns über *die Begriffe Aufwand und Ertrag im Warenverkehr* klar zu werden, stellen wir zu-nächst eine Betrachtung außerhalb der Buchführung an:

Wir kaufen 100 Stück Hantelstangen zu 29,43 € je Stück und verkaufen sie für 39,24 € weiter. Der erzielte Ertrag von 39,24 € · 100 = 3.924,00 € ist allerdings kein Gewinn. Von diesem Er-trag muss der Einkaufspreis von 29,43 € · 100 = 2.943,00 € abgezogen werden. *Dem Ertrag von 3.924,00 € steht also ein Aufwand an Waren von 2.943,00 € gegenüber.* Den Gewinn können wir ermitteln, indem wir vom Ertrag den Aufwand abziehen.

Verkaufspreis	3.924,00 €
– Einkaufspreis	2.943,00 €
Gewinn (Rohgewinn)	**981,00 €**

Bei Wareneinkäufen zu Einstandspreisen handelt es sich also um Aufwendungen. Sie werden auf einem Aufwandskonto gebucht, auf dem Konto **Wareneingang**. Der *Einstandspreis* (An-schaffungskosten[1]) beinhaltet alle Kosten des Erwerbs einschließlich aller Nebenkosten. Beim Wareneinkauf ist das der Listenpreis minus Rabatt, minus in Anspruch genommener Skonto, plus in Rechnung gestellte Transport- und Verpackungskosten.

Bei Warenverkäufen zu Verkaufspreisen handelt es sich um Erträge. Sie werden auf einem Ertrags-konto gebucht, auf dem Konto **Erlöse.**

Das Konto **Wareneingang** und das Konto Erlöse sind Erfolgskonten, die am Ende einer Abrech-nungsperiode über das Konto Gewinn- und Verlust abgeschlossen werden.

Diese beiden Konten würden zur Erfassung des Warenverkehrs ausreichen, wenn in jeder Ab-rechnungsperiode die eingekaufte Warenmenge und die verkaufte Warenmenge gleich groß wären. Das ist aber in den meisten Unternehmen nicht der Fall. Daher brauchen wir noch ein drittes Warenkonto, das den Bestand der Waren zu Beginn und am Ende einer Abrechnungsperiode aufnimmt, das Konto **Warenbestand.**

Das Konto Warenbestand ist ein Bestandskonto.

---

1   Näheres erfahren Sie dazu im Abschnitt C im Kapitel Bewertung.

Geschäftsvorfälle	Konten	Soll	Haben
Wir haben zu Beginn eines Geschäftsjahres einen Bestand von 50 Hantelstangen zu 29,43 € je Stück 1.471,50	Warenbestand an Saldovorträge	1.471,50	1.471,50
Wir kaufen Waren gegen bar (100 Hantelstangen) 2.943,00	Wareneingang an Kasse	2.943,00	2.943,00
Wir verkaufen Waren gegen bar (100 Hantelstangen) 3.924,00	Kasse an Erlöse	3.924,00	3.924,00

Soll	Warenbestand	Haben
SV	1.471,50	

Soll	Wareneingang	Haben
Kasse	2.943,00	

Soll	Erlöse	Haben
	Kasse	3.924,00

Am Jahresende müssen diese Konten abgeschlossen werden. Das ist einfach, wenn sich der Warenbestand nicht verändert hat, d. h. auch der Endbestand genau 1.471,50 € beträgt. In diesem Fall stimmt die eingekaufte Warenmenge genau mit der verkauften Warenmenge überein. Der Einstandspreis der verkauften Waren beläuft sich auf 2.943,00 €, die Erlöse auf 3.924,00 €. In einer EDV-Buchführung müssten keine Abschlussbuchungen durchgeführt werden, weil das Programm auf die Salden der Konten direkt zugreift. In einer manuellen Buchführung sind die folgenden beiden Buchungssätze notwendig:

Geschäftsvorfälle	Konten	Soll	Haben
Abschluss des Wareneingangskontos	GuV-Konto an Wareneingang	2.943,00	2.943,00
Abschluss des Erlösekontos	Erlöse an GuV-Konto	3.924,00	3.924,00

Der Rohgewinn von 981,00 € kann aus der Gegenüberstellung auf dem GuV-Konto ermittelt werden bzw. in der in Staffelform aufgestellten GuV-Rechnung. Vergleichen Sie dazu die Aufstellung der GuV-Rechnung in § 275 HGB.

» Der Einstandspreis der verkauften Ware heißt Wareneinsatz.

Wie konnten wir aber feststellen, dass die gesamte Menge der eingekauften Ware verkauft wurde bzw. dass die vorher schon vorhandene Warenmenge nach einer Abrechnungsperiode gleich geblieben ist? Aus der Buchführung lässt sich das nicht ermitteln, weil wir für die Zugänge und Abgänge der Ware verschiedene Konten verwenden.

Wenn wir also am Ende einer Abrechnungsperiode wissen wollen, wie hoch unser Warenbestand noch ist, müssen wir eine *Inventur der Waren* durchführen. Wenn wir ein Warenwirtschaftssystem (über EDV, z. B. mit Kassen, wie sie heute im Supermarkt verwendet werden) benutzen, dann können wir auch über diesen Weg den Bestand der noch vorhandenen Ware und ihren Wert ermitteln. (Vgl. dazu auch das Kapitel **Inventur** in Abschnitt C.)

Abschluss der Warenkonten

Die eingekaufte und verkaufte Warenmenge stimmt in der Praxis in der Regel **nicht** überein. Dort treffen wir eher die folgenden beiden Fälle an:

1. Die verkaufte Menge ist größer als die eingekaufte, unser Warenbestand ist deshalb geringer geworden (Bestandsminderung).

2. Die verkaufte Warenmenge ist kleiner als die eingekaufte, unser Warenbestand hat sich erhöht (Bestandsmehrung).

Wir kommen jetzt auf unser obiges Beispiel zurück und stellen den Abschluss der Konten für den Fall der Bestandsminderung und den Fall der Bestandsmehrung dar.

1. Wir haben 120 Hantelstangen verkauft.

Der Warenendbestand beträgt laut Inventur 882,90 € (Bestandsminderung). Der Anfangsbestand (Saldovortrag) betrug 1.471,50 €. Die Differenz beträgt also 588,60 €.

a) Wenn wir diesen Saldo innerhalb der Buchführung ermitteln wollten, dann müssten wir den Endbestand in das Konto Warenbestand eintragen und dann das Konto abschließen. Der Saldo würde dann die Bestandsminderung ergeben, die als Aufwand auf das GuV-Konto zu buchen wäre.

b) Im Hinblick auf die EDV-Buchführung (siehe unten) machen wir es uns jedoch einfacher. Wir ermitteln die Bestandsveränderungen außerhalb der Buchführung und buchen nun diese ermittelte Bestandsveränderung auf den Konten Warenbestand und Wareneingang.

c) Beim Abschluss ergibt sich auf dem Konto Warenbestand als Saldo der Warenendbestand und auf dem Konto Wareneingang der Wareneinsatz.

Berechnung der Bestandsveränderung:

	Endbestand der Waren	882,90 €
−	Anfangsbestand der Waren	1.471,50 €
	Bestandsminderung	− 588,60 €

Daraus ergeben sich folgende Buchungen:

Geschäftsvorfälle	Konten	Soll	Haben
Buchung der Bestandsminderung der Waren von 588,60	Wareneingang an Warenbestand	588,60	588,60
Zusätzliche Buchungssätze in einer manuellen Buchführung	SBK (Schlussbilanzkonto) an Warenbestand	882,90	882,90
	GuV-Konto an Wareneingang	3.531,60	3.531,60
	Erlöse (Warenverkauf) an GuV-Konto	4.708,80	4.708,80

Soll	Warenbestand (WB)		Haben		Soll	Erlöse		Haben
SV	1.471,50	SBK	882,90		GuV	**4.708,80**	Kasse	**4.708,80**
		WE	588,60					
	1.471,50		**1.471,50**					

Soll	Wareneingang (WE)		Haben		Soll	GuV		Haben
Kasse	2.943,00	GuV	3.531,60		WE	3.531,60	Erlöse	4.708,80
WB	588,60							
	3.531,60		**3.531,60**					

Soll	SBK	Haben
Warenbestand	882,90	

Wir können festhalten, dass wir in diesem Fall für die Erzielung eines Umsatzerlöses von 4.708,80 € auch einen höheren Wareneinsatz, nämlich 3.531,60 €, benötigten.

2. Wir haben 90 Hantelstangen verkauft.

Der Warenendbestand beträgt laut Inventur 1.765,80 € (Bestandsmehrung). Die Differenz zum Anfangsbestand beträgt in diesem Fall 294,30 €. Der Bestand ist gestiegen, der Wareneinsatz geringer.

Berechnung der Bestandsveränderung:

	Endbestand der Waren	1.765,80 €
−	Anfangsbestand der Waren	1.471,50 €
	Bestandsmehrung	294,30 €

Geschäftsvorfälle	Konten	Soll	Haben
Buchung der Bestandsmehrung der Waren von 294,30	Warenbestand an Wareneingang	294,30	294,30
Zusätzliche Buchungssätze in einer manuellen Buchführung.	SBK (Schlussbilanzkonto) an Warenbestand	1.765,80	1.765,80
	GuV-Konto an Wareneingang	2.648,70	2.648,70
	Erlöse (Warenverkauf) an GuV-Konto	3.531,60	3.531,60

Soll	Warenbestand (WB)		Haben	Soll	Erlöse		Haben
SV	1.471,50	SBK	1.765,80	GuV	**3.531,60**	Kasse	**3.531,60**
WE	294,30						
	1.765,80		**1.765,80**				

Soll	Wareneingang (WE)		Haben	Soll	GuV		Haben
Kasse	2.943,00	WB	294,30	WE	2.648,70	Erlöse	3.531,60
		GuV	2.648,70				
	2.943,00		**2.943,00**				

Soll	SBK	Haben
Warenbestand	1.765,80	

In der *EDV-Buchführung* ist es nicht notwendig, die Konten abzuschließen. Das Programm kann nur auf Salden zugreifen, nicht aber auf bestimmte Kontenzeilen. Daraus folgt, dass wir so buchen müssen, dass sich als Salden die Werte für die Bilanz und die GuV ergeben.

Hinweis: Wir haben aus Vereinfachungsgründen immer mit gleichen Ein- und Verkaufspreisen gearbeitet. In der Praxis können sich die Preise auch ändern.

Exkurs: Konto Bestandsveränderungen Waren

Zur besseren Übersichtlichkeit wird häufig zusätzlich noch das Konto Bestandsveränderungen Waren geführt.

Die Abschlussbuchungssätze für das obige Beispiel lauten dann:

Geschäftsvorfälle	Konten	Soll	Haben
Buchung der Bestandsminderung der Waren von 588,60	Bestandsveränderungen Waren	588,60	
	an Warenbestand		588,60
Zusätzliche Buchungssätze in einer manuellen Buchführung	SBK (Schlussbilanzkonto)	882,90	
	an Warenbestand		882,90
	GuV-Konto	588,60	
	an Bestandsveränderungen Waren		588,60
	GuV-Konto	2.943,00	
	an Wareneingang		2.943,00
	Erlöse (Warenverkauf)	4.708,80	
	an GuV-Konto		4.708,80

Geschäftsvorfälle	Konten	Soll	Haben
Buchung der Bestandsmehrung der Waren von 294,30	Warenbestand	294,30	
	an Bestandsveränderungen Waren		294,30
Zusätzliche Buchungssätze in einer manuellen Buchführung	SBK (Schlussbilanzkonto)	1.765,80	
	an Warenbestand		1.765,80
	Bestandsveränderungen Waren	294,30	
	an GuV		294,30
	GuV-Konto	2.943,00	
	an Wareneingang		2.943,00
	Erlöse (Warenverkauf)	3.531,60	
	an GuV-Konto		3.531,60

Für den Fall der Bestandsmehrung zeigen wir eine Kontenübersicht.

Soll	Warenbestand (WB)	Haben		Soll	Erlöse	Haben	
SV	1.471,50	SBK	1.765,80	GuV	294,30	WaBest	294,30
BestWa	294,30						
	1.765,80		1.765,80				

Soll	Warenbestand (WB)		Haben
Kasse	2.943,00	GuV	2.943,00
	2.943,00		**2.943,00**

Soll	Erlöse		Haben
GuV	**3.531,60**	Kasse	**3.531,60**

Soll	GuV-Konto		Haben
Wareneingang	2.943,00	Bestandsveränd. Waren	294,30
		Erlöse	3.531,60

Soll	SBK	Haben
Warenbestand	1.765,80	

Rohgewinn – Reingewinn

» **Der Rohgewinn ist die Differenz zwischen den Umsatzerlösen und dem Wareneinsatz.**

Von dem Rohgewinn sind noch die weiteren Aufwendungen, die Sie schon kennengelernt haben, z. B. Raumkosten, Personalkosten und Frachtkosten, abzuziehen. Der sich dann ergebende Gewinn ist der **Reingewinn** eines Unternehmens.

Der Reingewinn ergibt sich aus den Umsatzerlösen
+ weiteren Erträgen
– dem Wareneinsatz
– den sämtlichen weiteren Aufwendungen.

Aufgaben

	Anfangsbestand Waren	Wareneingang	Erlöse	Warenendbestand
1-16.	5.620,00	2.344,00	4.350,00	4.820,00
1-17.	580,00	256,00	468,00	650,00
1-18.	12.455,00	5.640,00	8.670,00	11.432,00

- Tragen Sie auf den entsprechenden Warenkonten die Zahlenwerte ein und schließen Sie die Warenkonten über das GuV-Konto ab.
- Ermitteln Sie jeweils den Rohgewinn.

Soll   Haben   Soll   Haben

Soll   Haben   Soll   Haben

Rohgewinn = ...

Soll   Haben   Soll   Haben

Soll   Haben   Soll   Haben

Rohgewinn = ...

Soll			Haben	Soll			Haben

Soll			Haben	Soll			Haben

Rohgewinn = ...

1-19. Ein Unternehmen hat zu Beginn einer Geschäftsperiode folgende Bestände, die auf die Konten vorzutragen sind: BGA 7.500,00 €, Kasse 1.450,00 €, Bank 2.130,00 €, Forderungen 620,00 €, Warenbestand 1.200,00 €, Verbindlichkeiten 2.270,00 €, Darlehensschulden 1.200,00 €, Eigenkapital?

- **Eröffnen Sie die Bestandskonten (Bilanzkonten).**
- **Buchen Sie die Geschäftsvorfälle.**
- **Schließen Sie die Konten ab.**
-

Der Warenendbestand beträgt laut Inventur 1.100,00 €.

Geschäftsvorfälle		Konten	Soll	Haben
1.	Wareneinkauf gegen bar 950,00			
2.	Banküberweisung an Lieferanten 860,00			
3.	Banküberweisung eines Kunden 300,00			
4.	Warenverkauf auf Ziel 1.200,00			
5.	Ausgangsfracht wird bar bezahlt 55,00			

Soll		Saldenvorträge	Haben

Soll		Haben

Soll		Haben

Soll		Haben

Soll		Haben

Soll		Haben

Soll		Haben

Soll		Haben

Soll		Haben

Soll		Haben

Soll		Haben

Soll			Haben	Soll			Haben

Soll		SBK		Haben

1-20. Ein Unternehmen hat zu Beginn einer Geschäftsperiode folgende Bestände, die auf die Konten vorzutragen sind: BGA 5.000,00 €, Fuhrpark 7.500,00 €, Warenbestand 60.000,00 €, Forderungen 3.500,00 €, Bank 6.500,00 €, Kasse 500,00 €, Darlehensschulden 5.000,00, Verbindlichkeiten 3.000,00 €, Eigenkapital 75.000,00 €

- Richten Sie die Konten ein und tragen Sie die Salden vor.
- Buchen Sie die Geschäftsvorfälle.
- Schließen Sie die Konten ab. Der Warenendbestand beträgt laut Inventur 60.200,00 €. Die übrigen Schlussbestände stimmen mit den Salden auf den Konten überein.
- Berechnen Sie den Rohgewinn bzw. -verlust.

Geschäftsvorfälle		Konten	Soll	Haben
1. Kunden zahlen bar und überweisen auf Bankkonto	1.500,00 1.000,00			
2. Wareneinkauf auf Ziel	1.200,00			
3. Banküberweisung der Löhne	3.230,00			
4. Barzahlung der Kfz-Reparatur	220,00			

5. Warenverkauf auf Ziel	1.550,00			
und gegen Barzahlung	230,00			
6. Abbuchung der Telefonrechnung				
(Bank)	185,00			
7. Verkauf gebrauchter Büromöbel				
gegen bar	900,00			
8. Die Bank belastet uns mit Zinsen				
	55,00			
9. Zahlung einer Darlehensrate durch				
Banküberweisung	500,00			

Soll **Saldenvorträge** **Haben**

Soll **Haben**   **Soll** **Haben**

Soll **Haben**   **Soll** **Haben**

5 Schröter u.a. - ISBN: 978-3-8120-0017-8

Soll			Haben

Soll			Haben

Soll			Haben

Soll			Haben

Soll			Haben

Soll			Haben

Soll			Haben

Soll			Haben

Soll			Haben

Soll			Haben

Soll   Haben   Soll   Haben

Soll   Schlussbilanzkonto   Haben

1.8 Privatkonto

Über die Rechtsform des Unternehmens Großhandel Horst Bachnik e.K. haben wir bisher nicht gesprochen. Diese Information wollen wir jetzt geben. Es ist ein Einzelunternehmen.[1] Über die verschiedenen Unternehmensformen werden wir später einige Ausführungen machen.

In einem Einzelunternehmen können aus privaten Anlässen Geld oder Waren entnommen oder dem Unternehmen zugeführt werden. Außerdem können betriebliche Gegenstände, z. B. ein Pkw, privat genutzt werden. Der Wert dieser Nutzung muss ebenfalls in der Buchführung festgehalten werden.

An dieser Stelle soll nur auf die *Entnahme bzw. Einlage von Geld* eingegangen werden. Die Entnahme von Waren und Leistungen unterliegt der Umsatzsteuer und wird daher in einem späteren Kapitel besprochen werden.

In einem Einzelunternehmen ist für den Unternehmer selbst kein Gehalt vorgesehen. Er bestreitet seinen Lebensunterhalt aus dem erzielten Gewinn, der aber üblicherweise als Jahresgewinn festgestellt wird. Beträge, die der Unternehmer im Laufe des Jahres entnimmt, sind also nichts anderes als im Voraus entnommener Gewinn.

Privatentnahmen

Quittung		netto	€	
		+ 19 % USt	€	
		gesamt	€	150,00
Gesamtbetrag in Worten	einhundertfünfzig			
von	Horst Bachnik e.K. Sportartikel Großhandel			
für	Privatentnahme			
dankend erhalten				
Ort	Berlin	Datum	3. Dez. 20xx	
		Bachnik		

Betrachten wir den oben abgebildeten Beleg, den Sie auf Ihrem Schreibtisch vorgefunden haben. Der Chef, Horst Bachnik, hat einen Betrag von 150,00 € bar entnommen. Wie ist zu buchen? Ein Konto ist schnell gefunden, das Kassenkonto. Da Geld entnommen wurde, ist auch sofort klar, dass auf der Habenseite gebucht werden muss, weil Abgänge auf einem aktiven Bestandskonto im Haben gebucht werden.

Welches Konto kommt für die Sollseite in Frage? Hier können wir uns wieder weiterhelfen, wenn wir die vier Möglichkeiten der Bilanzveränderung betrachten. Ein Konto auf der Aktivseite, also ein Aktivtausch, kommt nicht in Frage, weil wir für die Hergabe des Vermögenswertes Geld aus der Kasse keinen anderen Vermögenswert erhalten. Schauen wir uns die Passivseite an. Wenn

---

1   Vgl. § 19 Abs.1 Ziffer 1 HGB.

der Unternehmer Geld entnommen hat, werden die Schulden nicht geringer. Also bleibt nur das Eigenkapitalkonto übrig. Wie bei den Erfolgskonten wird auch hier aus Gründen der Übersicht nicht direkt auf dem Eigenkapitalkonto, sondern auf einem Unterkonto des Eigenkapitalkontos gebucht. Das ist das Konto Privatentnahmen.

Soll		Haben	Soll		Haben
Kasse	150,00			Privat	150,00

Als Geldentnahmen gelten auch alle Zahlungen an Dritte, die zwar über die Geschäftskonten erfolgen, aber den Unternehmer persönlich betreffen. Dazu gehören beispielsweise Überweisungen der Einkommen- und Kirchensteuer des Inhabers, der Beiträge zur Krankenkasse oder zu Lebensversicherungen des Inhabers oder seiner Familie, der Telefongebühren für den Privatanschluss oder der Miete für die Privatwohnung.

Privateinlagen

Legt der Unternehmer einen Geldbetrag in sein Geschäft ein, wird auf dem Konto Privateinlagen im Haben gebucht. Die Gegenbuchung erfolgt auf dem entsprechenden Geldkonto, z. B. Kasse oder Bank.

Privatkonto – Erfolgskonto

Die Privatkonten sind, darauf sei noch einmal hingewiesen, Unterkonten des Eigenkapitalkontos. Unterkonten werden stets über die Hauptkonten abgeschlossen. Privatvorgänge berühren das Eigenkapital. Sie sind aber nicht erfolgswirksame Geschäftsvorfälle. Deshalb müssen wir an dieser Stelle unsere früher getroffene Aussage über erfolgswirksame Geschäftsvorfälle präzisieren.

Erfolgswirksame Geschäftsvorfälle berühren das Eigenkapital, aber nicht jede Veränderung des Eigenkapitals ist ein erfolgswirksamer Vorgang.

Zu Beginn unseres Buchführungslehrganges haben wir über die *Erfolgsermittlung durch Kapitalvergleich* gesprochen. Wir hatten die Höhe des Eigenkapitals am Ende des Geschäftsjahres mit der Höhe des Eigenkapitals am Anfang des Geschäftsjahres verglichen. Eine positive Differenz bedeutete einen Gewinn, eine negative einen Verlust. Diese Berechnung müssen wir jetzt um die Privateinlagen und die Privatentnahmen ergänzen. Sonst erhalten wir ein falsches Ergebnis.

Eigenkapital am Ende des Wirtschaftsjahres
– Eigenkapital am Anfang des Wirtschaftsjahres
= Zwischensumme

+ Privatentnahmen
– Privateinlagen
= Gewinn oder Verlust

Aufgaben

1-21. Aus der Buchführung eines Großhandelsunternehmens ergeben sich am Ende des Geschäftsjahres folgende Ergebnisse:

Vermögen	3.800.000,00 €
Schulden	900.000,00 €
Gewinn	300.000,00 €
Privatentnahmen	120.000,00 €
Privateinlagen	25.000,00 €

Berechnen Sie das Eigenkapital

a) am Ende des Geschäftsjahres,

b) zu Beginn des Geschäftsjahres.

1-22. In der Einzelunternehmung Bernhard Köster e.K. weist das Bankkonto zu Beginn des Geschäftsjahres ein Guthaben von 52.200,75 € auf, in der Kasse sind 7.850,25 €, das Eigenkapital beträgt 385.750,00 €.

Richten Sie diese Konten und zusätzlich die Konten für Privatentnahmen und -einlagen ein. Buchen Sie die folgenden Geschäftsvorfälle und schließen Sie die Privatkonten ab.

Geschäftsvorfälle	Konten	Soll	Haben
1. Der Unternehmer überweist von seinem privaten Bankkonto auf das Geschäftskonto 10.000,00			
2. Die Miete für die Privatwohnung wird vom betrieblichen Bankkonto überwiesen 1.235,00			
3. Der Unternehmer entnimmt der Geschäftskasse bar 700,00			
4. Die Einkommensteuer des Unternehmers wird vom betrieblichen Bankkonto überwiesen 5.600,00			
5. Der Unternehmer legt einen Totogewinn in die Geschäftskasse 7.000,00			
6. Das Gehalt für eine Hausgehilfin wird vom betrieblichen Konto überwiesen 1.250,00			

Soll   Haben   Soll   Haben

Soll   Haben   Soll   Haben

Soll   Eigenkapital   Haben

1.9 Das Kontensystem der Buchführung

Wir haben jetzt alle in der Buchführung vorkommenden Kontenarten kennengelernt.

Zu beachten ist, dass die Aufwands- und Ertragskonten besondere Unterkonten des Eigenkapital-kontos sind. Die Aufwandskonten halten Minderungen des Eigenkapitals, die Ertragskonten Mehrungen des Eigenkapitals fest. Sie werden über das GuV-Konto und anschließend das GuV-Konto über das Eigenkapitalkonto abgeschlossen. Sie haben nach Abschluss der Buchführung keine Endbestände mehr und können deshalb auch keine Anfangsbestände haben.

1.10 Methoden der Erfolgsermittlung

An dieser Stelle wollen wir noch einmal die beiden Methoden der Erfolgsermittlung in der doppelten Buchführung zusammenstellen.

Eine Möglichkeit haben wir gerade kennengelernt, die Erfolgsermittlung durch Kapitalvergleich. Das Rechenschema sieht so aus:

Eigenkapital am Ende des Wirtschaftsjahres
<u>– Eigenkapital am Anfang des Wirtschaftsjahres</u>
= Zwischensumme
+ Privatentnahmen
<u>– Privateinlagen</u>
= Gewinn oder Verlust

Außerdem können wir mithilfe der Gewinn- und Verlustrechnung den Gewinn ermitteln. Dabei werden alle Aufwendungen und alle Erträge des abgelaufenen Jahres einander gegenübergestellt. Die Differenz ergibt ebenfalls den Erfolg des abgelaufenen Geschäftsjahres.

Erträge des Wirtschaftsjahres
<u>– Aufwendungen des Wirtschaftsjahres</u>
= Gewinn oder Verlust

Beide Ergebnisse müssen übereinstimmen, sonst wurde ein Fehler in der Aufstellung des Jahresabschlusses gemacht.

Die Erfolgsermittlung durch Kapitalvergleich ist eine
Zeitpunktrechnung,

die Erfolgsermittlung durch Gegenüberstellung von Aufwand und Ertrag ist eine
Zeitraumrechnung.

Zusammenfassung

Inventur ist die genaue Bestandsaufnahme aller Vermögensgegenstände und Schulden eines Unternehmens (Tätigkeit).

Inventar ist die geordnete Zusammenstellung aller Vermögensgegenstände und Schulden eines Unternehmens. Das Gesamtvermögen abzüglich der Gesamtschulden ergibt das **Reinvermögen.**

Die **Bilanz** ist eine kurz gefasste Übersicht, in der das Vermögen dem Eigenkapital und den Schulden in Kontoform gegenübergestellt wird. Sie ist immer eine Aufstellung der Bestände zu einem bestimmten Zeitpunkt (Bestandskonten).

Die **Bilanzgleichung** lautet: Vermögen = Eigenkapital + Fremdkapital.

Die **Bestandskonten** gliedern sich in Aktivkonten und Passivkonten.

Bei den **Aktivkonten** ist zu unterscheiden zwischen den Konten des Anlagevermögens und den Konten des Umlaufvermögens.

Die **Passivkonten** umfassen die Konten für das Fremdkapital und das Eigenkapitalkonto.

Das **Eigenkapitalkonto** hat zwei Unterkonten:

1. das Gewinn- und Verlustkonto.
   Es nimmt die Salden von den Aufwandskonten und den Ertragskonten (Erfolgskonten) auf. Das Gewinn- und Verlustkonto wird über das Konto Eigenkapital abgeschlossen.
2. das Privatkonto.
   Es umfasst die Privatentnahmen und die Privateinlagen. Sie werden ebenfalls über das Konto Eigenkapital abgeschlossen.

Für den Buchungssatz gilt in der manuell organisierten Buchführung die Regel:
Soll an Haben.

Werden im Soll und im Haben jeweils nur ein Konto berührt, spricht man von einem **einfachen Buchungssatz**, werden auf der Soll- und/oder Habenseite durch einen Geschäftsvorfall mehr als ein Konto angesprochen, nennt man das einen **zusammengesetzten Buchungssatz.**

Wareneinsatz ist der Einstandspreis der verkauften Waren.

Rohgewinn ist die Differenz zwischen Umsatzerlösen und Wareneinsatz.

Reingewinn ist die Differenz zwischen sämtlichen Erträgen und Aufwendungen.

Der **Erfolg** kann ermittelt werden
• durch Eigenkapitalvergleich,
• durch den Abzug der Aufwendungen von den Erträgen.

Aufgaben

1-23. Die Hugo König KG hat zu Beginn einer Geschäftsperiode folgende Bestände, die auf die Konten vorzutragen sind: BGA 35.000,00 €, Kasse 2.200,00 €, Bank 4.000,00 €, Warenbestand 35.750,00 €, Forderungen 5.870,00 €, Verbindlichkeiten 8.960,00 €, Eigenkapital 73.860,00 €.

- Buchen Sie die folgenden Geschäftsvorfälle auf den Konten.
- Der Warenendbestand beträgt lt. Inventur 35.500,00 €.
- Schließen Sie die Konten ab.

Geschäftsvorfälle		Konten	Soll	Haben
1. Wareneinkauf auf Ziel	550,00			
2. Barzahlung für Gewerbesteuer	850,00			
3. Warenverkauf auf Ziel	925,00			
4. Warenverkauf bar	345,00			
5. Ein Kunde zahlt durch Banküberweisung	1.245,00			
6. Kauf eines Computers gegen Banküberweisung	3.225,00			
7. Banküberweisung an einen Lieferanten	624,00			
8. Die Bank schreibt uns Zinsen gut	55,00			
9. Bareinkauf von Papier für Kopierer	13,50			
10. Umwandlung einer Lieferantenschuld in ein langfristiges Darlehen	2.500,00			

Soll   Haben   Soll   Haben

Soll   Haben   Soll   Haben

Soll   Haben   Soll   Haben

Soll   Haben   Soll   Haben

Soll   Haben   Soll   Haben

Soll   Haben   Soll   Haben

Soll			Haben	Soll			Haben

Soll		SBK	Haben

1-24. Die Großhandlung Holzer GmbH hat zu Beginn einer Geschäftsperiode folgende Bestände: BGA 45.000,00 €, Fuhrpark 22.000,00 €, Warenbestand 12.350,00 €, Forderungen 2.745,00 €, Bank 5.400,00 €, Kasse 450,00 €, Verbindlichkeiten 3.500,00 €, Eigenkapital 84.445,00 €.

- Die Anfangsbestände sind auf den Konten vorzutragen.
- Buchen Sie diese Geschäftsvorfälle auf den Konten.
- Schließen Sie die Konten ab.
- Der Warenendbestand beträgt lt. Inventur 10.200,00 €.

Geschäftsvorfälle		Konten	Soll	Haben
1.	Ein Kunde überweist auf das Bankkonto 560,00			
2.	Kauf von Büromaterial bar 25,60			
3.	Banküberweisung der Kfz-Steuer 678,00			
4.	Wareneinkauf auf Ziel 3.000,00			
5.	Die Bank schreibt Zinsen gut 78,50			

6. Warenverkauf auf Ziel 4.850,00			
7. Banküberweisung an Lieferanten 2.350,00			
8. Barverkauf von Waren 450,00			
9. Inhaber entnimmt der Kasse privat 500,00			
10. Warenverkauf gegen Barzahlung 560,00			

Soll　　　　　　　Haben　　　Soll　　　　　　　Haben

Soll　　　　　　　Haben　　　Soll　　　　　　　Haben

Soll　　　　　　　Haben　　　Soll　　　　　　　Haben

Soll　　　　　　　Haben　　　Soll　　　　　　　Haben

Soll　　　　　　　Haben　　　Soll　　　　　　　Haben

Soll		Haben	Soll		Haben

Soll		Haben	Soll		Haben

Soll		Haben	Soll		Haben

Soll		SBK		Haben

1-25. Kreuzen Sie bitte bei jeder Frage die richtige Antwort an. Nur eine Antwort ist richtig.

1. Was ist eine Inventur?
   a) die Tätigkeit zur Aufstellung des Inventars
   b) eine ausführliche Zusammenstellung des Vermögens und der Schulden eines Kaufmanns
   c) eine kurz gefasste Zusammenstellung des Vermögens und der Schulden eines Kaufmanns
   d) eine Gegenüberstellung von Aufwand und Ertrag

2. Wie lautet die Bilanzgleichung?

a) Vermögen gleich Eigenkapital plus Fremdkapital

b) Vermögen gleich Reinvermögen minus Verbindlichkeiten

c) Reinvermögen gleich Vermögen plus Verbindlichkeiten

d) Vermögen plus Fremdkapital gleich Eigenkapital

3. Welcher der folgenden Geschäftsvorfälle bewirkt eine Bilanzverkürzung?

a) Umwandlung einer kurzfristigen Verbindlichkeit in eine Darlehensschuld

b) Begleichung einer Lieferantenrechnung durch Banküberweisung

c) Ein Kunde zahlt durch Banküberweisung

d) Wareneinkauf auf Ziel

4. Wie errechnet sich der Rohgewinn?

a) als Saldo auf dem GuV-Konto

b) als Differenz zwischen dem Wareneinsatz und den Umsatzerlösen

c) als Saldo auf dem Konto Erlöse

d) als Saldo auf dem Konto Wareneingang

5. Welches der folgenden Konten ist ein Aktivkonto?

a) bebaute Grundstücke

b) Privatentnahme

c) Löhne

d) Verbindlichkeiten

6. Welcher Geschäftsvorfall liegt dem Buchungssatz „Privat an BGA" zugrunde?

a) Der Inhaber entnimmt dem Unternehmen einen Computer für sich privat.

b) Der Inhaber bringt einen Computer in das Unternehmen ein.

c) Der Inhaber kauft einen Computer gegen Überweisung vom Geschäftskonto.

d) Der Inhaber verkauft einen Geschäftscomputer gegen Überweisung auf das geschäftliche Bankkonto.

7. Wie wirken sich Erträge aus?

a) Sie vermehren das Eigenkapital.

b) Sie vermindern das Eigenkapital.

c) Sie wirken sich überhaupt nicht aus.

d) Sie vermindern den Gewinn.

8. Welche Aussage über das Privatkonto ist richtig?

a) Es gehört zu den Erfolgskonten.

b) Es wird über das GuV-Konto abgeschlossen.

c) Es ist ein Unterkonto des Eigenkapitalkontos.

d) Privatentnahmen erhöhen das Eigenkapital.

2 Kontenrahmen – Kontenplan

Ein wichtiges Organisationsmittel für die Buchführung ist der Kontenplan.
Der Kontenplan wird aus einem Kontenrahmen abgeleitet.

In diesem Abschnitt werden der DATEV-Kontenrahmen SKR 03 und der
Industriekontenrahmen (IKR) vorgestellt.

2.1 Begriffe Kontenrahmen – Kontenplan

Die Buchführung des Betriebs soll übersichtlich, klar und wirtschaftlich organisiert sein. Ein Organisationsmittel, um dieses Ziel zu erreichen, ist die Aufstellung eines Kontenplanes. Er umfasst alle im Betrieb geführten Konten. So ist eine einheitliche Kontierung und Buchung der einzelnen Geschäftsvorfälle möglich. Der Kontenplan wird nach den individuellen Bedürfnissen des Betriebs aus einem Kontenrahmen zusammengestellt.

Dabei werden die Konten, die im Unternehmen nicht vorkommen, weggelassen, andere Konten dagegen tiefer untergliedert, wenn es notwendig oder erwünscht ist. Grundsätzlich gilt, dass eine tiefere Gliederung der Konten die Buchführung aussagekräftiger macht, gleichzeitig aber die Übersichtlichkeit sinkt.

Zu bedenken ist ferner, zu welchen weiteren Aussagen die Zahlen der Buchführung eventuell verarbeitet werden sollen. Sofern sie zur Erstellung der Kosten- und Leistungsrechnung oder Kalkulation herangezogen werden sollen, sind möglichst viele Konten, insbesondere Aufwandskonten, hilfreich. Außerdem können die Zahlen der Buchführung wichtige Unterlagen für die Statistik und Planung liefern.[1]

Kontenrahmen haben den Zweck, die Buchführungsorganisation einheitlich auszurichten, um eine gleichmäßige Buchung der Geschäftsvorfälle in den verschiedenen Betrieben zu erreichen. Dadurch ist ein Betriebsvergleich und auch ein Zeitvergleich des gleichen Betriebs innerhalb der einzelnen Jahre möglich.

---

1 Vgl. dazu auch Abschnitt C, Kapitel 9.

2.2 Arten und Aufbau von Kontenrahmen

Kontenrahmen können sein
- **branchenspezifisch:**
  z. B. Großhandelskontenrahmen, Einzelhandelskontenrahmen, Kontenrahmen für Handwerksbetriebe, Gemeinschaftskontenrahmen (Industrie) und Industriekontenrahmen
- **branchenneutral:**
  Rechenzentren wie beispielsweise die DATEV verwenden Spezialkontenrahmen, z. B. den SKR 03 und den SKR 04.

Hinsichtlich der Organisationsform sind Kontenrahmen zu unterscheiden nach dem
- **Prozessgliederungsprinzip**
  Sie orientieren sich an der Leistungserstellung im Betrieb (z. B. SKR 03 der DATEV, Großhandelskontenrahmen, Gemeinschaftskontenrahmen der Industrie).
- **Abschlussgliederungsprinzip**
  Sie orientieren sich an der Abschlussgliederung der Bilanz und der Gewinn- und Verlustrechnung (z. B. SKR 04 der DATEV, IKR (Industriekontenrahmen).

Alle Kontenrahmen werden nach dem *dekadischen System* organisiert. Dieses System erleichtert eine schnelle Übersicht über die Konten.

2.3 Inhalt der Kontenrahmen DATEV SKR 03 und IKR

Schlagen Sie jetzt bitte den im Anhang abgedruckten DATEV-Kontenrahmen SKR 03 und/oder den Industriekontenrahmen (IKR) auf und gehen Sie die einzelnen Spalten durch.

Die in den Kontenrahmen aufgeführten *Sachkonten* bestehen aus vier Ziffern.
- Die erste Ziffer der Kontennummer bezeichnet die Kontenklasse,
- die zweite Ziffer die Kontengruppe,
- die dritte die Kontenuntergruppe und
- die vierte schließlich das Einzelkonto selbst.

Personenkonten haben zur Unterscheidung von den Sachkonten fünf Stellen.
- Den *Debitoren* (unseren Kunden) sind dabei in der Regel die Nummern 10000 bis 69999 und
- den *Kreditoren* (unseren Lieferanten) die Nummern 70000 bis 99999 zugeordnet.

DATEV-Kontenrahmen SKR 03

Klasse 0: Anlage- und Kapitalkonten
In der Kontenklasse 0 ist das langfristige Anlagevermögen, das langfristig der betrieblichen Leistungserstellung dient, aufgeführt. Außerdem finden sich dort die langfristigen Schulden und das Kapitalkonto.

6 Schröter u.a. - ISBN: 978-3-8120-0017-8

Klasse 1: Finanzkonten und Privatkonten

In dieser Klasse werden alle Geldbewegungen und der kurzfristige Kreditverkehr erfasst. Außerdem finden wir hier eine nach den umsatzsteuerlichen Bestimmungen organisierte Untergliederung der Umsatzsteuerkonten und das Privatkonto.

Klasse 2: Abgrenzungskonten

Es gibt in jedem Unternehmen Aufwendungen und Erträge, die nicht durch die betriebliche Leistungserstellung verursacht werden, die nicht mit dem eigentlichen Betriebszweck zusammenhängen, z. B. Zinsaufwendungen, Grundstückserträge, Gewinne oder Verluste bei Anlageabgängen. Sie werden neutrale Aufwendungen und Erträge genannt und in der Kontenklasse 2 gesondert erfasst.

Aufwendungen und Erträge, die in Zusammenhang mit dem eigentlichen Betriebszweck entstehen, werden Kosten bzw. Leistungen genannt. Kosten, denen kein Aufwand entspricht, werden kalkulatorische Kosten genannt, z. B. kalkulatorischer Unternehmerlohn. In der Kontenklasse 2 finden sich auch Konten für die Verrechnung dieser kalkulatorischen Kosten.

Die Abgrenzung zwischen neutralen Aufwendungen und Erträgen auf der einen Seite und Kosten und Leistungen auf der anderen Seite bezeichnet man als sachliche Abgrenzung. In der Praxis erfolgt sie in der Regel außerhalb der Buchführung.

Klasse 3: Wareneingangs- und Bestandskonten

Neben den Konten für den Wareneingang (Wareneinkauf) finden sich in dieser Kontenklasse die Konten für Materialaufwand und Bestand an Vorräten. Außerdem werden hier erhaltene Skonti, Boni, Rabatte und die Anschaffungsnebenkosten gebucht (erhaltene Skonti = Liefererskonti).

Klasse 4: Betriebliche Aufwendungen

Die in der Klasse 4 enthaltenen Kostenarten umfassen alle Aufwendungen, die durch den eigentlichen Betriebszweck entstehen. Die genaue Erfassung und Aufgliederung der Kosten bilden die Grundlage für die Kostenrechnung und die Kalkulation.

Klasse 5 und 6: Diese Klassen sind frei.

Klasse 7: Bestände an Erzeugnissen

Diese Kontenklasse enthält Bestandskonten für unfertige und fertige Erzeugnisse.

Klasse 8: Erlöskonten

In der Kontenklasse 8 werden die Umsatzerlöse erfasst. Auch die Erlöse aus Provisionen, Anlageverkäufen und Zinsen, die verschiedenen Erlösschmälerungen wie Skonti, Boni und Rabatte und der Eigenverbrauch werden hier gebucht.

Insgesamt lässt sich feststellen, dass die Klasse 8 nach umsatzsteuerlichen Gesichtspunkten gegliedert ist. Sie dient der Erstellung der Umsatzsteuervoranmeldung und der Umsatzsteuerbuchun

Klasse 9: Vortragskonten – Statistische Konten

Industriekontenrahmen (IKR)

Der Industriekontenrahmen (IKR) ist nach dem Abschlussgliederungsprinzip aufgebaut.
Die Einteilung der Kontenklassen folgt der im HGB vorgeschriebenen Gliederung der Bilanz und
der Gewinn- und Verlustrechnung.

Aktiva		Bilanz		Passiva
Immaterielle Vermögens-gegenstände/ Sachanlagen	Klasse 0	Eigenkapital und Rückstellungen		Klasse 3
Finanzanlagen	Klasse 1	Verbindlichkeiten und passive RAP		Klasse 4
Umlaufvermögen/akt. RAP	Klasse 2			

Die Gewinn- und Verlustrechnung ist als Staffel aufzustellen:

Gewinn- und Verlustrechnung	
Erträge	Kontenklasse 5
Betriebliche Aufwendungen	Kontenklasse 6
Weitere Aufwendungen	Kontenklasse 7

Kontenklasse 8: Ergebnisrechnungen
Kontenklasse 9: Kosten- und Leistungsrechnung

Vergleich der Kontenrahmen DATEV-SKR 03 und IKR

Kontenklasse	SKR 03	IKR
0	Anlage- und Kapitalkonten	Anlagevermögen
1	Finanz- und Privatkonten	Finanzanlagen
2	Abgrenzungskonten	Umlaufvermögen
3	Wareneingangs- und Bestandskonten	Eigenkapital und Rückstellungen
4	Betriebliche Aufwendungen	Verbindlichkeiten
5	frei	Betriebliche Erträge
6	frei	Betriebliche Aufwendungen
7	Bestände an Erzeugnissen	Weitere Aufwendungen
8	Erlöskonten	Ergebnisrechnung
9	Vortragskonten (Abschlusskonten)	Kosten- und Leistungsrechnung
10 000-69 999	Debitoren	Debitoren
70 000-99 999	Kreditoren	Kreditoren

Der Kontenrahmen SKR 03 der DATEV ist der am weitesten verbreitete Kontenrahmen. Wir
werden diesen Kontenrahmen für unsere weitere Arbeit zur Grundlage nehmen. Um aber grundsätzlich einen leichten Übergang zu anderen Kontenrahmen zu ermöglichen, werden wir neben die
Kontonummer auch eine Kurzbezeichnung des Kontennamens schreiben. Bitte verfahren Sie in
Ihren Übungsaufgaben ebenso. In Klammern finden Sie außerdem die Kontonummern des IKR.

2.4 Buchen nach Kontenplan

Hinweis: Wir werden in unseren Beispielen und Übungen in der Regel nicht die teilweise sehr weit aufgegliederten Konten nehmen, sondern das „Gruppenkonto". Beispiel: Für Portokosten werden wir nicht das Konto 4910 (6820) Porto, sondern nur das „Gruppenkonto" 4900 (6800) **Sonstige betriebliche Aufwendungen** nehmen, für Erlöse nur 8200 (5100) **Erlöse** usw. In der Praxis werden die Konten in der Regel weiter untergliedert, weil dadurch die Informationen, die die Finanzbuchführung liefern kann, steigen.[1]

Beispiel: Ein Kunde überweist auf unser Bankkonto 1.000,00 €.
- Arbeitsschritte:
- Wir suchen aus unserem Kontenplan das Konto Bank heraus und
- tragen in unsere Buchungsliste die Nummer 1200 (2800) Bank ein.
- Anschließend entnehmen wir die Kontennummer für Forderungen 1400 (2400) und
- tragen sie ebenfalls in die Buchungsliste ein.

Hinweis: Beachten Sie bitte zu den Konten Forderungen und Verbindlichkeiten die Erklärungen im Kapitel Organisation der Buchführung und Buchungstechnik bei Einsatz von EDV. Beim Konto Bank wird in der Praxis meist noch der Name der Bank und/oder die Bankkontonummer hinzugefügt.

Geschäftsvorfälle	Konten	Soll	Haben
Ein Kunde überweist auf unser Bankkonto 1.000,00	1200 (2800) Bank an 1400 (2400) Ford	1.000,00	1.000,00

Die Buchungsarbeiten lassen sich, wie schon oben erwähnt, mithilfe des Kontenplanes erheblich beschleunigen und sicherer durchführen. Insbesondere in einer mit EDV organisierten Buchführung werden bei der Buchungserfassung nur die Kontonummern verwendet. Der Kontoname wird dann aus dem abgespeicherten Kontenplan entnommen und angezeigt. (Mithilfe von Automatikkonten wird die Arbeit noch weiter beschleunigt; z. B.: Wird das Konto 8400 (DATEV SKR 03) eingegeben, dann wird automatisch das Umsatzsteuerkonto 1775 mit angesprochen. AM vor dem Konto bedeutet automatische Errechnung der USt.)

Hinweis: In unserem Lehrgang werden wir immer zusätzlich zu den Kontennummern eine Abkürzung des Kontennamens hinzufügen.

---

1   Wenn für Telefonkosten ein Privatanteil abzubuchen ist, dann wird selbstverständlich ein besonderes Konto Telefon eingerichtet. Der im Anhang abgedruckte IKR ist schon für Unterrichtszwecke verkürzt.

Zusammenfassung

Ein Kontenplan ermöglicht es, die Buchführung eines Unternehmens klar und übersichtlich zu gestalten.

Der Kontenplan wird aus einem Kontenrahmen abgeleitet und umfasst alle im Unternehmen geführten Konten.

Der nach dem Prozessgliederungsprinzip erstellte Kontenrahmen orientiert sich an der Leistungserstellung im Unternehmen.

Der nach dem Abschlussgliederungsprinzip erstellte Kontenrahmen orientiert sich an der Abschlussgliederung der Bilanz und der Gewinn- und Verlustrechnung.

Aufgaben

2-1. Bilden Sie für die folgenden Geschäftsvorfälle die Buchungssätze unter Angabe der Kontonummer nach dem SKR 03 (dem IKR) und der Kontobezeichnung (Kurzform):

Geschäftsvorfälle	Konten	Soll	Haben
1. Wareneinkauf auf Ziel 1.200,00			
2. Die Bank schreibt uns Zinsen gut 32,00			
3. Ein Kunde zahlt durch Banküberweisung 540,00			
4. Zahlung einer Lieferantenrechnung durch die Bank 760,00			
5. Wir zahlen Miete für Lagerhalle bar 850,00			
6. Warenverkauf auf Ziel 2.376,00			
7. Banküberweisung der Löhne 3.429,00			

8.	Banküberweisung der Telefon-gebühren	223,00			4/20 an 1200 *Telefon a Bank*	223		223,-

8.	Banküberweisung der Telefon-gebühren 223,00	*4/20 an 1200* *Telefon a Bank*	223	223,-
9.	Gutschrift Provision auf unser Postbankkonto 950,00	*1100 an 8513* *Postbank an Provisionserlöse*	950	950,-
10.	Warenverkauf gegen Barzahlung 445,00	*1000 an 8400* *Kasse an Warenverkaufserlöse*	445,-	445,-
11.	Barzahlung einer Autoreparatur 560,00	*4540 an 1000* *Rep. an Kasse*	560	560

2-2. **Der Einzelunternehmer Sebastian Glück e.K. ermittelt per Inventur folgende Bestände: 0400 (0800) BGA 25.000,00 €, 0320 (0840) Fuhrpark 12.000,00 €, 1400 (2400) Forderungen 8.900,00 €, 3980 (2280) Waren 17.800,00 €, 1200 (2800) Bank 5.800,00 €, 1000 (2880) Kasse 1.050,00 €, 0630 (4200) Darlehen 4.000,00 €, 1600 (4400) Verbindlichkeiten 3.500,00 €, 0800 (3000) Eigenkapital 63.050,00 €**

- **Eröffnen Sie die Konten.**
- **Bilden Sie die Buchungssätze zu den Geschäftsvorfällen.**
- **Buchen Sie die Geschäftsvorfälle auf den Konten.**
- **Schließen Sie die Konten ab. Der Warenendbestand beträgt laut Inventur 16.500,00, alle übrigen Beständen stimmen mit den Buchwerten überein.**

Geschäftsvorfälle		Konten	Soll	Haben
1.	Bank schreibt Zinsen gut 57,00	*1200* *an 0* *Bank an Zinsertrag*	57	57
2.	Wareneinkauf auf Ziel 500,00	*3400* *an 1600* *Wareneinkauf a Vbl.*	500	500,-
3.	Glück entnimmt bar (privat) 200,00	*1800* *an 1000* *Privatentn. an Kasse*	200	200,-
4.	Miete für Lagerräume wird auf unser Bankkonto überwiesen 350,00	*1200 an 2750* *Nebenerlöse an Bank*	350	350
5.	Warenverkauf auf Ziel 2.500,00	*1400* *an 8400* *Ford. an Warenverkaufserl.*	2500	2500,-
6.	Kunde überweist auf das Bankkonto 780,00	*1200 an 1400* *Bank an Ford.*	780,-	780,-
7.	Banküberweisung an einen Lieferanten 950,00	*1600* *an 1200* *Vbl. an Bank*	950,-	950,-

8. Banküberweisung der Gehälter 2.320,00	*4120 an 2200*	*2320*	*2320*
9. Warenverkauf gegen Barzahlung 575,00	*2000 an 8400*	*575*	*575*

Gehälter an Bank

Kasse an Umsatzerlöse

Soll		Saldenvorträge		Haben

Soll			Haben	Soll			Haben

Soll			Haben	Soll			Haben

Soll			Haben	Soll			Haben

Soll			Haben	Soll			Haben

Soll   Haben   Soll   Haben

Soll   Haben   Soll   Haben

Soll   Haben   Soll   Haben

Soll   Haben   Soll   Haben

Soll   SBK   Haben

2-3. Kreuzen Sie bitte bei jeder Frage die richtige Antwort an. Nur eine Antwort ist richtig.

1. Was ist ein Kontenplan?
 a) Eine Empfehlung für die Kontengliederung einzelner Wirtschaftszweige.
 b) Eine Aufstellung der in einem Unternehmen verwendeten Konten.
 c) Der von einem Unternehmen verwendete Kontenplan muss von der IHK genehmigt werden.
 d) Der von einem Unternehmen verwendete Kontenplan darf nur alle 5 Jahre verändert werden.

2. Welche Aussage über den Kontenrahmen ist richtig?
 a) Jeder Betrieb muss alle Konten des für seinen Wirtschaftszweig entwickelten Kontenrahmens führen.
 b) Jedes Unternehmen kann nach dem Kontenrahmen seinen betriebsbezogenen Kontenplan entwickeln.
 c) Die Kontenrahmen nach dem Abschlussgliederungsprinzip orientieren sich an der Leistungserstellung im Betrieb.
 d) Der Kontenrahmen SKR 03 der DATEV ist ein branchenspezifischer Kontenrahmen für Industrieunternehmen.

2-4. Geben Sie stichwortartig eine Antwort.

1. Welche Arten von Kontenrahmen gibt es und wie können sie grundsätzlich aufgebaut sein?

....
....
....
....
....
....

2. Was bedeuten die einzelnen Ziffern der Kontennummern?

....
....
....
....
....
....

3. Nennen Sie drei Kontenklassen des SKR 03.

....

....

....

....

....

....

....

4. Wie werden Personenkonten von Sachkonten unterschieden?

....

....

....

....

....

....

5. Was ist der grundlegende Unterschied zwischen dem SKR 03 und dem Industriekonten-rahmen?

....

....

....

....

....

3

Belege und Belegbearbeitung

In diesem Kapitel wird die Bedeutung von Belegen dargestellt.
Sie lernen die verschiedenen Belegarten kennen und erfahren, wie sie in
Belegkreisen zu sortieren und weiterzubearbeiten sind.

3.1 Belegarten

Alle Änderungen des Vermögens und der Schulden bzw. deren Zusammensetzung müssen bewiesen werden. Das geschieht durch Belege. Deshalb gilt der Grundsatz:

» **Keine Buchung ohne Beleg.**

Zu unterscheiden sind:
- **Externe Belege**
Sie entstehen aus Geschäftsvorfällen des Unternehmens mit Außenstehenden, wie Kunden, Lieferanten, Banken, Post, Finanzamt usw. Das sind Eingangsrechnungen von Lieferanten, Kopien der Ausgangsrechnungen an Kunden, Briefe über Nachlässe, Rücksendungen, Gutschriften von Lieferern bzw. an Kunden, Quittungen, Kontoauszüge der Banken, Frachtbriefe.

- **Interne Belege**
Sie entstehen aus innerbetrieblichen Vorgängen. Das sind Lohn- und Gehaltslisten, Belege über Privatentnahmen und andere interne Vorgänge.

3.2 Belegbearbeitung

Eine der ersten Arbeiten, mit der Sie zu Beginn einer Tätigkeit in der Buchhaltung betraut werden könnten, ist das Sortieren und Prüfen von Belegen. Sie erhalten auf Ihren Schreibtisch einen Korb mit verschiedenen Belegen. Was ist zu tun?

Zunächst sind die Belege nach Belegkreisen zu sortieren. Folgende Belegkreise haben sich hierfür in dieser Reihenfolge bewährt.

Belegkreise:
- Ausgangsrechnungen
- Eingangsrechnungen
- sonstige Belege
- Kasse
- Bank

Innerhalb der Belegkreise werden die Belege nach dem Datum geordnet.

Auf den Belegen muss ein Hinweis vorhanden sein, dass sie sachlich und rechnerisch kontrolliert wurden. Ist dies nicht der Fall, sollte eine Kopie dieser Belege an die zuständige Abteilung zur sachlichen Prüfung geschickt werden, beispielsweise eine Eingangsrechnung in die Einkaufsabteilung. Hier wird dann überprüft, ob die Rechnung in Übereinstimmung mit den ausgehandelten Zahlungsbedingungen ausgestellt wurde.[1]

Wie ist zu verfahren, wenn eine Unstimmigkeit auf dem Beleg festgestellt wird? Ein Beleg darf nicht ohne Weiteres geändert werden, weil er auch für die Steuerverwaltung eine Urkunde darstellt.[2] Wird zum Beispiel ein Rechenfehler entdeckt, so ist zu dem Beleg ein entsprechender Vermerk zu machen. Handelt es sich dabei um eine Ausgangsrechnung, dann werden wir eine neue, korrigierte Rechnung schreiben und sie unserem Kunden zuschicken mit der Bitte, die alte Rechnung zu vernichten und die neue an ihre Stelle zu setzen. Bei einer Eingangsrechnung müssen wir den Aussteller der Rechnung informieren und um Zusendung einer neuen korrigierten Rechnung bitten.

Sind die Belege geprüft, erhalten Sie innerhalb ihres Belegkreises eine fortlaufende Nummerierung. Das ist zwingend vorgeschrieben, damit die lückenlose Aufzeichnung aller Geschäftsvorfälle gewährleistet ist. Durch die Belegnummerierung erhalten wir eine gegenseitige Verweisung zwischen dem Beleg und den Eintragungen auf den Konten und im Journal (Grundbuch). Dadurch kann die Richtigkeit der Buchführung jederzeit bewiesen werden.

Kommen wir zurück zur Belegbearbeitung. Nachdem die Belege in Belegkreise sortiert wurden, werden sie lückenlos nummeriert und von einem erfahrenen Buchhalter vorkontiert. Dazu erhalten sie einen Kontierungsstempel.

Ein Kontierungsstempel oder Vordruck sollte Spalten enthalten für
- das Datum der Ausstellung oder des Einganges,
- das Konto, auf dem zu buchen ist,

---

1   Vgl. Sie zum Arbeitsablauf noch einmal die Skizze und die Beschreibung dazu im Einführungskapitel.
2   § 14 Abs. 4 UStG.

- das Gegenkonto,
- das Buchungsdatum, um Doppelbuchungen zu verhindern,
- die Unterschrift desjenigen, der kontiert hat.

Kontieren bedeutet, dass angegeben wird, auf welchen Konten der durch diesen Beleg dokumentierte Geschäftsvorfall zu buchen ist. Die Warenart wird in der Finanzbuchführung nicht festgehalten.

Die kontierten Belege können dann anschließend direkt in die Buchführungsbücher übertragen bzw. mit dem Buchführungsprogramm erfasst werden. Nach der Erfassung kann das Buchungserfassungsprotokoll bzw. das Journal ausgedruckt und zur Kontrolle noch einmal mit der Vorkontierung auf den Belegen verglichen werden.

Wir schauen uns nun Beispiele für Belege an, und zwar eine Ausgangsrechnung für die Lieferung an unseren Kunden Nagel e.K. und eine Eingangsrechnung von unserem Lieferanten Eisenwaren OHG.

Eine Rechnung muss folgende Angaben enthalten:[1]

1. den vollständigen Namen und die vollständige Anschrift des leistenden Unternehmers und des Leistungsempfängers,
2. die dem leistenden Unternehmer vom Finanzamt erteilte Steuernummer oder die ihm vom Bundesamt für Finanzen erteilte Umsatzsteuer-Identifikationsnummer,
3. das Ausstellungsdatum,
4. eine fortlaufende Nummer mit einer oder mehreren Zahlenreihen, die zur Identifizierung der Rechnung vom Rechnungsaussteller einmalig vergeben wird (Rechnungsnummer),
5. die Menge und die Art (handelsübliche Bezeichnung) der gelieferten Gegenstände oder den Umfang und die Art der sonstigen Leistung,
6. den Zeitpunkt der Lieferung oder sonstigen Leistung oder der Vereinnahmung des Entgelts oder eines Teils des Entgelts in den Fällen des Absatzes 5 Satz 1, sofern dieser Zeitpunkt feststeht und nicht mit dem Ausstellungsdatum der Rechnung identisch ist,
7. das nach Steuersätzen und einzelnen Steuerbefreiungen aufgeschlüsselte Entgelt für die Lieferung oder sonstige Leistung (§ 10) sowie jede im Voraus vereinbarte Minderung des Entgelts, sofern sie nicht bereits im Entgelt berücksichtigt ist,
8. den anzuwendenden Steuersatz sowie den auf das Entgelt entfallenden Steuerbetrag oder im Fall einer Steuerbefreiung einen Hinweis darauf, dass für die Lieferung oder sonstige Leistung eine Steuerbefreiung gilt.

Bei Lieferungen in die EG zusätzlich:

- Umsatzsteuer-Identifikationsnummer des Lieferers oder Leistenden (§ 14a Abs. 2 UStG),
- Umsatzsteuer-Identifikationsnummer des Abnehmers § 14a Abs. 2 UStG).

In der Buchführung und im Umsatzsteuerrecht besteht Belegzwang, damit ist eine Rechnung mindestens in Schriftform zu erstellen. Eine elektronisch übermittelte Rechnung muss mit einer qualifizierten elektronischen Signatur oder mit einer qualifizierten elektronischen Signatur mit Anbieter-Akkreditierung versehen sein (§ 14 Abs. 3 Nr. 1 UStG).

---

1   Vgl. § 14 Abs. 4 UStG und Abschn. R 185 UStR.

Für **Kleinbetragsrechnungen bis 150 €** sind die Anforderungen weniger streng. Hier genügen folgende Angaben:

1. Name und Anschrift des leistenden Unternehmens,
2. das Ausstellungsdatum,
3. Menge und Art der Lieferung/Leistung,
4. das Entgelt und der darauf entfallende Steuerbetrag in einer Summe (Brutto-Betrag),

den angewendeten Steuersatz bzw. der Hinweis auf eine Steuerbefreiung.

Aus den Zahlungsbedingungen kann ersehen werden, ob ein Skontoabzug gewährt wird. Die Frist für den Skontoabzug ergibt sich eigentlich aus dem Rechnungsdatum, in der Praxis jedoch aus dem Eingangsdatum.

Auf dem **Kontoauszug** können wir den Geschäftsvorfall aus dem Buchungstext entnehmen. Für unsere Überweisungsaufträge verbleibt bei uns ein Durchschlag, eine Gutschriftsanzeige erhalten wir nicht. Wenn unser Kunde auf seiner Überweisung die Rechnungsnummer und seine Kundennummer angegeben hat, können wir leicht das Gegenkonto zum Bankkonto herausfinden. Das dazugehörige Sachkonto ist bei einer Kundenzahlung immer das Konto Forderungen. Bei Lastschriften werden wir normalerweise die Lieferantennummer mit angegeben haben, sodass eine schnelle Zuordnung möglich ist. Als Belegnummer wird in der Regel die Nummer des Kontoauszuges genommen, als Buchungsdatum das Datum des Kontoauszuges oder aber auch des Buchungstages.

> » **Belege sind zehn Jahre aufzubewahren.**

Eisenwaren OHG
Hochstraße 5 – 45894 Gelsenkirchen

Horst Bachnik e.K. Sportartikel Großhandel Breite Straße 7 13597 Berlin	**Rechnung** 45872 Rechnungsdatum xx-11-14 Kunden-Nr. 66003 USt-IdNr. DE 817 199 135

Artikel	Menge	Einzelpr.	Betrag €
Hantelstange	100	29,43	2.943,00

Zahlungsbedingungen	Warenwert	USt %	USt €	Endbetrag €
10 Tg. 3 % 30 Tg. netto	2.943,00	19	559,17	3.502,17

Horst Bachnik e.K.

Sportartikel Großhandel
Breite Straße 7 · 13597 Berlin

Frank Nagel e.K.
Rhönkoppel 17
14199 Berlin

Rechnung	1476
Rechnungsdatum	xx-11-15
Kunden-Nr.	10001
USt-IdNr. DE 906 001 942	

Artikel		Menge	Einzelpr.	Betrag €
131	Hantelstange	100	39,24	3.924,00

Zahlungsbedingungen	Warenwert	USt %	USt €	Endbetrag €
10 Tg. 3% 30 Tg. netto	3.924,00	19	745,56	4.669,56

Für Vermerke des Postbankteil-
nehmers für seinen Gebrauch

Bareinzahlung
Einlieferungsschein

€ 200,00

für Postbankkonto-Nr. Postbank

369255100 **Bln**

für
Horst Bachnik e.K.
in Berlin

xx-11-26

Einzahlungsbeleg

Konto-Nr.	Datum	Aus-zugs-nr.	Blatt	Kontoauszug	Bu-chungs-tag	PN-Nr.	Wert	Umsatz
369255100	28.11.xx	120	1	Kontostand vom 12-11-xx				17.600,00
Frank Nagel e.K.				Rg. 1476 Kd.-Nr.10 001	28.11.		28.11.	4.669,56
Eisenwaren OHG				Rg. 45872 Kd.-Nr.66003 (2352/80002)	28.11.		28.11.	−3.502,17
Einzahlung					28.11.		28.11.	200,00

Horst Bachnik e.K.

Sportartikel Großhandel

Breite Straße 7

13597 Berlin

Summe Zahlungsausgang	−3.502,17
Summe Zahlungseingang	4.869,56
Neuer Kontostand	18.967,39

Postbank

Kontoauszug

3.3 Buchen mit einem Verrechnungskonto

Betrachten Sie den Einzahlungsbeleg und den Postbankauszug. Wir zahlen am 26.11. 200,00 €
aus der Kasse auf unser Bankkonto ein. Den Kontoauszug der Bank über die erfolgte Einzahlung
erhalten wir am 28. 11. Kasseneinnahmen und Kassenausgaben sollen täglich festgehalten werden.[1] Auf der anderen Seite gilt die Regel, dass Vorgänge auf dem Bankkonto erst bei Vorliegen
des Kontoauszuges zu buchen sind. Außerdem würden bei einer Buchung Bank an Kasse zwei
verschiedene Buchungskreise berührt; die Zuordnung der Belege wäre schwierig.

Deshalb wird ein Zwischenkonto, das Konto 1360 (2870) **Geldtransit** eingerichtet.

Geschäftsvorfälle	Konten	Soll	Haben
1. Buchung am 26.11. im Belegkreis Kasse nach dem Beleg der Einzahlungsquittung	1360(2899) Geldtransit an 1000 (2880) Kasse	200,00	200,00
2. Buchung am 28.11. bei Vorliegen des Bankkontoauszuges im Belegkreis Bank	1100 (2850) Postbank an 1360(2899) Geldtransit	200,00	200,00

Das Konto Geldtransit ist am Ende wieder ausgeglichen, der Saldo ist null. Es dient also nur als
Übergangskonto. Falls es Unstimmigkeiten in der Buchführung gibt, liegt hier oft eine Ursache.
Das Konto Geldtransit wird auch benutzt, wenn wir von unserem Konto bei der Bank A auf un-
ser Konto bei der Bank B überweisen. So lässt sich vermeiden, dass der Geldverkehr auf beiden
Konten, also doppelt, erfasst wird.

Beispiel: Wir überweisen von unserem Konto bei der BfG auf unser Konto bei der Postbank
2.500,00 €.

Geschäftsvorfälle	Konten	Soll	Haben
Wir überweisen von unserem Konto der BfG auf unser Postbankkonto 2.500,00			
Wir buchen bei Vorliegen des Bankkontoauszuges der BfG	1360(2899) Geldtransit an 1200 (2800) BfG	2.500,00	2.500,00
Wir buchen bei Vorliegen des Bankkontoauszuges der Postbank	1100 (2850) Postbank an 1360(2899) Geldtransit	2.500,00	2.500,00

---

1   § 146 AO.

Zusammenfassung

Alle Änderungen des Vermögens und der Schulden bzw. deren Zusammensetzung müssen durch Belege bewiesen werden.

Externe Belege entstehen aus Geschäftsvorfällen des Unternehmens mit Außenstehenden, interne Belege aus innerbetrieblichen Vorgängen.

Alle Belege sind zunächst nach Belegkreisen zu sortieren, innerhalb der Belegkreise nach dem Datum.

Nach sachlicher und rechnerischer Überprüfung werden die Belege vorkontiert und anschließend gebucht.

Belege müssen zehn Jahre aufbewahrt werden.

Aufgaben

3-1.
a) Beschreiben Sie den Ablauf der Belegvorbereitung.

....
....
....
....

b) Nennen Sie je zwei Beispiele für einen internen und einen externen Beleg.

....
....
....
....

7 Schröter u.a. - ISBN 978-3-8120-0017-8

c) Welche Angaben enthält der Kontierungsvermerk auf dem Beleg?

....

....

....

d) Zählen Sie die Belegkreise auf. Warum ist diese Reihenfolge sinnvoll?

....

....

....

....

....

....

e) Nennen Sie einen Grund für die Verwendung eines Verrechnungskontos.

....

....

....

3-2. Kreuzen Sie bitte die richtige Antwort an.

Für welchen Geschäftsvorfall muss ein interner Beleg erstellt werden?
   a) Wareneinkauf auf Ziel.
   b) Ein Lieferer zahlt durch Banküberweisung.
   c) Der Inhaber entnimmt Waren für den privaten Verbrauch.
   d) Banküberweisung der Umsatzsteuervorauszahlung an das Finanzamt.

4 Umsatzsteuer

In diesem Kapitel wird das Wesen der Umsatzsteuer dargestellt.

Sie erfahren, welche Umsätze der Umsatzsteuer unterliegen, wie die Umsatzsteuer zu buchen und die jeweilige Steuerschuld zu ermitteln ist.

Eine Umsatzsteuervoranmeldung wird erläutert.

4.1 Wesen der Umsatzsteuer

Damit wir unsere Belege weiterbearbeiten können, benötigen wir als nächstes unbedingt Informationen über die Umsatzsteuer.

Die Umsatzsteuer wird häufig auch Mehrwertsteuer genannt. Das hängt mit der Entstehungsgeschichte dieser Steuer zusammen. Obwohl der Begriff Mehrwertsteuer im Umsatzsteuergesetz heute nirgendwo mehr auftaucht, werden wir ihn doch gelegentlich benutzen, weil er in der Praxis üblich und zweckmäßig ist.

Zur Einführung greifen wir unser Beispiel aus der Einführung und die dazugehörenden ersten beiden Belege aus dem vorigen Kapitel wieder auf.

- Schauen Sie sich die Eingangsrechnung der Eisenwaren OHG über die 100 Hantelgewichte noch einmal genau an
- und die zu diesem gesamten Geschäftsvorfall zugehörige Ausgangsrechnung an unseren Kunden Nagel e.K.

Sie sehen, dass unser Lieferant Eisenwaren OHG uns nicht nur den Warenwert, sondern zusätzlich Umsatzsteuer in Rechnung stellt.

» **Diese Steuer, die an einen Lieferanten zu zahlen ist, wird Vorsteuer genannt.**

Unsere Ausgangsrechnung an Nagel umfasst den Verkaufspreis und darauf ebenfalls Umsatzsteuer.

> » **Diese Steuer, die einem Kunden berechnet wird, heißt Umsatzsteuer (oder auch Mehrwertsteuer, weil in der Umgangssprache der Begriff Umsatzsteuer häufig die Steuer beim Einkauf und beim Verkauf umfasst).**

Wir haben also einerseits Vorsteuer bezahlt und andererseits Umsatzsteuer erhalten. Wie leicht zu erkennen ist, haben wir mehr Umsatzsteuer erhalten als wir Vorsteuer an unseren Lieferanten gezahlt haben.

Bitte berechnen Sie die Differenz zwischen Ein- und Verkaufspreis und ermitteln Sie davon 19 % Umsatzsteuer. Wenn Sie dieses Ergebnis mit der Differenz zwischen Vorsteuer und Umsatzsteuer vergleichen, werden Sie feststellen, dass die Beträge gleich groß sind. Wir können hieran erkennen, dass die Umsatzsteuer nur auf den Mehrwert zwischen Ein- und Verkaufspreis erhoben wird. Daher rührt auch die Bezeichnung Mehrwertsteuer.

Wir wollen ausnahmsweise auch noch einen Blick in die Buchhaltung unseres Kunden, des Einzelhändlers Nagel e.K., werfen. Im Einzelhandelsgeschäft werden die Hantelgewichte an die endgültigen Verbraucher verkauft. Wir unterstellen, dass der Endverkaufspreis netto 98,00 € beträgt. Darauf sind noch 19 % Umsatzsteuer zu berechnen, die der Endverbraucher zu bezahlen hat. Das ergibt pro Hantelgewicht 18,62 €, für 100 Hantelgewichte also 1.862,00 €. Dieser Betrag soll insgesamt an das Finanzamt gehen. Der Einzelhändler überweist jedoch keineswegs die vollen 1.862,00 €, sondern zieht davon die ihm selbst in Rechnung gestellte Vorsteuer ab. Die Differenz überweist er an das Finanzamt, sie wird Zahllast genannt.

Wir betrachten jetzt die drei Handelsstufen vom Hersteller über den Großhändler zum Einzelhändler. Wenn wir die drei Beträge, die jeweils an das Finanzamt überwiesen wurden, addieren, erhalten wir wieder den gleichen Betrag, nämlich 1.862,00 €. An diesem Beispiel wird deutlich, dass auf jeder Handelsstufe die Steuer für den Mehrwert als Zahllast anfällt.

An unserem Einführungsbeispiel mit den Belegen lässt sich sehr gut erkennen, dass auf jeder Handelsstufe Umsatzsteuer zu berechnen ist. Warum besteht diese Regelung? Es wäre doch viel einfacher, wenn nur der Einzelhändler direkt vom Endverbraucher die Umsatzsteuer einziehen und an das Finanzamt abführen würde.

Der Gesetzgeber verfolgt mit dem beschriebenen Vorgehen zwei wesentliche Ziele:
- die Erhebungssicherheit (der Staat hat eine größere Sicherheit, dass die Steuer tatsächlich erhoben und abgeführt wird),
- eine gleichmäßigere Belastung aller Unternehmen in der Wirtschaft.

Folglich werden alle Unternehmer verpflichtet, die Umsatzsteuer einzuziehen. Sie sind Steuerschuldner.

	Vorsteuer	Umsatzsteuer	Zahllast
Eisenwaren OHG			
Ausgangsrechnung an Bachnik e.K:			
100 Hantelgewichte à 29,43 2.943,00			
+ 19 % USt 559,17		559,17	
Rechnungsbetrag **3.502,17**			559,17
Horst Bachnik e.K. Sportartikel Großhandel			
Eingangsrechnung von Eisenwaren OHG:			
100 Hantelgewichte à 29,43 2.943,00			
+ 19 % USt 559,17	559,17		
Rechnungsbetrag **3.502,17**			
Ausgangsrechnung an Nagel e.K.:			
100 Hantelgewichte à 39,24 3.924,00			
+ 19 % USt 745,56			
Rechnungsbetrag **4.669,56**		745,56	186,39
Einzelhändler Nagel e.K.			
Eingangsrechnung von Bachnik e.K.			
100 Hantelgewichte à 39,24 3.924,00			
+ 19 % USt 745,56	745,56		
Rechnungsbetrag **4.669,56**			
Ausgangsrechnung an Endverbraucher			
100 Hantelgewichte à 98,00 9.800,00			
+ 19 % USt 1.862,00		1.862,00	
Rechnungsbetrag **11.662,00**			1.116,44
Summe der Zahllast			1.862,00

Aufgabe

4-1. Stellen Sie den folgenden Wertschöpfungsprozess in einem Schema dar.

Der Textilfabrikant E. Lappen e.K. verkauft Stoffe im Gesamtwert von 124,00 € netto an den Fabrikanten von Tennisbekleidung, die Textil AG. Diese fertigt daraus 10 Tennisröcke, die er an die Sportartikelgroßhandlung Horst Bachnik e.K. für insgesamt 223,00 € netto verkauft. Bachnik liefert diese Röcke an den Einzelhändler S. Reis e.K. zum Stückpreis von 50,54 € netto. Der Kunde bezahlt im Geschäft schließlich für jeden Rock 113,05 € brutto.

Über welchen Betrag lauten die Ausgangsrechnungen auf jeder Stufe? Geben Sie jeweils den Warenwert, die Umsatzsteuer und den Bruttobetrag an. Wie hoch ist auf jeder Stufe die Vorsteuer, die Umsatzsteuer und der an das Finanzamt abzuführende Betrag (Zahllast)?

	Vorsteuer	Umsatzsteuer	Zahllast

....	....	....	....
....	....	....	....
....	....	....	....
....	....	....	....
....	....	....	....
....	....	....	....
....	....	....	....

4.2 Rechtsgrundlagen der Umsatzsteuer

Die Rechtsgrundlagen der Umsatzsteuer finden sich im Umsatzsteuergesetz (UStG).

Steuerbare Umsätze

Der Gesetzgeber zählt in § 1 UStG alle Umsätze auf, die der Umsatzsteuer ohne Rücksicht auf eine mögliche Steuerbefreiung unterliegen. Diese Umsätze nennt er steuerbare Umsätze. Zu ihnen gehören:

- **Lieferungen und sonstige Leistungen,** die von einem Unternehmer im Inland gegen Entgelt im Rahmen seines Unternehmens ausgeführt werden.

- Inland ist das Gebiet der Bundesrepublik Deutschland mit Ausnahme der Zollausschlüsse und der Zollfreigebiete.

- Unternehmer nach dem UStG ist, wer eine gewerbliche oder berufliche Tätigkeit selbstständig ausübt. Als gewerblich oder beruflich wird dabei jede Tätigkeit angesehen, die der Erzielung von Einnahmen dient. Dies gilt auch dann, wenn damit nicht die Absicht verbunden ist, Gewinn zu erzielen.[1]

- Das Unternehmen umfasst die gesamte gewerbliche und berufliche Tätigkeit des Unternehmers. **Beispiel:** Die Großhandlung Horst Bachnik e.K. verkauft Tennisschläger an ihren Kunden Frank Nagel e.K. in Berlin.

- Die **Entnahme eines Gegenstandes** durch einen Unternehmer aus seinem Unternehmen für Zwecke, die außerhalb des Unternehmens liegen, sind einer Lieferung gegen Entgelt gleichgestellt, wenn der betreffende Gegenstand zum Vorsteuerabzug berechtigt.[2]

---

1   § 2 UStG.
2   § 3 Abs. 1b UStG.

- Einfuhr von Gegenständen aus einem Drittlandsgebiet. Drittlandsgebiet ist das ausländische Gebiet, das nicht Gemeinschaftsgebiet ist, z. B. Schweiz und USA.
  Beispiel: Die Großhandlung Horst Bachnik e.K. kauft Surfbretter in den USA.

- Innergemeinschaftlicher Erwerb im Inland gegen Entgelt. Innergemeinschaftlicher Warenverkehr ist Warenverkehr innerhalb des Gemeinschaftsgebietes. Das Gemeinschaftsgebiet umfasst das Inland und die Gebiete der übrigen Mitgliedstaaten der EU.
  Beispiel: Wir kaufen Tennisröcke bei einem Hersteller in Paris.

Steuerpflichtige Umsätze

Eine Reihe von Lieferungen, sonstigen Leistungen und Eigenverbrauch sind von der Umsatzsteuer befreit. Sie unterliegen demnach nicht der Steuerpflicht.

Diese Umsätze sind in den §§ 4 - 9 UStG aufgeführt. Zu ihnen gehören beispielsweise
- Ausfuhrlieferungen (Drittland),
- Entgelte für die Gewährung von Krediten,
- medizinische Leistungen.

Hinweis: Innergemeinschaftliche Lieferungen unterliegen nicht der Steuerpflicht. (Beispiel: Wir liefern Surfbretter an einen Händler in Nizza. Die Lieferung ist steuerfrei.)

Bemessungsgrundlage

Der Wert, von dem die Umsatzsteuer berechnet wird, heißt Bemessungsgrundlage.

- **Für Lieferungen und sonstige Leistungen im Inland und für innergemeinschaftlichen Erwerb** ist das **vereinbarte Entgelt die Bemessungsgrundlage.** Entgelt ist alles, was der Empfänger der Lieferung oder Leistung aufwenden muss, um diese zu erhalten. Die Umsatzsteuer selbst ist nicht Bestandteil der Bemessungsgrundlage.

Während der Sollbesteuerung (Besteuerung nach vereinbarten Entgelten) jeder Unternehmer kraft Gesetzes unterliegt, ist die Istbesteuerung (Besteuerung nach vereinnahmten Entgelten) nur auf Antrag und unter bestimmten Voraussetzungen möglich. Das Finanzamt kann auf Antrag gestatten, dass ein Unternehmer die Steuer nach vereinnahmten Entgelten berechnet, wenn er eine der drei nachstehenden Voraussetzungen erfüllt:

- Der **Gesamtumsatz** (§ 19 Abs. 3 UStG) hat im vorangegangenen Kalenderjahr nicht mehr als 250.000 € (§ 20 UStG) betragen oder
- der Unternehmer ist von der **Verpflichtung, Bücher zu führen** und aufgrund jährlicher Bestandsaufnahmen regelmäßig Abschlüsse zu machen, nach § 148 AO befreit oder
- der Unternehmer führt Umsätze aus einer Tätigkeit als **Angehöriger eines freien Berufs** i. S. d. § 18 Abs.1 Nr. 1 EStG aus (freier Beruf).

Abweichend von den vorstehenden Ausführungen galt bis 31.12.2009 bei Unternehmern in den neuen Bundesländern der Betrag von 500.000 €.

Kleinunternehmer müssen für ihre Umsätze grundsätzlich keine Umsatzsteuer an das Finanzamt entrichten. Im Gegenzug sind sie vom Vorsteuerabzug ausgeschlossen. Sie haben daher die Möglichkeit, auf die Anwendung der Kleinunternehmerregelung zu verzichten und zur Regelbesteuerung zu optieren. Als Kleinunternehmer i. S. des Umsatzsteuergesetzes gelten Unternehmer, deren Gesamtumsatz im vorangegangenen Kalenderjahr 17.500 € nicht überstiegen hat und im laufenden Kalenderjahr 50.000 € voraussichtlich nicht übersteigen wird (vgl. § 19 Abs. 1 UStG).

- **Für die Entnahme durch den Unternehmer**
  ist die Bemessungsgrundlage der Wert, mit dem ein Gegenstand aus dem Betrieb entnommen wird. Wir legen hierzu den Einkaufspreis zuzüglich Nebenkosten zugrunde.

- **Für die Einfuhr von Erzeugnissen**
  bildet der Rechnungsbetrag plus Zoll und Beförderungskosten die Bemessungsgrundlage.

Steuersätze

Seit 2007 beträgt der aktuelle Steuersatz 19 %. Für Umsätze, die in einer besonderen Liste aufgeführt sind (z. B. Lebensmittel, Zeitschriften, Bücher) gilt der ermäßigte Steuersatz von 7 %.

Vorsteuerabzug

Bei der Ermittlung der Umsatzsteuerschuld kann der Unternehmer folgende Vorsteuerbeträge abziehen:

- Umsatzsteuer für von einem anderen Unternehmen erhaltene Lieferungen oder Leistungen, die auf der Rechnung gesondert ausgewiesen sind. Daraus ergibt sich, dass für den Vorsteuerabzug eine Rechnung vorliegen muss. *Ausnahmen:* Geschenke, deren Anschaffungs- oder Herstellungskosten je Empfänger und Wirtschaftsjahr 35,00 € übersteigen. (Bewirtungskosten, soweit es sich um nicht abzugsfähige Betriebsausgaben handelt, Reisekosten (Verpflegungs-, Übernachtungs- und Fahrtkosten des Unternehmers und seines Personals, Umzugskostenerstattungen an Arbeitnehmer. Die umsatzsteuerliche Behandlung der nicht unternehmerischen Kraftfahrzeugnutzung hat sich in den letzten Jahren mehrfach geändert. Durch die Rechtsprechung des EuGH ist jedoch endlich Klarheit eingetreten. Durch das StÄndG 2003 ist die Einschränkung des Vorsteuerabzugs nach § 15 Abs. 1b UStG a. F. ersatzlos weggefallen. Dies gilt unabhängig davon, wann die Anschaffung oder Herstellung, die Einfuhr, der innergemeinschaftliche Erwerb oder die Anmietung erfolgte. Allerdings unterliegt die nicht unternehmerische Nutzung als unentgeltliche Wertabgabe der Umsatzsteuer.

- Umsatzsteuer für den innergemeinschaftlichen Erwerb von Gegenständen für sein Unternehmen.

Anforderungen an einen Beleg

Für die Buchung der Umsatzsteuer dienen die Eingangs- und die Ausgangsrechnung als Belege. Lesen Sie noch einmal im Kapitel **Belege** unter Belegbearbeitung nach, welche Anforderungen an einen Beleg gestellt werden. Vergleichen Sie diese Punkte mit den von uns herangezogenen Rechnungen.

4.3 Buchung der Umsatzsteuer

Die vom UStG geforderten Aufzeichnungspflichten werden von Buch führenden Unternehmen im Rahmen der kaufmännischen Buchführung erfüllt. Dazu sind mindestens folgende Konten einzurichten:
- 1570 (2600) Vorsteuer,
- 1770 (4800) Umsatzsteuer (USt),
- 8200 (5100) Erlöse (umsatzsteuerpflichtig).

Für die monatlichen bzw. vierteljährlichen Umsatzsteuervorauszahlungen richten wir das Konto
- 1780 (4820) Umsatzsteuer-Vorauszahlungen (USt-VZ) ein.

Für die Umsatzsteuerverbindlichkeiten aus dem alten Jahr richten wir das Konto
- 1790 (6990) Umsatzsteuer Vorjahr ein.

Da die USt nach den Erlösen berechnet wird und die umsatzsteuerpflichtigen Erlöse für jeden Steuersatz in den USt-Voranmeldungen und in der USt-Jahreserklärung getrennt angegeben werden müssen, ist für jeden Steuersatz und für die steuerfreien Erlöse je ein Erlöskonto einzurichten. Deshalb ist es nicht notwendig, für jeden Steuersatz auch ein USt-Konto einzurichten.[1]

Im Rahmen unseres Lehrganges werden wir nur mit einem Steuersatz und deshalb nur mit dem Konto 8200 (5100) **Erlöse** und den beiden genannten USt-Konten arbeiten.

Hinweis: Wir hatten schon oben erwähnt, dass in der Praxis auch von Mehrwertsteuer gesprochen wird. Das wird deshalb gemacht, um die uns in Rechnung gestellte USt (= Vorsteuer) und die von uns in Rechnung gestellte USt (= Mehrwertsteuer) besser unterscheiden zu können.

Wie sind nun die obige Eingangs- und die Ausgangsrechnung zu buchen?
- Die gesamten Verbindlichkeiten gegenüber der Eisenwaren OHG betragen 3.502,17 €. Das Konto Verbindlichkeiten ist ein Passivkonto, ein Zugang von Verbindlichkeiten wird im Haben gebucht.
- Jeder Wareneinkauf ist auf dem Konto 3200 (6080) Wareneinkauf im Soll zu buchen, allerdings nur der Warenwert in Höhe von 2.943,00 €.
- Als Differenz bleibt noch die ausgewiesene Umsatzsteuer. Sie stellt für uns eine Forderung gegenüber dem Finanzamt dar. Folgerichtig muss auf dem Vorsteuerkonto ebenfalls im Soll gebucht werden.
- Es entsteht eine Gesamtforderung gegenüber unserem Kunden Nagel e.K. in Höhe von 4.669,56 €. Das Konto Forderungen ist ein Aktivkonto, Zugänge auf einem Aktivkonto sind im Soll zu buchen.
- Jeder Warenverkauf ist auf dem Konto 8200 (5100) Erlöse im Haben zu buchen, allerdings nur der Warenwert in Höhe von 3.924,00 €.
- Die dem Kunden in Rechnung gestellte Umsatzsteuer ist für uns eine Verbindlichkeit gegenüber dem Finanzamt. Folgerichtig ist sie auf dem Konto 1770 (4800) Umsatzsteuer im Haben zu buchen.

Hinweis: Die Buchungen in der Kontokorrentbuchführung (auf den Personenkonten) zeigen wir im nächsten Kapitel.

---

1   Vgl. dazu noch einmal die Besprechung der Kontenrahmen Klasse 8 bzw. Klasse 4.

Daraus ergeben sich folgende Buchungssätze:

Geschäftsvorfälle	Konten	Soll	Haben
1. Wir kaufen von unserem Lieferanten Eisenwaren OHG Ware auf Ziel, netto 2.943,00	3200 (6080) WE 1570 (2600) Vorsteuer an 1600 (4400) Verbindl	2.943,00 559,17	3.502,17
2. Warenverkauf auf Ziel an unseren Kunden Nagel, netto 3.924,00	1400 (2400) Ford an 8200 (5100) Erlöse an 1770 (4800) USt	4.669,56	3.924,00 745,56

Wenn die Entgelte und die darauf entfallende Umsatzsteuer sofort bei jeder einzelnen Buchung getrennt werden, spricht man vom *Nettoverfahren*. Bei EDV-Buchführungen wird nur mit dem Nettoverfahren gearbeitet.

Hinweis: Wenn Ihnen nur der Rechnungsbetrag brutto (d. h. einschließlich USt) bekannt ist, muss die USt gesondert ausgerechnet werden.

USt = Rechnungsbetrag brutto $\cdot$ 19 : 119
oder USt: 19 = Rechnungsbetrag brutto : 119 €
Warenwert = Rechnungsbetrag brutto minus USt

Beispiel: Rechnungsbetrag brutto = 3.502,17 €
USt = 3.502,17 $\cdot$ 19 : 119 = 559,17 €

In manuellen Buchführungen kann auch das *Bruttoverfahren* verwendet werden.[1] Dabei wird zunächst der Bruttobetrag auf dem Konto Wareneingang bzw. Erlöse gebucht und zur Umsatzsteuervoranmeldung der Vorsteuer- bzw. Umsatzsteuerbetrag jeweils in einer Summe herausgerechnet.

4.4 Umsatzsteuervoranmeldung (USt-VA) und Umsatzsteuervorauszahlung (USt-VZ)

Umsatzsteuervoranmeldung
Besteuerungszeitraum für die Umsatzsteuer ist das Kalenderjahr.[2]
Der Unternehmer muss auf die Umsatzsteuerschuld des Kalenderjahres Vorauszahlungen (= Zahllast) an das Finanzamt leisten. Dazu müssen die steuerpflichtigen Umsätze eines bestimmten Zeitraumes (= Voranmeldungszeitraum), die auf diesen Zeitraum entfallenden absetzbaren Vorsteuern und eventuelle Kürzungsbeträge eingetragen werden. Aus diesen Angaben kann er die Höhe der jeweiligen Vorauszahlung (= Zahllast) selbst berechnen.[3]

1 Vergleiche § 63 Abs. 4 UStDV (Umsatzsteuerdurchführungsverordnung).
2 § 16 Abs. 1 UStG.
3 Vgl. § 16 UStG.

Der Voranmeldungszeitraum ist grundsätzlich das Kalendervierteljahr. Wenn die Steuer für das vorangegangene Jahr mehr als 7.500 € beträgt, dann ist monatlich eine Voranmeldung abzugeben. Wenn die Steuer im Vorjahr nicht mehr als 1.000 € betrug, kann das Finanzamt auf die Abgabe von Voranmeldungen und Vorauszahlungen verzichten. § 18 Abs. 1 UStG. [1]

Die Umsatzsteuerzahllast ist innerhalb von 10 Tagen nach Ablauf des Voranmeldungszeitraums an das Finanzamt abzuführen. Die Abgabefrist für die Voranmeldung und die Entrichtung der Vorauszahlungen kann auf Antrag um einen Monat verlängert werden (§§ 46 – 48 UStDV; Dauerfristverlängerung).

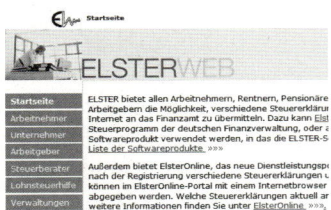

Bei einer EDV-Buchführung (PC-Fibu oder DATEV) erhalten wir vom Programm eine Umsatzsteuervoranmeldungsberechnung.

Die USt-Voranmeldung ist auf elektronischem Weg (z. B. mit dem Programm Elster) an das Finanzamt zu übermitteln. Der Umsatzsteuerzahlbetrag wird dann auf dem Konto 1780 (3820) **Umsatzsteuervorauszahlungen** gebucht. Die USt-Konten müssen im Laufe des Jahres nicht abgeschlossen werden.

Umsatzsteuervorauszahlung

Der Buchungssatz für die Zahlung lautet dann bei Überweisung durch die Bank:

Geschäftsvorfälle	Konten	Soll	Haben
Banküberweisung der Umsatzsteuer-vorauszahlung.	1780 (4820) USt-VZ an 1200 (2800) Bank	186,39	186,39

In einer manuellen Buchführung ist es zweckmäßig, ein Umsatzsteuerverrechnungskonto einzurichten. Häufig ist zu lesen, dass das Vorsteuerkonto über das Umsatzsteuerkonto abgeschlossen werden soll. Das ist möglich, wenn mit nur einem Umsatzsteuersatz gearbeitet wird. Auf jeden Fall ist diese Methode wenig übersichtlich.

Die Abschlussbuchungssätze lauten dann folgendermaßen:

Geschäftsvorfälle	Konten	Soll	Haben
1. Abschluss des Vorsteuerkontos.	1789 (4810) USt lfd. Jahr an 1570 (2600) Vorsteuer	559,17	559,17
2. Abschluss des USt-Kontos.	1770 (4800) USt an 1789 (4810) USt lfd. Jahr	745,56	745,56
3. Abschluss des USt-Vorauszahlungs-kontos.	1789 (4810) USt lfd. Jahr an 1780 (4820) USt-VZ	186,39	186,39
4. Überweisung der USt-Vorauszahlung.	1780 (4820) USt-VZ an 1200 (2800) Bank	186,39	186,39

---

1   Vgl. dazu § 18 UStG. Nimmt der Unternehmer seine berufliche oder gewerbliche Tätigkeit auf, ist im laufenden und folgenden Kalenderjahr Voranmeldungszeitraum der Kalendermonat.

4. Überweisung der USt-Vorauszahlung.	1780 (4820) USt-VZ an 1200 (2800) Bank	186,39	
			186,39

Soll	1570 (2600) Vorst	Haben	Soll	1770 (4800) USt	Haben
Verb	559,17	1789	559,17	1789	745,56	Ford	745,56

Soll	1789 (4810) USt lfd. J	Haben	Soll	1780 (4820) USt-VZ	Haben
1570	559,17	1770	745,56	1200	186,39	1789	186,39
1780	186,39				
	745,56		**745,56**		

Umsatzsteuerguthaben

Falls wir in einem Monat (in einem Voranmeldungszeitraum) mehr Waren eingekauft als verkauft oder eine Investition getätigt haben, kann ein Vorsteuerüberhang entstehen. Es entsteht eine Forderung, ein Guthaben, gegenüber dem Finanzamt. Wir berechnen so wie üblich die Umsatzsteuer und geben dann die USt-VA ab. Das Finanzamt überweist uns dann das Guthaben.

Geschäftsvorfälle	Konten	Soll	Haben
Das Finanzamt überweist uns ein USt-Guthaben.	1200 (2800) Bank an 1780 (4820) USt-VZ	3.521,34	
			3.521,34

Passivierung der Umsatzsteuerzahllast, Aktivierung eines Vorsteuerüberhangs

Die Umsatzsteuerzahllast muss bis zum 10. des jeweils folgenden Monats an das Finanzamt überwiesen werden. Das bedeutet, dass zum Jahresende noch eine Verbindlichkeit gegenüber dem Finanzamt besteht, weil die Zahllast für den Monat Dezember noch nicht überwiesen wurde. Diese Zahllast muss auf der Passivseite der Bilanz unter dem Posten **Sonstige Verbindlichkeiten** angesetzt werden.

Die Umsatzsteuerverbindlichkeiten werden ermittelt, indem von der Umsatzsteuerschuld die Vorsteuer und die Umsatzsteuervorauszahlungen abgezogen werden.

Falls wir einen Vorsteuerüberhang für Dezember ermittelt haben, wird dieser Überhang im Posten **Sonstige Vermögensgegenstände** in der Bilanz ausgewiesen.

Möglich ist auch der Abschluss des Vorsteuer- und des Umsatzsteuerkontos über das Konto 1780 (4820) **Umsatzsteuervorauszahlungen**. Auf dieses Konto sollten aber der besseren Übersicht wegen nur die Zahlungen des laufenden Jahres gebucht werden. Deshalb werden die Umsatzsteuerverbindlichkeiten für den Monat Dezember des Vorjahres im Januar des neuen Jahres auf das Konto 1790 (6990) **Umsatzsteuer Vorjahr** übertragen. Die Überweisung des Betrags wird dann auf diesem Konto gegengebucht.

USt-Erklärung

Nach Ablauf des Jahres müssen wir eine USt-Erklärung abgeben. Nach der Veranlagung wird ein Steuerbescheid erlassen. Falls es Differenzen zu unseren Voranmeldungen gibt, müssen wir nachzahlen oder wir erhalten eine Gutschrift.

Aufgaben

4-2. Ergänzen Sie:

Alle ....und sonstigen Leistungen von Unternehmen unterliegen der Umsatzsteuerpflicht. Der Steuersatz beträgt zurzeit ....%. Die Umsatzsteuer wird nur auf den .... zwischen Ein- und Verkaufspreis erhoben. Daher rührt auch die Bezeichnung .... , die aber im Umsatzsteuergesetz nicht vorkommt.

Auch der Eigenverbrauch des Unternehmers unterliegt der Umsatzsteuer, Bemessungsgrundlage ist der .... der entnommenen Waren. Bei der Einfuhr von Gegenständen sind auch .... und .... Bestandteil der Bemessungsgrundlage.

4-3. Bilden Sie zu den folgenden Geschäftsvorfällen die Buchungssätze:

Geschäftsvorfälle		Konten	Soll	Haben
1.	Wareneinkauf auf Ziel, netto 780,00			
2.	Warenverkauf bar, netto 235,00			
3.	Warenverkauf auf Ziel, netto 450,00			
4.	Wareneinkauf bar, brutto 575,00			
5.	Warenverkauf auf Ziel, brutto 460,00			
6.	Wareneinkauf auf Ziel, brutto 1.150,00			

4-4. Bilden Sie die Buchungssätze zu den folgenden Geschäftsfällen:

Geschäftsvorfälle		Konten	Soll	Haben
1.	Auf unser Bankkonto werden Zinsen gutgeschrieben 29,82			
2.	Warenverkauf auf Ziel, netto 869,00			
3.	Warenverkauf gegen Barzahlung, brutto 86,25			
4.	Unser Bankkonto wird mit Kontoführungsgebühren belastet 35,00			
5.	Überweisung der Gewerbesteuer 910,00			
6.	Wareneinkauf auf Ziel, netto 560,00			

7.	Wareneinkauf gegen Barzahlung, brutto 977,50			

4-5. Bilden Sie zu den folgenden Geschäftsvorfällen die Buchungssätze:

Geschäftsvorfälle	Konten	Soll	Haben
1. Wareneinkauf auf Ziel, netto 345,00	3400 1576 an 1600	345	410,75
2. Warenverkauf auf Ziel, netto 575,00	1400 an 8400 1776	684,25	575 109,25
3. Wareneinkauf bar, brutto 172,50	3400 1576 an 1000		
4. Warenverkauf bar, brutto 368,90	1000 an 8400		

4-6. Ein Unternehmen hat zu Beginn einer Geschäftsperiode folgende Bestände, die auf die Konten vorzutragen sind:

BGA 12.560,00 €, Fuhrpark 23.450,00 €, Forderungen 3.820,00 €, Waren 4.566,00 €, Bankguthaben 5.890,00 €, Kasse 798,00 €, Darlehen 7.000,00 €, Verbindlichkeiten 5.800,00 €, Eigenkapital ?

- **Tragen Sie die Anfangsbestände auf den Konten vor.**
- **Bilden Sie die Buchungssätze.**
- **Buchen Sie die Geschäftsvorfälle.**
- **Schließen Sie alle Konten ab.**
- **Der Warenendbestand beträgt 4.320,00 €. Die übrigen Bestände stimmen mit den Abschlusssalden überein.**

Geschäftsvorfälle	Konten	Soll	Haben
1. Warenverkauf auf Ziel, netto 780,00	1400 an 8400 1776	928,20	780 148,20
2. Banküberweisung der Gehälter 2.378,00	4100 an 1200	2378	2378
3. Wareneinkauf bar, brutto 207,00	3400 1576 an 1000	178,35 12,305	207
4. Ein Kunde überweist auf unser Bankkonto 1.200,00	1200 an 1400	1200	1200
5. Warenverkauf bar, netto 390,00	1000 an 8400 1776	464,10	350 74,10
6. Banküberweisung an einen Lieferanten 2.340,00	1600 an 1200	2340	2340
7. Bank schreibt Zinsen gut 86,00	1200 an 2650	86	86
8. Wareneinkauf auf Ziel, netto 350,00	3400 1576 an 1600	350 66,50	416,50

Soll		Saldenvorträge	Haben

Soll		Haben		Soll		Haben	

Soll		Haben		Soll		Haben	

Soll		Haben		Soll		Haben	

Soll		Haben		Soll		Haben	

Soll			Haben

Soll			Haben

Soll			Haben

Soll			Haben

Soll			Haben

Soll			Haben

Soll			Haben

Soll			Haben

Soll			Haben

Soll			Haben

Soll		SBK		Haben

8 Schröter u.a. - ISBN 978-3-8120-0017-8

4.5 Umsatzsteuer bei Kostenarten

Wir haben zunächst die Umsätze betrachtet, die den eigentlichen Betriebszweck unseres Unternehmens ausmachen, den Ein- und Verkauf von Handelswaren. Neben diesen Umsätzen gibt es noch eine ganze Reihe von anderen Geschäftsvorfällen, bei denen auch Umsatzsteuer anfällt.

Wir müssen beispielsweise die Betriebs- und Geschäftsausstattung ergänzen, einen neuen Lieferwagen anschaffen, den Fuhrpark und die Büromaschinen unterhalten, Büromaterial kaufen und auch die Dienste anderer Unternehmen in Anspruch nehmen. Bei all diesen Vorfällen wird uns die jeweilige Lieferung bzw. Leistung zuzüglich Umsatzsteuer in Rechnung gestellt.

Beispiel: Wir kaufen 10 Aktenordner für 3,50 € das Stück. Die Rechnung lautet über 35,00 € + 19 % Umsatzsteuer.

Gebucht wird :

Geschäftsvorfälle	Konten	Soll	Haben
Barkauf von Aktenordnern, netto 35,00	4930 (6800) Bürobedarf	35,00	
	1570 (2600) Vorsteuer	6,65	
	an 1000 (2880) Kasse		41,65

4.6 Umsatzsteuer bei Entnahme von Gegenständen oder Leistungen

Der Unternehmer kann seinem Betrieb nicht nur Geld, sondern auch Gegenstände, z. B. Waren oder Leistungen (Beispiel: Renovierung der Privatwohnung durch Mitarbeiter des Unternehmens während der Arbeitszeit) entnehmen. Die Entnahme von Gegenständen oder Leistungen wird im UStG der Lieferung gegen Entgelt gleichgestellt.

Wir haben schon weiter oben ausgeführt, dass Entnahmen von Geld, Waren oder Leistungen durch den Inhaber zu einer Belastung des Privatkontos führen.

Damit ein Unternehmer aber die gleiche steuerliche Belastung wie jeder andere Endverbraucher zu tragen hat, schreibt der Gesetzgeber vor, dass Entnahmen von Waren oder Leistungen der Umsatzsteuer unterliegen. Dabei müssen die entnommenen Gegenstände zum Vorsteuerabzug berechtigt gewesen sein.

Zur Ermittlung des Eigenverbrauchs ist es wichtig, sorgfältig zwischen Betriebsausgaben und nicht betrieblich veranlassten Ausgaben zu trennen.
Viele Geschäftsvorfälle lassen sich ohne weitere Schwierigkeiten dem Unternehmen zuordnen, andere betreffen eindeutig die Privatsphäre des Unternehmers. Bei einer Reihe von Vorgängen allerdings ist dieser Grenzbereich fließend. Er bereitet naturgemäß die größten Schwierigkeiten und deshalb auch häufig einigen Streit zwischen Finanzamt und Unternehmer.

Im Einkommensteuergesetz heißt es in § 4 Abs. 4:
• Betriebsausgaben sind die Aufwendungen, die durch den Betrieb veranlasst sind.

Entnimmt ein Unternehmer aus seinem Unternehmen unentgeltlich Waren oder werden sonstige Leistungen erbracht für private Zwecke oder für Zwecke, die außerhalb des Unternehmens liegen, verwirklicht er einen steuerbaren „Eigenverbrauch". Bei diesem Tatbestand handelt es sich umsatzsteuerlich gesehen um unentgeltliche Wertabgaben. Umsatzsteuerlich wurde aus dem **Tatbestand des „Eigenverbrauchs" seit dem 01.04.1999 eine „fiktive Lieferung gegen Entgelt" (§ 3 Abs. 1b UStG); die Erbringung einer sonstigen Leistung wurde begrifflich zu einer „sonstigen Leistung gegen Entgelt" (§ 3 Abs. 9a EStG).**

Der Tatbestand der unentgeltlichen Wertabgabe umfasst:
- Entnahme von Gegenständen aus dem Unternehmen für Zwecke, die außerhalb des Unternehmens liegen.
- Unentgeltliche Abgaben von Gegenständen aus unternehmerischen Gründen (Werbezwecke, Verkaufsförderung).
- Verwendung eines dem Unternehmen zugeordneten Gegenstands, der zum vollen oder teilweisen Vorsteuerabzug berechtigt hat, durch einen Unternehmer für Zwecke, die außerhalb des Unternehmens liegen (§ 3 Abs. 9a Nr. 1 UStG).
- Unentgeltliche Erbringung einer anderen sonstigen Leistung für Zwecke, die außerhalb des Unternehmens liegen.

An dieser Stelle soll nur auf die Entnahme von Waren eingegangen werden. Sie kann in der Regel direkt laufend erfasst werden. Die pauschale Erfassung, wie sie z. B. im Lebensmittelhandel vorkommt, soll hier nicht erläutert werden. Die Entnahme von Leistungen wird in Teil B näher beschrieben werden.

Beispiel: Horst Bachnik e.K. (Einzelunternehmer) nimmt aus seinem Lager einen Tennisschläger Mid Super, Einstandspreis netto 121,85 €, Verkaufspreis netto 170,59 €.

Für die Privatentnahme von Waren oder Leistungen ist das Konto 1800 (3001) Privatentnahme vorgesehen. Da es wie jedes andere Privatkonto ein Unterkonto des Kontos Eigenkapital ist und eine Entnahme erfolgte, ist auf diesem Konto im Soll zu buchen.

Als Erlöskonto kommt das Konto 8900 (5420) Eigenverbrauch (Entnahme von Gegenständen) in Frage. Erlöskonten sind Ertragskonten, auf denen immer im Haben zu buchen ist.

Die errechnete Umsatzsteuer wird wieder auf dem Konto 1770 (4800) Umsatzsteuer gebucht.

Bevor wir jetzt den Buchungssatz bilden können, muss allerdings noch geklärt werden, mit welchem Betrag die Entnahme von Waren aus dem eigenen Betrieb anzusetzen ist. Zunächst liegt es nahe, den Verkaufspreis zu nehmen. Das ist aber nicht möglich, da der Unternehmer dann durch Eigenverbrauch Erfolge erzeugen würde. Daher bleibt als Wertansatz der Einkaufspreis.

Der Buchungssatz lautet:

Geschäftsvorfälle	Konten	Soll	Haben
Privatentnahme eines Tennis-schlägers netto 121,85	1800 (3001) Privatentnahmen	145,00	
	an 8900 (5420) Eigenverbrauch		121,85
	an 1770 (4800) USt		23,15

4.7 Exkurs: Anzahlungen

Wenn z. B. eine über das Übliche hinausgehende Warenbestellung aufgegeben wird oder wenn eine teurere Anlage angeschafft wird, dann kann mit dem Kunden bzw. Lieferanten eine Anzahlung vereinbart werden.

Dazu wird dann eine Anzahlungsrechnung (oder Abschlagsrechnung) zugeschickt.

Achtung: Der Aussteller bucht diese Rechnung nicht, weil ihr noch keine Lieferung oder Leistung zugrunde liegt. (Die Rechnung bleibt im Fakturierungsprogramm und wird nicht an die Buchhaltung übergeben. Erst bei der Endrechnung muss sie mit aufgeführt werden.) Der Empfänger der Rechnung überweist die vereinbarte Anzahlung. Ohne Beleg wird nicht überwiesen.

Erst die geleistete bzw. erhaltene Überweisung wird gebucht.

Da noch keine Leistung erbracht wurde, darf nicht auf dem Erlöskonto bzw. Wareneingangskonto gebucht werden, sondern auf besonderen Verbindlichkeiten- bzw. Forderungskonten.

Grundsätzlich sind zwei Buchungswege möglich: Buchung gleich auf dem Verbindlichkeitenbzw. Forderungskonto oder Einbeziehung der Personenkonten, damit sichergestellt ist, dass die Anzahlung dem Kunden/Lieferanten zugeordnet wird.[1] (Lesen Sie dazu schon kurz den Abschnitt über die Kontokorrentbuchhaltung im nächsten Kapitel.)

Erhaltene Anzahlungen, die zum Bilanzstichtag noch nicht verrechnet sind, müssen mit dem Rückzahlungsbetrag (= Bruttowert) passiviert werden.[2]

Geleistete Anzahlungen, die zum Bilanzstichtag noch nicht verrechnet sind, müssen mit den Anschaffungskosten (= Bruttowert) aktiviert werden.

4.7.1 Erhaltene Anzahlungen

Wir buchen die auf unserem Bankkonto gutgeschriebene Anzahlung auf dem Konto 1710 (4300) Erhaltene Anzahlungen (das ist ein Verbindlichkeitenkonto!).

Die USt ist, obwohl noch keine Leistung erbracht wurde, bereits fällig.[3] Das gilt auch, wenn die USt nicht gesondert ausgewiesen wurde; sie ist dann aus dem Bruttobetrag herauszurechnen.

Bei der Warenlieferung wird dann eine Endrechnung, die eine Aufstellung der Anzahlung mit USt enthalten muss, erstellt.[4]

Wir zeigen die beiden Buchungsmöglichkeiten:

1. Buchung über das Konto 1710 (4300) Erhaltene Anzahlungen (Verbindlichkeiten [bzw. bei Verwendung von Automatikkonten 1717 (4317) Erhaltene, versteuerte Anzahlungen 19 % USt];
2. den in der Praxis eher bevorzugten Weg: Das Debitorenkonto wird einbezogen, damit sichergestellt ist, dass die Anzahlung dem Kunden zugeordnet wird. Verwendet werden die Konten: Debitorenkonto des Kunden (z. B. 10001 Nagel), 1593 (2393) Verrechnungskonto erhaltene Anzahlungen bei Buchung über Debitorenkonto, 1710 (4300) Erhaltene Anzahlungen (Verbindlichkeiten).

---

1   Näheres über den Zusammenhang von Personen- und Sachkonten finden Sie im nächsten Kapitel und in Schröter, EDV-Buchführung.
2   § 6 Abs. 1 Nr. 3, § 5 Abs. 1 EStG i.V. mit § 2253 Abs. 1 Satz 2 EStG.
3   § 13 Abs. 1 Buchstabe a Satz 4 UStG.
4   Abschn. R 187 UStR.

Geschäftsvorfälle	Konten	Soll	Haben
Rechnung über eine Anzahlung 3.000,00 19 % USt 570,00 3.570,00	keine Buchung!		
Gutschrift der Anzahlung auf unserem Bankkonto	1200 (2800) Bank an 1710 (4300) ErhAnz an 1770 (4800) USt	3.570,00	3.000,00 570,00
Rechnung über die Warenlieferung 9.000,00 19 % USt 1.710,00 10.710,00 abzüglich Anzahlung 3.000,00 19 % USt 570,00 3.570,00 7.140,00	1400 (2400) Ford an 8200 (5100) Erlöse an 1770 (4800) USt 1710 (4300) ErhAnz 1770 (4800) USt an 1400 (2400) Ford	10.710,00 3.000,00 570,00	9.000,00 1.710,00 3.570,00
Erhalt der Restzahlung auf unser Bankkonto	1200 (2800) Bank an 1400 (2400) Ford	7.140,00	7.140,00
Mit Debitorenkonto: Gutschrift der Anzahlung auf unserem Bankkonto	1200 (2800) Bank an 10001 Deb (Nagel) 1593 (2393) VerrKErhA an 1710 (4300) ErhAnz an 1770 (4800) USt	3.570,00 3.570,00	3.570,00 3.000,00 570,00
Endrechnung über die Warenlieferung 9.000,00 19 % USt 1.710,00 10.710,00 abzüglich Anzahlung 3.000,00 19 % USt 570,00 3.570,00 7.140,00	10001 Deb (Nagel) an 8200 (5100) Erlöse an 1770 (4800) USt 1710 (4300) ErhAnz 1770 (4800) USt an 1593 (2393) VerrKErhA	10.710,00 3.000,00 570,00	9.000,00 1.710,00 3.570,00
Erhalt der Restzahlung auf unser Bankkonto	1200 (2800) Bank an 10001 Deb (Nagel)	7.140,00	7.140,00

Soll	1200 (2800) Bank		Haben
1)	3.570,00		
4)	7.140,00		

Soll	1710 (4300) ErhAnz		Haben
3)	3.000,00	1)	3.000,00

Soll	1770 (4800) USt		Haben
3)	570,00	1)	570,00
		2)	1.710,00

Soll	8200 (5100) Erlöse		Haben
		2)	9.000,00

Soll	1400 (2400) Ford		Haben
2)	10.710,00	3)	3.570,00
		4)	7.140,00

Soll			Haben

Mit Debitorenkonto:

Soll	1200 (2800) Bank	Haben		Soll	10001 Deb Nagel	Haben
1)	3.570,00			3)	10.710,00	1) 3.570,00
5)	7.140,00					4) 7.140,00

Soll	1593 (2393) VerrKErhA	Haben		Soll	1710 (4300) ErhAnz	Haben
2)	3.570,00	4) 3.570,00		4)	3.000,00	2) 3.000,00

Soll	1770 (4800) USt	Haben		Soll	8200 (5100) Erlöse	Haben
4)	570,00	2) 570,00				3) 9.000,00
		3) 1.710,00				

4.7.2 Geleistete Anzahlungen

Wir erhalten für die Bestellung einer größeren Warenlieferung eine Anzahlungsrechnung, die wir per Bank begleichen. Da wir die Ware noch nicht erhalten haben, buchen wir auf das Forderungskonto 1510 (2300) Geleistete Anzahlungen. Die Rechnung wird erst bei der Überweisung gebucht.

Die Vorsteuer darf abgezogen werden, wenn sie in der Anzahlungsrechnung gesondert ausgewiesen wurde und die Anzahlung geleistet wurde.[1]

Bei der Warenlieferung wird dann eine Endrechnung abzüglich der Anzahlung erstellt.

Wir zeigen die beiden Buchungsmöglichkeiten:
1. Buchung über das Konto 1510 (4300) Geleistete Anzahlungen auf Vorräte (bzw. bei Verwendung von Automatikkonten 1517 (4317) Geleistete Anzahlungen 19 % Vorsteuer);
2. den in der Praxis eher bevorzugten Weg: Das Kreditorenkonto wird einbezogen, damit sichergestellt ist, dass die Anzahlung dem Lieferanten zugeordnet wird. Konten: Kreditorenkonto des Lieferanten (z. B. 80002 Eisenwaren), 1793 (4393) Verrechnungskonto geleistete Anzahlungen bei Buchung über Kreditorenkonto, 1510 (4300) Geleistete Anzahlungen auf Vorräte.

Geschäftsvorfälle	Konten	Soll	Haben
Rechnung von unserem Lieferanten über eine Anzahlung 6.000,00 19 % USt 1.140,00 7.140,00	noch keine Buchung!		
Wir überweisen die Anzahlungs- rechnung per Bank	1510 (2300) GelAnz 1570 (2600) Vorsteuer an 1200 (2800) Bank	6.000,00 1.140,00	7.140,00

---

1   Vgl. § 15 Abs. 1 Nr. 1 Satz 2 UStG.

Rechnung über die Warenlieferung <div align="right">10.000,00</div> 19 % USt 1.900,00 <div align="right">11.900,00</div> abzüglich Anzahlung 6.000,00 19 % USt 1.140,00 <div align="right">7.140,00</div> <div align="right">4.760,00</div>	3200 (6080) WE 1570 (2600) Vorsteuer an 1600 (4400) Verb 1600 (4400) Verb an 1510 (2300) GelAnz an 1570 (2600) Vorst	10.000,00 1.900,00 7.140,00	 11.900,00 6.000,00 1.140,00
Überweisung des Restbetrages	1600 (4400) Verb an 1200 (2800) Bank	4.760,00	 4.760,00
Mit Kreditorenkonto: Wir überweisen die Anzahlungs- rechnung per Bank	80002 Kred (Eisenw) an 1200 (2800) Bank 1510 (2300) GelAnz 1570 (2600) Vorst an 1793 (4393) VerrKGelA	7.140,00 6.000,00 1.140,00	 7.140,00 7.140,00
Rechnung über die Warenlieferung <div align="right">10.000,00</div> 19 % USt 1.900,00 <div align="right">11.900,00</div> abzüglich Anzahlung <div align="right">6.000,00</div> 19 % USt 1.140,00 <div align="right">7.140,00</div> <div align="right">4.760,00</div>	3200 (6080) WE 1570 (2600) Vorsteuer an 80002 Kred (Eisenw) 1793 (4393) VerrKGelA an 1510 (2300) GelAnz an 1570 (2600) Vorst	10.000,00 1.900,00 7.140,00	 11.900,00 6.000,00 1.140,00
Überweisung des Restbetrages	80002 Kred (Eisenw) an 1200 (2800) Bank	4.760,00	 4.760,00

Soll	1200 (2800) Bank	Haben	Soll	1510 (2300) GelAnz	Haben
	1)	7.140,00	1) 6.000,00	3)	6.000,00
	4)	4.760,00			

Soll	1570 (2600) Vorst	Haben	Soll	3200 (6080) WE	Haben
1) 1.140,00	3)	1.140,00	2) 10.000,00		
2) 1.900,00					

Soll	1600 (4400) Verb	Haben	Soll		Haben
3) 7.140,00	2)	11.900,00			
4) 4.760,00					

Mit Kreditorenkonto:

Soll	1200 (2800) Bank		Haben
	1)		7.140,00
	5)		4.760,00

Soll	80002 Kred (Eisenw)		Haben
1)	7.140,00	3)	11.900,00
5)	4.760,00		

Soll	1793 (4393) VerrKGelA		Haben
4)	7.140,00	2)	7.140,00

Soll	1510 (2300) GelAnz		Haben
2)	6.000,00	4)	6.000,00

Soll	1570 (2600) Vorst		Haben
2)	1.140,00	4)	1.140,00
3)	1.900,00		

Soll	3200 (6080) WE		Haben
3)	10.000,00		

4.8 Exkurs: Buchungen im Außenhandel

Im Warenverkehr zwischen Unternehmern[1] mit dem Ausland ist seit 1993 umsatzsteuerrechtlich zu unterscheiden zwischen
- dem innergemeinschaftlichen Warenverkehr (EU-Binnenmarkt) und
- dem Warenverkehr mit Drittländern.

Der innergemeinschaftliche Warenverkehr findet statt zwischen dem Inland und dem übrigen Gemeinschaftsgebiet (das ist die EU ohne Deutschland).
Drittländer sind Länder, die nicht zur EU gehören, z. B. Norwegen, USA, Brasilien, Singapur, Schweiz.[2]

Wir werden hier jeweils nur die Grundfälle darstellen; die rechtlichen Einzelheiten sind aus den Gesetzestexten (UStG, UStDV, UStR u. a.) bzw. aus dem Steuerkurs zu entnehmen.

Der Warenverkehr zwischen den EU-Mitgliedstaaten gilt umsatzsteuerlich nicht als Ein- bzw. Ausfuhr von Waren, sondern als ein innergemeinschaftlicher Vorgang, der beim Erwerber der Umsatzsteuer unterliegt. Nicht die Lieferung, sondern der Erwerb der Ware ist wegen der unterschiedlichen USt-Sätze umsatzsteuerpflichtig.[3]

Bei innergemeinschaftlichen Erwerben oder Lieferungen müssen bestimmte Voraussetzungen erfüllt werden, damit die beteiligten Unternehmen die USt und Vorsteuer richtig buchen können. Die Erhebung der USt soll durch die Vergabe einer Umsatzsteueridentifikationsnummer in den EU-Ländern (USt-IdNr.) sichergestellt werden.

Auf den Rechnungen müssen die USt-IdNr. des Lieferanten und des Kunden vermerkt sein und ein Hinweis, dass die Lieferung steuerfrei ist. Vierteljährlich muss eine zusammenfassen-

---

[1] Kleinunternehmer oder Privatpersonen unterliegen abweichenden Regelungen.
[2] Die genaue Festlegung von Inland, Gemeinschaftsgebiet und Drittlandsgebiet findet sich in Abschn. R 13a UStR.
[3] § 1 Abs. 1 Nr 5.

de Meldung an das Bundesamt für Finanzen abgegeben werden, damit ein Informationsaustausch mit den anderen Mitgliedstaaten der EU möglich ist.

Der Warenverkehr mit Drittländern ist dagegen umsatzsteuerrechtlich als Ein- und Ausfuhr zu verstehen: Die Einfuhr von Gegenständen aus dem Drittlandgebiet in das Zollgebiet der Bundesrepublik Deutschland unterliegt der Einfuhrumsatzsteuer, die Ausfuhr ist umsatzsteuerfrei.

4.8.1 Innergemeinschaftlicher Erwerb

Zur Buchung des innergemeinschaftlichen Erwerbs sind folgende Konten vorgesehen:

3425 (6085) Innergemeinschaftlicher Erwerb 19 % Vorsteuer und 19 % Umsatzsteuer
1573 (2613) Abziehbare Vorsteuer aus innergemeinschaftlichem Erwerb 19 %
1773 (4813) Umsatzsteuer aus innergemeinschaftlichem Erwerb 19 %

Zu beachten sind die Vorschriften über die Ausstellung von Rechnungen (vgl. das Kapitel Belege).

Ein innergemeinschaftlicher Erwerb im Inland ist steuerbar und steuerpflichtig.[1] Für Lieferungen, die wir aus dem übrigen Gemeinschaftsgebiet erhalten, müssen wir USt berechnen, gleichzeitig dürfen wir die Vorsteuer abziehen. Unser Lieferant hat in der Rechnung darauf hingewiesen, dass er nur den Nettobetrag berechnet hat.

Geschäftsvorfälle	Konten	Soll	Haben
Wir erhalten von unserem Lieferanten aus Italien eine Wareneingangsrechnung über 7.200,00	3425 (6085) InErw	7.200,00	
	an 1600 (4400) Verb		7.200,00
	1573 (2613) VorstInErw	1.368,00	
Die Rechnung erfüllt die Anforderungen nach den § 1 Abs. 1 Nr. 5 und § 1a UStG	an 1773 (4813) UStInErw		1.368,00

Soll	3425 (6085) InErw	Haben		Soll	1600 (4400) Verb	Haben
1)	7.200,00				1)	7.200,00

Soll	1573 (2613) VorstInErw	Haben		Soll	1773 (4813) UStInErw	Haben
2)	1.368,00				2)	1.368,00

---

1   § 1 Abs. 1 Nr. 5 UStG.

4.8.2 Innergemeinschaftliche Lieferung

Eine innergemeinschaftliche Lieferung ist nur steuerfrei, wenn die Voraussetzungen dazu nachgewiesen werden.[1] Notwendiges Konto:

8125 (5125) Steuerfreie innergemeinschaftliche Lieferung nach § 4 Nr. 1b UStG

Geschäftsvorfälle	Konten	Soll	Haben
Wir verkaufen an unserem Kunden aus Dänemark Waren über 14.000,00 Die Rechnung erfüllt die Anforderungen nach den § 1 Abs. 1 Nr. 5 und § 1a UStG	1400 (2400) Ford an 8125 (5125) StLief	14.000,00	14.000,00

Soll	1400 (2400) Ford	Haben	Soll	8125 (5125) StLief	Haben
1)	14.000,00			1)	14.000,00

4.8.3 Import aus Drittländern

Die Einfuhr von Gegenständen aus Drittländern unterliegt nach § 1 Abs. 1 Nr. 4 UStG der USt. Die Einfuhrumsatzsteuer (EUSt) ist als Vorsteuer abzugsfähig.

Der Lieferant weist in der Rechnung keine USt aus. Die USt ist vom Empfänger an den Zoll als Einfuhrumsatzsteuer (EUSt) zu entrichten. Die EUSt kann dann auf der Grundlage der zollamtlichen Belege als Vorsteuer geltend gemacht werden.[2]

Die Bemessungsgrundlage für die Einfuhrumsatzsteuer wird aus dem Warenwert und diversen Bezugsnebenkosten ermittelt.[3]

Zur Buchung wird das folgende Konto benötigt:
1588 (2618) Bezahlte Einfuhrumsatzsteuer

Bei Warenlieferungen wird das Konto 3200 (6080) Wareneingang, bei eingeführten Anlagegegenständen die entsprechenden Anlagekonten, gesonderte Konten sind nicht erforderlich.

Geschäftsvorfälle	Konten	Soll	Haben
Wir erhalten von unserem Lieferanten aus Norwegen eine Wareneingangsrechnung über 15.600,00	3200 (6080) WE an 1600 (4400) Verb	15.600,00	15.600,00
Die Einfuhrumsatzsteuer wird vom Zoll von unserem Konto abgebucht, Bemessungsgrundlage 16.800,00	1588 (2618) BezEUSt an 1200 (2800) Bank	3.192,00	3.192,00

---

1   § 6a UStG, buchmäßiger Nachweis § 17c UStDV, belegmäßiger Nachweis § 17a UStDV.
2   Zur praktischen Umsetzung vgl. auch „Einfuhrumsatzsteuer-Regelung ab 1. Oktober 2003" des BM für Finanzen; www.bmf.gv.at/steuern/Umsatzsteuer/Informationen/EUStNEU.htm.
3   § 11 UStG.

Soll	3200 (6080) WE	Haben		Soll	1600 (4400) Verb	Haben
1)	15.600,00				1)	15.600,00

Soll	1588 (2618) BezEUSt	Haben		Soll	1200 (2800) Bank	Haben
2)	3.192,00				2)	3.192,00

4.8.4 Export in Drittländer

Ausfuhrlieferungen in Drittländer sind zwar steuerbar, aber von der USt befreit.[1]
Die Steuerbefreiung ist nach § 6 UStG davon abhängig, dass die Ausfuhrlieferung nachgewiesen wird (z. B. Grenzübertrittsbescheinigung).

Zur Buchung wird das folgende Konto benötigt:
8120 (5120) Steuerfreie Umsätze nach § 4 Nr 1a UStG

Geschäftsvorfälle	Konten	Soll	Haben
Wir liefern an unseren Kunden in Brasilien Waren über umgerechnet 17.600,00 Die Ausfuhr wird belegmäßig nachgewiesen	1400 (2400) Ford an 8120 (5120) StUms	17.600,00	17.600,00

Soll	1400 (2400) Ford	Haben		Soll	8120 (5120) StUms	Haben
1)	17.600,00				1)	17.600,00

---

1   § 1 Abs. 1 Nr. 1, § 4 Nr. 1a i.V. mit § 6, Abs. 4 (Belegnachweis).

Zusammenfassung

Nach dem UStG muss für eine Reihe von Umsätzen Umsatzsteuer berechnet werden.

Vorsteuer ist die Steuer, die an den Lieferanten zu zahlen ist; sie wird auf dem Konto Vorsteuer gebucht.

Umsatzsteuer (Mehrwertsteuer) ist die einem Kunden berechnete Steuer. Sie wird auf dem Konto Umsatzsteuer (Mehrwertsteuer) gebucht.

Zahllast ist die Differenz zwischen Umsatzsteuer und Vorsteuer. Sie ist eine Verbindlichkeit gegenüber dem Finanzamt.

Vorsteuerüberhang ist die Differenz zwischen Vorsteuer und Umsatzsteuer. Er wird an den Steuerschuldner erstattet.

Auf die USt-Schuld müssen monatliche Vorauszahlungen geleistet werden. Dazu muss die Umsatzsteuer-Voranmeldung abgegeben werden (bis zum 10. des Folgemonats).

Am Jahresende ist eine USt-Schuld zu passivieren, ein Vorsteuerüberhang zu aktivieren.

Aufgaben

4-7. Bilden Sie zu folgenden Geschäftsvorfällen die Buchungssätze:

Geschäftsvorfälle	Konten	Soll	Haben
1. Inhaber entnimmt der Geschäfts-kasse 350,00	1800 an 1000	350	350,-
2. Wareneinkauf auf Ziel, netto 788,00	3400 an 1600 1576	788,00 149,72	937,72
3. Warenentnahme des Inhabers, netto 45,00	1880 a 8910 1776	53,55	45,- 8,55
4. Warenverkauf auf Ziel, netto 920,00	1400 an 8400 1776	1094,80	920 174,80
5. Inhaber zahlt von seinem Privat-konto geschäftliche Lieferanten-rechnungen 850,00	1600 an 1890	850	850,-
6. Die Einkommensteuer für den Inhaber wird vom betrieblichen Bankkonto überwiesen 2.340,00	1800 an 1200	2340,-	2340,-
7. Inhaber entnimmt Waren für den Privathaushalt, brutto 690,00	1885 an 8910 1776	690	579,83 110,17
8. Beitrag zur Lebensversicherung des Inhabers wird vom betrieblichen Bankkonto überwiesen 450,00	1800 an 1200	450,-	450,-
9. Inhaber überweist von seinem Privatkonto auf das betriebliche Bankkonto 3.000,00	1200 an 1890	3000,-	3000,-
10. Miete für private Garage wird vom betrieblichen Bankkonto überwiesen 250,00	1800 an 1200	250,-	250,-

4-8. Bilden Sie die Buchungssätze zu folgenden Geschäftsvorfällen:

Geschäftsvorfälle	Konten	Soll	Haben
1. Wareneinkauf auf Ziel, Warenwert 754,00	3400 / 1576 an 1600		
2. Banküberweisung eines Kunden 2.340,00	1200 an 1400	2340,-	2340,-
3. Inhaber entnimmt aus der Kasse, privat 300,00	1800 an 1000	300,-	300,-
4. Warenverkauf gegen Barzahlung, brutto 460,00	1000 an 8400 / 1776	460,-	
5. Einkauf von Büromaterial, bar brutto 57,50	4930 / 1576 an 1000		57,50
6. Banküberweisung an Lieferant, 965,00	1600 an 1200	965,-	965,-
7. Zinsgutschrift der Bank 45,50	1200 an 2650	45,50	45,50
8. Kfz-Reparatur wird bar bezahlt, brutto 105,80	4540 / 1576 an 1000		105,8
9. Warenentnahme für Privathaushalt, Warenwert 68,00	1880 an 8940 / 1776		
10. Banküberweisung der Gewerbesteuervorauszahlung 230,00	4320 an 1200		230,-
11. Banküberweisung der Einkommensteuervorauszahlung des Inhabers 1.540,00	1800 an 1600 / 1200 an 1890		1540
12. Wareneinkauf gegen bar, netto 250,00	3400 / 1576 an 1000	47,50	297,50

4-9. Bilden Sie die Buchungssätze zu den folgenden Geschäftsvorfällen:

Geschäftsvorfälle		Konten	Soll	Haben
1.	Banküberweisung an Lieferer 7.240,00			
2.	Warenverkauf auf Ziel, Rechnungs-betrag 3.427,00			
3.	Warenentnahme für Privathaushalt, Warenwert 1.250,00			
4.	Barkauf von Schreibmaterial, brutto 195,50			
5.	Banküberweisung der Miete für betriebliche Räume 1.500,00 für private Räume 1.200,00			
6.	Wareneinkauf auf Ziel, brutto 8.625,00			
7.	Barkauf von Briefmarken 48,00			
8.	Banküberweisung für eine Werbeanzeige, brutto 2.967,00			
9.	Kauf eines Pkw auf Ziel netto 24.500,00			
10.	Barkauf von Benzin für Pkw, brutto 63,25			
11.	Banküberweisung eines Kunden 2.998,00			
12.	Zinslastschrift der Bank 478,20			

4-10. Kreuzen Sie bitte bei jeder Frage die richtige Antwort an. Nur eine Antwort ist richtig.

1. Wie wird die Zahllast ermittelt?
a) als Saldo auf dem Konto Vorsteuer
b) als Saldo auf dem GuV-Konto
c) als Differenz zwischen Umsatzsteuer und Vorsteuer
d) als Differenz zwischen Wareneinsatz und Erlösen

2. Was bedeutet die Umsatzsteuer für ein Unternehmen?
a) Sie stellt einen Aufwand dar.
b) Sie ist ein durchlaufender Posten.
c) Sie vermindert den Reingewinn.
d) Sie stellt einen Ertrag dar.

3. Wie lautet der Buchungssatz, wenn Waren auf Ziel eingekauft werden?
a) Erlöse und Umsatzsteuer an Verbindlichkeiten
b) Verbindlichkeiten an Wareneingang und an Vorsteuer
c) Wareneingang und Vorsteuer an Verbindlichkeiten
d) Erlöse und Vorsteuer an Verbindlichkeiten

4. Was versteht man unter Mehrwert?
a) die Umsatzsteuer, die der Endverbraucher zu tragen hat
b) den Nettoverkaufspreis auf einer Handelsstufe
c) den Nettoeinkaufspreis auf einer Handelsstufe
d) die Differenz zwischen Nettoverkaufspreis und Nettoeinkaufspreis auf einer Handelsstufe

4-11. Bilden Sie zu folgenden Geschäftsvorfällen die Buchungssätze:

Geschäftsvorfälle	Konten	Soll	Haben
Mit Kreditorenkonto: Rechnung von unserem Lieferanten über eine Anzahlung 2.300,00 19 % USt 437,00 2.737,00			
Wir überweisen die Anzahlungsrechnung per Bank			

Rechnung über die Warenlieferung 10.000,00 19 % USt 1.900,00 11.900,00 abzüglich Anzahlung 2.300,00 19 % USt 437,00 2.737,00 9.163,00			
Überweisung des Restbetrages			
Rechnung über eine Anzahlung (Kunde) 8.400,00 19 % USt 1.596,00 9.996,00			
Mit Debitorenkonto: Gutschrift der Anzahlung auf unserem Bankkonto			
Rechnung über die Warenlieferung 33.600,00 19 % USt 6.384,00 39.984,00 abzüglich Anzahlung 8.400,00 19 % USt 1.596,00 9.996,00 29.988,00			
Erhalt der Restzahlung auf unser Bankkonto			

9 Schröter u.a. - ISBN 978-3-8120-0017-8

4-12. Bilden Sie zu folgenden Geschäftsvorfällen die Buchungssätze:

Geschäftsvorfälle	Konten	Soll	Haben
Rechnung an unseren Kunden über eine Anzahlung 12.460,00 19 % USt 2.367,40 14.827,40			
Gutschrift der Anzahlung auf unserem Bankkonto			
Rechnung über die Warenlieferung 20.000,00 19 % USt 3.800,00 23.800,00 abzüglich Anzahlung 12.460,00 19 % USt 2.367,40 14.827,40 8.972,60			
Überweisung des Restbetrages			
Rechnung von unserem Lieferanten über eine Anzahlung 3.800,00 19 % USt 722,00 4.522,00			
Wir überweisen die Anzahlungsrechnung per Bank			
Rechnung über die Warenlieferung 19.000,00 19 % USt 3.610,00 22.610,00 abzüglich Anzahlung 3.800,00 19 % USt 722,00 4.522,00 18.088,00			
Überweisung des Restbetrages			

4-13. Bilden Sie die Buchungssätze zu den folgenden Geschäftsvorfällen:

Geschäftsvorfälle	Konten	Soll	Haben
1. Wir verkaufen an unseren Kunden aus Belgien Waren über 27.650,00 Die Rechnung erfüllt die Anforderungen nach den § 1Abs. 1 Nr. 5 und § 1a UStG			
2. Wir erhalten von unserem Lieferanten aus der Schweiz eine Wareneingangsrechnung über 42.200,00 Der Spediteur stellt uns die verauslagte Einfuhrumsatzsteuer in Rechnung, Bemessungsgrundlage 45.380,00			
3. Wir liefern an unseren Kunden in Singapur Waren über umgerechnet 31.754,00 Die Ausfuhr wird belegmäßig nachgewiesen			
4. Wir erhalten von unserem Lieferanten aus Prag eine Wareneingangsrechnung über 11.330,00 Die Rechnung erfüllt die Anforderungen nach den § 1Abs. 1 Nr. 5 und § 1a UStG			

5 Organisation der Buchführung

In diesem Kapitel werden Sie die grundlegende Organisation der Buchführung kennen lernen.

Bücher der Buchführung, Hauptbuchhaltung, Nebenbuchhaltungen, Amerikanisches Journal, EDV-Buchführung..

5.1 Die Bücher der Buchführung

Wir haben bisher schon mehrfach über Bücher, Buchführung, Belege, Konten und Buchungssätze gesprochen. Auch wurden bereits Fragen der Organisation der Buchführung angeschnitten, ohne dass wir eine genauere Darstellung gegeben haben. Das soll jetzt nachgeholt werden.

Alle Geschäftsvorfälle müssen auf zwei Arten festgehalten werden,
• in chronologischer, zeitlicher Reihenfolge und
• nach sachlichen Gesichtspunkten.

Dafür gibt es in der Hauptbuchhaltung zwei Bücher:

- **Journal (oder Grundbuch)**
  In ihm werden die Geschäftsvorfälle in zeitlicher Reihenfolge aufgezeichnet. Dieses Buch wird auch Prima Nota genannt. Da in der EDV-Buchführung die Bezeichnung Prima Nota teilweise für das Buchungserfassungsprotokoll verwendet wird, wollen wir nur den Begriff *Journal* verwenden. Das Journal enthält für jeden Geschäftsvorfall Datum, Belegnummer, Buchungstext, Kontierung (die Konten, auf denen im Hauptbuch gebucht werden soll) und Betrag. Die Belegnummer ist das Bindeglied zwischen dem Beleg und der Buchführung. Sie erscheint auch im Hauptbuch. Die Belege (Geschäftsvorfälle) werden laufend durchnummeriert.

- **Hauptbuch**
  Es enthält alle Konten, die im Kontenplan des Betriebs verzeichnet sind. Auf ihnen werden die Geschäftsvorfälle sachlich geordnet festgehalten, d. h., alle Geschäftsvorfälle, die z. B. den Wareneingang betreffen, werden auf das Sachkonto Wareneingang gebucht.

Belege	**Journal**	**Hauptbuch**
Keine Buchung ohne Beleg	Buchung in zeitlicher Ordnung	Buchung in sachlicher Ordnung auf Konten

» **Die Bücher, Journal und Hauptbuch, sind zehn Jahre aufzubewahren.**

Die Bücher der Buchführung sind heute keine gebundenen Bücher mehr. Für das Journal und das Hauptbuch werden jeweils Ordner genommen, in denen die Journalblätter und die Kontenblätter abgelegt werden. Die Blätter müssen durchnummeriert werden, damit die Vollständigkeit jederzeit nachgeprüft werden kann.

Heute organisieren (fast) alle Unternehmen ihre Buchführung mit einem PC-Programm oder aber über ihren Steuerberater, der dann z. B. das DATEV-Rechenzentrum in Anspruch nimmt. Für Kleinunternehmen mit wenigen Geschäftsvorfällen kann das Amerikanische Journal, eine manuelle Organisationsform, aber noch sinnvoll sein.

Wir bearbeiten jetzt die Belege aus Kapitel 3.

Geschäftsvorfälle		Konten	Soll	Haben
1.	Warenverkauf an die Firma Nagel, brutto 4.669,56	1400 (2400) Forderungen an 8200 (5100) Erlöse an 1770 (4800) USt	4.669,56	3.924,00 745,56
2.	Wareneinkauf von unserem Lieferanten Eisenwaren OHG, brutto 3.502,17	3200 (6080) WE 1570 (2600) Vorst an 1600 (4400) Verbindl	2.943,00 559,17	3.502,17
3.	Postbanküberweisung unseres Kunden Nagel 4.512,60	1100 (2850) Postbank an 1400 (2400) Ford	4.669,56	4.669,56
4.	Wir überweisen einen offenen Rechnungsbetrag an unseren Lieferer Eisenwaren OHG 3.384,45	1600 (4400) Verbindl an 1100 (2850) Postbank	3.502,17	3.502,17
5.	Wir zahlen bar auf unser Postbankkonto ein 200,00	1360 (2899) Geldtransit an 1000 (2880) Kasse	200,00	200,00
6.	Die Bareinzahlung wird unserem Konto gutgeschrieben 200,00	1100 (2850) Postbank an 1360 (2899) Geldtransit	200,00	200,00

Soll	1400 (2400) Ford	Haben	Soll	1600 (4400) Verbindl	Haben
1)	4.669,56	3) 4.669,56	4)	3.502,17	2) 3.502,17

Soll	8200 (5000) Erlöse	Haben	Soll	3200 (6080) WE	Haben
		1) 3.924,00	2)	2.943,00	

Soll	1770 (4800) USt		Haben	Soll	1570 (2600) Vorst		Haben
		1)	745,56	2)	559,17		

Soll	1100 (2850) Postbank		Haben	Soll	1360 (2899) Geldtr		Haben
3)	4.669,56	4)	3.502,17	5)	200,00	6)	200,00
6)	200,00						

Soll	1000 (2880) Kasse		Haben	Soll			Haben
		5)	200,00				

Diese Form reicht allerdings für die Praxis nicht aus. Dazu benötigen wir noch eine Nebenbuchhaltung, die Kontokorrentbuchhaltung.

5.2 Nebenbuchhaltungen

Zu den Nebenbuchhaltungen zählen
- Kontokorrentbuchhaltung,
- Lagerbuchhaltung,
- Lohn- und Gehaltsbuchhaltung,
- Anlagebuchhaltung,
- Wechselbuchhaltung,
- Kassenbuch.

Ohne diese Nebenbuchhaltungen kann die Hauptbuchhaltung nicht ordnungsmäßig und wirtschaftlich geführt werden. Die Nebenbuchhaltungen liefern, häufig in zusammengefasster Form, ihre Zahlen (Daten) an die Hauptbuchhaltung. Dort werden sie dann weiterverarbeitet. Wenn Sie also wissen wollen, wie bestimmte Beträge zustande gekommen sind, dann müssen Sie das in den Nebenbuchhaltungen nachsehen.

Die Lohn- und Gehaltsbuchhaltung sowie die Anlagebuchhaltung werden in anderen Kapiteln (Personalkosten, Anlagenbuchhaltung), die Kontokorrentbuchhaltung anschließend beschrieben.

Kontokorrentbuchhaltung
Die Führung einer Kontokorrentbuchhaltung ist vorgeschrieben, wenn ein größerer Kundenkreis vorhanden ist.[1]

Für jeden Kunden und jeden Lieferanten muss ein Konto eingerichtet werden. Personenkonten sind fünfstellig.

---

1   Vgl. Abschn. R 29 Abs. 3, 4, 5 EStR und § 238 Abs. 1 Satz 3 HGB

Man unterscheidet:

- **Debitorenkonten**
  Das sind Kundenkonten. Sie sind dem Sachkonto Forderungen der Hauptbuchhaltung zugeordnet. Sie umfassen in der Regel den Bereich von 10000 bis 69999.

- **Kreditorenkonten**
  Das sind Konten für die Lieferanten. Sie sind dem Sachkonto Verbindlichkeiten der Hauptbuchhaltung zugeordnet. Sie umfassen in der Regel den Bereich von 70000 bis 99999.

Wir richten also für unser Belegbeispiel zwei Personenkonten ein,
- ein Debitorenkonto für unseren Kunden Frank Nagel e.K.; es erhält die Nummer 10001 von uns,
- ein Kreditorenkonto für unseren Lieferanten Eisenwaren OHG; es erhält die Nummer 80002.

Personenkonten

Soll	10001 Nagel	Haben		Soll	80002 Eisenwaren	Haben
1)	4.669,56	3) 4.669,56		4)	3.502,17	2) 3.502,17

Sachkonten

Soll	1400 (2400) Ford	Haben		Soll	1600 (4400) Verbindl	Haben
1)	4.669,56	3) 4.669,56		4)	3.502,17	2) 3.502,17

Soll	8200 (5000) Erlöse	Haben		Soll	3200 (6080) WE	Haben
		1) 3.924,00		2)	2.943,00	

Soll	1770 (4800) USt	Haben		Soll	1570 (2600) Vorst	Haben
		1) 745,56		2)	559,17	

Soll	1100 (2850) Postbank	Haben		Soll	1360 (2899) Geldtr	Haben
3)	4.669,56	4) 3.502,17		5)	200,00	6) 200,00
6)	200,00					

Soll	1000 (2880) Kasse	Haben		Soll		Haben
		5) 200,00				

Ausgangsrechnung

Die zu berührenden Konten der Hauptbuchhaltung sind im Buchungssatz bereits genannt, Forderungen, Erlöse und USt. Auf dem Konto Forderungen wird im Soll gebucht, auf den Konten Erlöse und USt folglich im Haben. Zusätzlich werden auf dem Personenkonto für Frank Nagel (dem wir die Debitorennummer 10001 gegeben haben) im Soll 4.669,56 € erfasst.

Eingangsrechnung

Die zu berührenden Konten der Hauptbuchhaltung sind die Konten WE, Vorsteuer und Verbindlichkeiten. Auf den Konten WE und Vorsteuer wird im Soll, auf dem Konto Verbindlichkeiten im Haben gebucht. Zusätzlich werden auf dem Kreditorenkonto 80003 Atlantik im Haben 3.502,17 € erfasst.

Achtung, lassen Sie sich jetzt nicht verwirren! Wir haben nicht etwa zweimal im Soll bzw. Haben gebucht, sondern wir haben, so wie es am Anfang der Systemlogik der Buchführung dargelegt wurde, den Betrag einmal im Soll und einmal im Haben der Hauptbuchhaltung gebucht. Die Buchung in der Nebenbuchhaltung fällt aus der Systemlogik der Buchführung heraus. Es handelt sich hierbei um zusätzliche Aufzeichnungen. Diese Aufzeichnungen sollen eine schnelle Übersicht über die Forderungen und Verbindlichkeiten gegenüber jedem einzelnen Kunden bzw. Lieferanten ermöglichen.

Wenn diese Rechnungen bezahlt werden, ist entsprechend zu buchen. Der eingegangene Betrag wird auf das Bankkonto im Soll und bei Forderungen im Haben gebucht. Außerdem ist auf dem Personenkonto für Frank Nagel der Betrag im Haben zu erfassen.

In der EDV-Buchführung wird immer nur auf dem Personenkonto gebucht. Auf das Forderungs- oder das Verbindlichkeitenkonto kann dort nie direkt gebucht werden. Auf den Sachkonten wird dann automatisch mitgebucht.

Geschäftsvorfälle	Konten	Soll	Haben
1. Warenverkauf an Frank Nagel e.K., brutto 4.669,56 Nagel hat bei uns die Kundennummer (Debitorennr.) 10001	10001 Nagel an 8200 (5100) Erlöse an 1770 (4800) USt	4.669,56	3.924,00 745,56
2. Wareneinkauf von unserem Lieferer Eisenwaren OHG, brutto 3.502,17 Die Eisenwaren OHG hat bei uns die Kundennummer (Kreditorennr.) 80002	3200 (6080) WE 1570 (2600) Vorst an 80002 Eisenwaren	2.943,00 559,17	3.502,17

5.3 Amerikanisches Journal

Die Organisationsform des Amerikanischen Journals der doppelten Buchführung hat auch heute noch für Kleinbetriebe Bedeutung. Bei dieser Organisationsform sind Grund- und Hauptbuch in einem Journal, dem sogenannten Amerikanischen Journal, vereint. Neben dem Journal werden die Konten des Hauptbuchs in Tabellenform geführt, sodass die Geschäftsvorfälle in einem Arbeitsgang zeitlich und sachlich gebucht werden können.

Nebenstehend sehen Sie ein verkürztes Beispiel für ein Amerikanisches Journal. In der Praxis werden Bücher im Querformat (z. B. 30 x 40 cm) genommen, sodass dann auf eine Seite das Journal und sechs Konten oder auf eine Doppelseite ca. 15 Konten passen.
Die letzte Kontenspalte wird für diverse Konten genommen, also für Konten, die nur selten angesprochen werden.

Amerikanisches Journal

Tag	Text	Betrag	Forderungen		Verbindlichk.		MwSt.		Vorsteuer		Wareneinkauf		Erlöse		Bank	
			Soll	Haben	Soll	Haben	Soll	Haben	Soll	Haben	Soll	Haben	Soll	Haben	Soll	Haben
01.	Wareneink	3.502,17				3.502,17			559,17		2.943,00					
02.	Verkauf	4.669,56	4.669,56					745,56						3.924,00		
	Nagel														4.669,56	
	Eisenwaren	3.502,17			3.502,17											3.502,17

5.4 EDV-Buchführung

Bei der Organisation der Buchführung mittels EDV werden die kontierten Belege (evtl. vorher in eine Buchungsliste übertragen) mit dem Buchführungsprogramm erfasst. Die **Eingabearbeiten sind erheblich geringer als bei manuellen Buchführungsverfahren,** weil automatisierbare Arbeiten vom Programm übernommen werden. Die einmal erfassten Daten können als **Journal und Hauptbuch (Kontenblätter) am Bildschirm angezeigt oder ausgedruckt** werden. Außerdem sind ohne Zusatzaufwand weitere Auswertungen möglich, z. B. betriebswirtschaftliche Auswertungen, Umsatzsteuervoranmeldung, Summen- und Saldenliste, Mahnungen und Liquiditätsrechnungen und schließlich kann auch der Jahresabschluss erstellt werden.

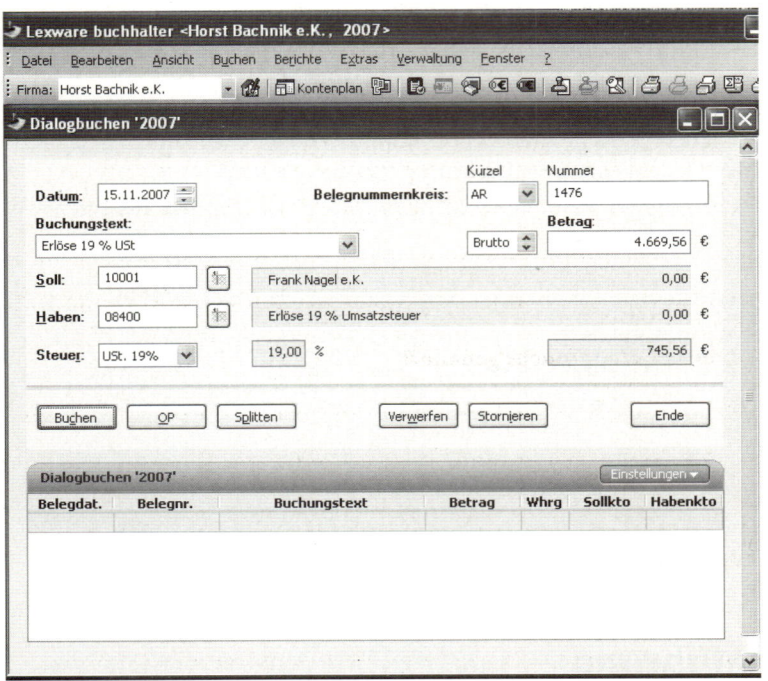

Zusammenfassung

Alle Geschäftsvorfälle werden auf zwei Arten festgehalten, im Grundbuch oder Journal in zeitlicher Reihenfolge, im Hauptbuch auf den Sachkonten sachlich geordnet.

Bei den manuellen Buchführungsverfahren ist nur noch das Amerikanische Journal von Bedeutung, in ihm sind Grund- und Hauptbuch vereint.

Für die Buchführung mittels EDV können standardisierte Finanzbuchführungsprogramme verwendet werden.

Die Hauptbuchführung kann nur ordnungsmäßig und wirtschaftlich arbeiten, wenn auch die verschiedenen Nebenbuchhaltungen geführt werden.

Aufgaben

5-1.

a) Welche Aufgaben erfüllen das Grundbuch und das Hauptbuch?

....

....

....

....

b) Wie werden die Konten des Hauptbuchs genannt?

....

....

....

c) Welche Nebenbuchhaltungen kennen Sie?

....

....

....

d) Wozu dient das Kontokorrentbuch?

....

....

....

5-2. Kreuzen Sie bitte bei jeder Frage die richtige Antwort an. Nur eine Antwort ist richtig.

1. Wo werden die Geschäftsvorfälle chronologisch festgehalten?
   a) im Journal
   b) im Kundentagebuch
   c) in der Bilanz
   d) im Inventar

2. Was ist eine Kontokorrentbuchhaltung?
   a) die Aufzeichnung der Geschäftsvorfälle auf den Sachkonten
   b) eine andere Bezeichnung für ein Bankkonto
   c) die Aufzeichnung aller Geschäftsvorfälle auf den Personenkonten
   d) die Aufzeichnung aller Geschäftsvorfälle, die die Kunden betreffen

Abschnitt B: **Laufende Buchungsfälle**

Besonderheiten beim Warenein- und -verkauf

In diesem Kapitel erhalten Sie Informationen zur Ermittlung und Buchung von Transport- und Verpackungskosten.

Sie erfahren, wie sich Rücksendungen und Preisnachlässe auf die Bemessungsgrundlage der USt auswirken und warum sie eine Berichtigung der USt erfordern.

1.1 Transport- und Verpackungskosten

Bezugskosten beim Wareneinkauf

Alle Wirtschaftsgüter des Anlage- und Umlaufvermögens sind mit ihren Anschaffungskosten auszuweisen.[1] Aufgrund dieser Vorschrift müssen beim Einkauf von Waren neben dem eigentlichen Kaufpreis alle Bezugskosten, aber auch Nachlässe, die die Anschaffungskosten beeinflussen, auf dem Wareneingangskonto erfasst werden. Nur so erhalten wir auf diesem Konto die Anschaffungskosten der eingekauften Waren.

Zu den Bezugskosten gehören

- Zölle und Ausgleichsabgaben,
- Verpackungen,
- Verbrauchsabgaben,
- Transportversicherungen,
- Frachten und sonstige Beschaffungsspesen.

Diese Kosten könnten auch direkt auf dem Wareneingangskonto gebucht werden. Aus Gründen der Übersicht benutzt man für die Buchung jedoch das Unterkonto 3800 (6081) **Anschaffungsnebenkosten.**

Unterkonten werden immer über das zugehörige Konto abgeschlossen. Die anfallenden Umsatzsteuerbeträge können als Vorsteuer abgezogen werden.

---

1   § 255 Abs.1 HGB.

Beispiel:

Geschäftsvorfälle	Konten	Soll	Haben
Wir erhalten von der Spedition Rhenus für die letzte Warenanlieferung folgende Rechnung: Frachten 200,00 + 19 % USt 38,00 **Gesamt 238,00**	3800 (6081) Anschaffungs-nebenkosten 1570 (2600) Vorsteuer an 1600 (4400) Verbindl	200,00 38,00	 238,00
Umbuchung des Unterkontos beim Abschluss	3200 (6080) WE an 3800 (6081) Anschaf-fungsnebenkosten	200,00	200,00

Transport- und Verpackungskosten beim Warenverkauf

Auch beim Vertrieb der Ware können bei uns Nebenkosten für Verpackung und Transport entstehen. Das hängt von den ausgehandelten Verkaufsbedingungen ab.

Geschäftsvorfälle	Konten	Soll	Haben
Wir übernehmen Frachtkosten in Höhe von netto 150,00	4730 (6140) Ausgangsfr 1570 (2600) Vorsteuer an 1600 (4400) Verbindl	150,00 28,50	 178,50

Das Konto 4730 (6140) **Ausgangsfrachten** ist kein Unterkonto von Erlöse, sondern befindet sich in der Kontenklasse für betriebliche Aufwendungen. Es wird daher nicht über Erlöse, sondern über das GuV-Konto abgeschlossen und erscheint in der GuV-Rechnung unter dem Posten Sonstige betriebliche Aufwendungen.

1.2 Sofortrabatte

Rabatte sind Preisnachlässe, die vom Lieferanten aus unterschiedlichen Gründen gewährt werden.

So kann man unterscheiden:
- Treuerabatt, wenn die Geschäftsbeziehungen schon sehr lange bestehen,
- Wiederverkäuferrabatt, wenn der Verkauf an Wiederverkäufer erfolgt,
- Mengenrabatt, wenn größere Mengen von dem Kunden abgenommen werden,
- Sonderrabatte, die aus besonderen Gründen, z. B. bei Saisonverkäufen, gewährt werden.

In der Regel handelt es sich bei Rabatten um Abzüge, die im Kaufvertrag vereinbart und bereits bei der Erstellung der Rechnung preismindernd berücksichtigt werden. Daher spricht man auch von Sofortrabatten.

Sofortrabatte gehören nicht zu den Anschaffungsnebenkosten. Die Umsatzsteuer wird vom Lieferanten nur für den um den Rabatt verminderten Betrag berechnet. **Sofortrabatte werden daher von der Buchführung überhaupt nicht erfasst.**

Beispiel:

Geschäftsvorfälle		Konten	Soll	Haben
Wareneinkauf		3200(6080) WE	6.000,00	
Listenpreis	8.000,00	1570(2600) Vorsteuer	1.140,00	
− 25 % Rabatt	2.000,00	an 1600(4400) Verbindl		7.140,00
Zieleinkaufspreis	6.000,00			
+ 19 % USt	1.140,00			
Rechnungsbetrag	**7.140,00**			

1.3 Änderung der Bemessungsgrundlage der USt

Die Umsatzsteuer wird auf der Grundlage der vereinbarten Entgelte berechnet, d. h. vom Warenpreis einschließlich aller Nebenkosten. Die endgültige Höhe des Entgeltes kann sich ändern, wenn z. B. bereits berechnete Waren zurückgeschickt oder aufgrund einer Reklamation (Mängelrüge) ein Preisnachlass gewährt wird. In diesem Fall muss die USt neu berechnet und entsprechend korrigiert werden.

1.3.1 Warenrücksendungen und Preisnachlässe (Gutschriften)

Beispiel: Unsere Kundin Silke Reis e.K. hat von uns eine umfangreiche Lieferung erhalten. Einige Zeit später bekommen wir einen Teil dieser Sendung zurück mit einem Begleitschreiben, in dem uns mitgeteilt wird, dass die zurückgesandten Teile der Warensendung nicht bestellt waren. Eine Nachfrage in der Verkaufs- und Versandabteilung ergibt, dass das zutreffend ist und hier ein Irrtum vorlag. Die Ausgangsrechnung war schon gebucht.

Wir schicken unserer Kundin eine Gutschrift über die zurückgesandte Waren. Diesen Gutschriftbetrag buchen wir auf das Konto 8700 (5001) Erlösschmälerungen. Gutschriften können auch aus anderen Gründen erteilt werden, z. B. wegen Qualitätsmängeln der Waren.

Wenn wir an einen Lieferanten Waren zurücksenden oder wegen z. B. teilweise beschädigter Waren eine Gutschrift verlangen, dann wird auf dem **Konto 3700 (6082) Nachlässe** gebucht.

Da 8700 (5101) Erlösschmälerungen ein Unterkonto von 8200 (5100) Erlöse ist, wird es auch über Erlöse abgeschlossen.

Da 3700 (6082) Nachlässe ein Unterkonto von 3200 (6080) Wareneingang ist, wird es auch über Wareneingang abgeschlossen.

Kaufpreiszuschläge

Kaufpreiszuschläge können z. B. dadurch entstehen, dass die verabredete Mindestabnahmemenge nicht erreicht wurde. In diesem Fall wird nicht auf einem besonderen Unterkonto gebucht, sondern direkt auf den Konten Erlöse oder Wareneingang.

Hinweis: Durch Kaufpreiszuschläge wird das umsatzsteuerliche Entgelt erhöht. Dagegen gelten Verzugszinsen, Fälligkeitszinsen, Nutzungszinsen und Prozesszinsen als Schadenersatz und nicht als Teil des Entgelts und unterliegen somit nicht der Umsatzsteuer.[1]

Geschäftsvorfälle	Konten	Soll	Haben
1. Warenverkauf auf Ziel, netto 3.800,00	1400 (2400)Ford an 8200 (5100) Erlöse an 1770 (4800) USt	4.522,00	3.800,00 722,00
2. Wir kaufen Waren auf Ziel, netto 2.140,00	3200 (6080) WE 1570 (2600) Vorst an 1600 (4400) Verbindl	2.140,00 406,60	2.546,60
3. Buchung einer Gutschrift aufgrund einer Warenrücksendung eines Kunden, netto 1.200,00	8700 (5101) Erlösschmäl 1770 (4800) USt an 1400 (2400) Ford	1.200,00 228,00	1.428,00
4. Ein Kunde erhält einen Preisnachlass aufgrund einer Reklamation, netto 70,00	8700 (5101) Erlösschmäl 1770 (4800) USt an 1400 (2400) Ford	70,00 13,30	83,30
5. Wir senden Waren an den Lieferanten zurück, brutto 714,00	1600 (4400) Verbindl an 3700 (6082) Nachlässe an 1570 (2600) Vorsteuer	714,00	600,00 114,00
6. Ein Lieferant gewährt uns einen Preisnachlass aufgrund einer Mängelrüge, netto 35,00	1600 (4400) Verbindl an 3700 (6082) Nachlässe an 1570 (2600) Vorsteuer	41,65	35,00 6,65
7. Uns wird ein Kaufpreiszuschlag in Rechnung gestellt, weil wir nicht den mit einem Lieferanten vereinbarten Umsatz erzielt haben, netto 350,00	3200 (6080) WE 1570 (2600) Vorst an 1600 (4400) Verbindl	350,00 66,50	416,50

Soll	3200 (6080) WE	Haben		Soll	3700 (2282) Nachl	Haben
2)	2.140,00	Nachl 635,00		WE	635,00	5) 600,00
7)	350,00					6) 35,00
					635,00	635,00

Soll	8200 (5100) Erlöse	Haben		Soll	8700 (5101) ErSch	Haben
ErSch	1.270,00	1) 3.800,00		3)	1.200,00	Erlöse 1.270,00
				4)	70,00	
					1.270,00	1.270,00

---

1   Vgl. Abschnitt 3 Abs. 2 UStR (Umsatzsteuerrichtlinien).

B: Laufende Buchungsfälle

Soll	1600 (4400) Verbindl	Haben	Soll	1570 (2600) Vorst	Haben
5)	714,00	2) 2.546,60	2)	406,60	5) 114,00
6)	41,65	7) 416,50	7)	66,50	6) 6,65

Soll	1400 (2400) Ford	Haben	Soll	1770 (4800) USt	Haben
1)	4.522,00	3) 1.428,00	3)	228,00	1) 722,00
		4) 83,30	4)	13,30	

1.3.2 Boni

Boni sind Preisnachlässe, die den Kunden nicht wie ein Rabatt sofort, sondern erst nachträglich gewährt werden. Sie kommen vor als Umsatz-, Mengen- oder Treueprämie und müssen ebenfalls erfasst werden, weil auch sie die bereits gebuchten Entgelte und damit die Bemessungsgrundlagen der Umsatzsteuer ändern.

Beim Wareneingang wird auf dem Konto 3740 (6082) *Erhaltene Boni,* beim Warenausgang auf dem Konto 8740 (5103) *Gewährte Boni* gebucht.

Da das Konto 3740 (6082) *Erhaltene Boni* ein Unterkonto des Kontos 3200 (6080) *Wareneingang* ist, wird es über Wareneingang abgeschlossen.

Da das Konto 8740 (5103) *Gewährte Boni* ein Unterkonto des Kontos 8200 (5100) *Erlöse* ist, wird es über Erlöse abgeschlossen.

Geschäftsvorfälle		Konten	Soll	Haben
1. Warenverkauf auf Ziel netto	3.800,00	1400 (2400)Ford an 8200 (5100) Erlöse an 1770 (4800) USt	4.522,00	3.800,00 722,00
2. Wir kaufen Waren auf Ziel netto	2140,00	3200 (6080) WE 1570 (2600) Vorst an 1600 (4400) Verbindl	2.140,00 406,60	2.546,60
3. Wir erhalten einen Mengenbonus von unserem Lieferanten Sport-schuhe GmbH. Gutschrift auf dem Bankkonto 999,60		1200 (2800) Bank an 3740 (6082) ErhBoni an 1570 (2600) Vorst	999,60	840,00 159,60
4. Wir schreiben unserem Kunden Böhm einen Treuebonus gut 285,60		8740 (5103) GewBoni 1770 (4800) USt an 1400 (2400) Ford	240,00 45,60	285,60

10 Schröter u.a. - ISBN: 978-3-8120-0017-8

Übertragen Sie die Buchungen auf die Konten.

Soll	8200 (5100) Erlöse	Haben

Soll	3200 (6080) WE	Haben

Soll	8740 (5103) GewBoni	Haben

Soll	3740 (6082) ErhBoni	Haben

Soll	1400 (2400)Ford	Haben

Soll	1600 (4400) Verbindl	Haben

Soll	1770 (4800) USt	Haben

Soll	1570 (2600) Vorst	Haben

Soll	1200 (2800) Bank	Haben

Soll		Haben

Aufgaben

1-1. Bilden Sie die Buchungssätze zu folgenden Geschäftsvorfällen:

Geschäftsvorfälle	Konten	Soll	Haben
1. Wareneinkauf auf Ziel, netto 9.000,00			
2. Horst Bachnik e.K. erhält folgende Eingangsrechnung: 14 Tennisschläger, Warenwert 1.705,90; Transportkosten, netto 35,80; Verpackungskostenanteil, netto 25,00; Umsatzsteuer 19 % 335,67; Gesamtbetrag 2.102,37			

3. Der Spediteur stellt uns folgende Beträge in Rechnung:				
Rollgeld für bezogene Waren, netto	85,00			
Frachtkosten für Lieferung an Kunden, netto	65,00			
Umsatzsteuer 19 %	28,50			
Gesamtbetrag	178,50			

1-2. Bilden Sie die Buchungssätze:

Geschäftsvorfälle		Konten	Soll	Haben
1. Warenverkauf auf Ziel, netto	780,00			
2. Wareneinkauf auf Ziel, brutto	585,15			
3. Warenrücksendung an Lieferanten, Warenwert	150,00			
4. Ein Kunde sendet Waren zurück, Warenwert	36,00			
5. Banküberweisung eines Kunden	2.344,90			
6. Wir erhalten von einem Lieferanten eine Gutschrift (Mängelrüge), brutto	51,75			
7. Postbanküberweisung an einen Lieferanten	1.344,50			
8. Ein Kunde erhält eine Gutschrift über brutto	94,30			

1-3. Bilden Sie die Buchungssätze.

Geschäftsvorfälle	Konten	Soll	Haben
1. Die Atlantik Surfen GmbH schickt uns eine Rechnung über Surfbretter, Warenwert netto 1.352,00			
2. Wir zahlen Eingangsfracht für diese Sendung bar, netto 55,30			
3. Von Fischer GmbH erhalten wir zum Quartalsende eine Bonus-Gutschrift, brutto 345,00			
4. Wir verkaufen an S. Kundmüller verschiedene Artikel auf Ziel, brutto 4.182,71			
5. Unser Kunde B. Vollert erhält eine Bonusgutschrift, netto 120,00			

1.3.3 Skonti

Bitte schauen Sie sich noch einmal die beiden Rechnungen im Kapitel **Belege** an.

Sie finden im unteren Teil der Rechnung unter Zahlungsbedingungen 10 Tage 3 %, 30 Tage netto. Diese Kurzfassung der Zahlungsbedingungen bedeutet, dass bei Zahlung innerhalb von 10 Tagen von dem Rechnungsbetrag 3 % Skonto abgezogen werden dürfen und dass danach der ausgewiesene Endbetrag der Rechnung bis zu 30 Tagen nach Rechnungserhalt fällig ist.

Das heißt, dass der endgültige Rechnungsbetrag, also das vereinbarte Entgelt, wie es im Umsatzsteuergesetz heißt, davon abhängig ist, ob der Kunde diese Skontofrist in Anspruch nimmt oder nicht.

Unsere Ausgangsrechnung an den Kunden Nagel wird deshalb zunächst mit dem vollen Entgelt gebucht.

Geschäftsvorfälle	Konten	Soll	Haben
Warenverkauf auf Ziel, brutto 4.669,56	1400 (2400) Ford	4.669,56	
	an 8200 (5100) Erlöse		3.924,00
	an 1770 (4800) USt		745,56

Die Frank Nagel e.K. nimmt den eingeräumten Skonto in Anspruch, d. h., sie überweist die Rechnung innerhalb der Skontofrist von 10 Tagen und darf 3 % vom Rechnungsbetrag abziehen. Wir erhalten also den Rechnungsbetrag minus 3 % auf unser Bankkonto überwiesen. Wie ist zu buchen?

Wir wollen uns diesen Fall noch einmal genau ansehen. Die ursprüngliche Forderung setzte sich zusammen aus dem Warenwert und der darauf erhobenen Umsatzsteuer. Die Umsatzsteuer wurde als Prozentsatz vom Warenwert berechnet. Wir haben dem Kunden aber zugestanden, dass er bei Bezahlung innerhalb von 10 Tagen den Rechnungsbetrag um 3 % vermindern darf. Das gilt für Warenwert und Umsatzsteuer. Wenn wir also vom Warenwert über 3.924,00 € 3 % abrechnen (= 117,72 €), erhalten wir den neuen Nettowert 3.806,28 €. Auf diesen Betrag berechnen wir wieder 19 % Umsatzsteuer. Das macht einen Wert von 723,19 € aus.

alter Warenwert	3.924,00 –	117,72 (3 %) =	3.806,28 €
+ 19 % USt	745,56 –	22,37 (3 %) =	723,19 €
alter Rechnungsbetrag	4.669,56 –	140,09 (3 %) =	4.529,47 €

Wir werden jetzt aber nicht die ursprüngliche Buchung stornieren und die korrigierten Beträge neu buchen, sondern wir korrigieren die ursprünglichen Beträge. Das bedeutet, dass vom Warenwert und der Umsatzsteuer je 3 % auf der Gegenseite des jeweiligen Kontos gebucht werden. Um eine bessere Übersicht über die von unseren Kunden in Anspruch genommenen Skontobeträge zu erhalten, wird dabei aber die Verminderung des Warenwertes nicht auf dem Erlöskonto, sondern auf dem Unterkonto 8730 (5102) **Gewährte Skonti** gebucht.

Geschäftsvorfälle	Konten	Soll	Haben
Banküberweisung von Nagel unter Abzug von 3 % Skonto	1200 (2800) Bank	4.529,47	
	8730 (5102) GewSkonti	117,72	
	1770 (4800) USt	22,37	
	an 1400 (2400) Ford		4.669,56

Das Konto 8730 (5102) **Gewährte Skonti** ist ein Unterkonto des Kontos 8200 (5100) **Erlöse.** Der Abschluss erfolgt über das Konto 8200 (5100) **Erlöse.**

Analog verhält es sich bei Eingangsrechnungen. Wir betrachten dazu die Eingangsrechnung der Eisenwaren OHG.

Geschäftsvorfälle		Konten	Soll	Haben
Wareneinkauf auf Ziel:		3200 (6080) WE	2.943,00	
Warenwert	2.943,00	1570 (2600) Vorsteuer	559,17	
+ 19 % USt	559,17	an 1600 (4400) Verbindl		3.502,17
Gesamt	**3.502,17**			
Zahlung der Rechnung an unseren Lieferer Eisenwaren OHG unter Abzug von 3 % Skonto		1600 (4400) Verbindl	3.502,17	
		an 1200 (2800) Bank		3.397,10
		an 3730 (6083) ErhSkonti		88,29
		an 1570 (2600) Vorsteuer		16,78

Auch das Konto 3730 (6083) **Erhaltene Skonti** ist ein Unterkonto des Kontos 3200 (6080) **Wareneingang.** Der Abschluss erfolgt in der gleichen Weise wie er schon bei den Erhaltenen Boni dargestellt wurde.

Zusammenfassung

Beim Einkauf von Waren berechnen sich die Anschaffungskosten aus dem eigentlichen Warenwert plus Bezugskosten minus Preisnachlässe aller Art.

Bezugskosten, Warenrücksendungen, Gutschriften, Boni und Skonti werden auf Unterkonten des Kontos Wareneingang gebucht und sind über dieses Konto abzuschließen.

Warenrücksendungen, Gutschriften, erhaltene Boni und erhaltene Skonti ändern die Bemessungsgrundlage für die Berechnung der USt und erfordern deshalb eine Berichtigung auf dem Konto Vorsteuer.

Transportkosten, die uns für Lieferungen berechnet werden, stellen reine Kosten dar und werden auf dem Konto 4730 (6140) Ausgangsfrachten gebucht.

Warenrücksendungen und Gutschriften beim Verkauf von Waren ebenso wie gewährte Boni und gewährte Skonti sind Unterkonten des Kontos 8200 (5100) Erlöse. Sie bewirken ebenfalls eine Änderung der Bemessungsgrundlage für die Berechnung der USt und damit eine Korrektur auf dem Konto Umsatzsteuer.

Aufgaben

1-4. Wie lauten die Buchungssätze zu folgenden Geschäftsvorfällen?

Geschäftsvorfälle	Konten	Soll	Haben
1. Wareneinkauf auf Ziel, ER Nr. 121, brutto 6.900,00			
2. Warenverkauf auf Ziel, AR Nr. 55, brutto 5.750,00			
3. Banküberweisung der ER Nr. 121 unter Abzug von 2 % Skonto			
4. Überweisung der AR Nr. 55 auf unser Postbankkonto, der Kunde hat 2 % Skonto einbehalten			
5. Wir zahlen die Rechnung über 1.554,80 der Atlantik Surfen GmbH unter Abzug von 2,5 % Skonto durch Banküberweisung			
6. S. Kundmüller überweist den Rechnungsbetrag von 4.182,71 auf unser Postbankkonto unter Abzug von 2 % Skonto			

1-5. Bilden Sie zu folgenden Geschäftsfällen die Buchungssätze:

Geschäftsvorfälle	Konten	Soll	Haben
1. Mit einer Warenlieferung erhalten wir folgende Rechnung: Listenpreis 2.400,00 – 20 % Rabatt 480,00 1.920,00 + 19 % USt 364,80 **Rechnungsbetrag 2.284,80**			
2. Wir bezahlen diese Rechnung unter Abzug von 2 % Skonto durch Banküberweisung			
3. Aufgrund einer Mängelrüge gewährt uns der Lieferant einen Preisnachlass von netto 200,00			
4. Am Quartalsende erhalten wir einen Umsatzbonus gutgeschrieben, brutto 345,00			
5. Wir senden fehlerhafte Waren an den Lieferanten zurück und erhalten eine Gutschrift über netto 600,00			

1-6. Bilden Sie die Buchungssätze zu folgenden Geschäftsfällen:

Geschäftsvorfälle	Konten	Soll	Haben
1. Wir senden einem Kunden folgende Rechnung: Listenpreis der Waren 2.300,00 – 15 % Rabatt 345,00 1.955,00 + 19 % USt 371,45 **Rechnungsbetrag 2.326,45**			
2. Der Kunde zahlt diese Rechnung unter Abzug von 3 % Skonto durch Banküberweisung			
3. Ein anderer Kunde sendet einen Teil der bereits berechneten Waren zurück, Warenwert 300,00			
4. Am Jahresende erhält ein Kunde eine Bonus-Gutschrift, brutto 805,00			
5. Ein Kunde erhält eine Gutschrift für eine berechtigte Mängelrüge, brutto 230,00			

1-7. **Am Ende einer Geschäftsperiode finden Sie auf den einzelnen Warenkonten folgende Bestände und Vorgänge gebucht. Schließen Sie die Konten ab. Der Warenendbestand beträgt laut Inventur 8.000,00 €. Tragen Sie die fehlenden Kontennamen ein. (Ändern Sie ggf. die Kto-Nr. im IKR.)**

Soll	3980 (2280)		Haben
SV	7.800,00	SBK	

Soll	3200 (6080) WE		Haben
1600	900,00		
1600	650,00		

Soll	8200 (5100) Erlöse		Haben
		1400	1.200,00
		1400	780,00

Soll	3700(6082)		Haben
		1600	45,00
		1600	70,00

Soll	8700(5101)		Haben
1400	67,00		
1400	32,50		

Soll	3730 (6083)		Haben
		1600	13,50

Soll	8730 (5102)		Haben
1400	12,80		

Soll	3740 (6082)		Haben
		1600	150,00

Soll	8740 (5103)		Haben
1400	210,00		

Soll	3800 (6081)	Haben		Soll	GuV	Haben
1600	*32,00*					

1-8. Bilden Sie zu folgenden Geschäftsvorfällen die Buchungssätze:

Geschäftsvorfälle	Konten	Soll	Haben
1. Warenentnahme für den Privat- haushalt, netto 300,00	1880 an 8910 an 1776	357	300 57
2. Einkauf von Büromaterial gegen Barzahlung, brutto 57,50	4930 an 1000 1576	48,31 9,19	57,50
3. Warenverkauf auf Ziel, Warenwert 2.200,00	1400 an 8100 an 1776	2.618,-	2.200 418
4. Bahnfracht für verkaufte Waren wird an Spediteur überwiesen, brutto 69,00	4730 an 1800 1576	58,- 11,-	69,-
5. Wareneinkauf auf Ziel, brutto 1.725,00	3400 an 1600 1576	1.449,58 275,42	1.725
6. Barzahlung von Rollgeld für bezogene Waren, brutto 34,50	3800 1576 an 1000		34,50
7. Barzahlung für Briefmarken 234,00	4910 an 1000	234,00	234,00
8. Bareinzahlung auf das Bankkonto 2.000,00 (Geldtransit!)	1360 an 1000	2.000	2.000
9. Warenrücksendung eines Kunden, Warenwert netto 200,00	8100 1776 an 1400		
10. Wir erhalten von unserem Lieferan- ten eine Gutschrift, brutto 345,00	an 3720 1600 an 1776	345	289,92 55,08
11. Verrechnung einer Forderung mit einer Verbindlichkeit 696,00	1600 an 1400	696	696
12. Bankbeleg über die Bareinzahlung aus 8. liegt vor (Geldtransit!)	1200 an 1360	2.000,-	2.000,-

≈ 0,985 = 98,5 %

13. Banküberweisung eines Kunden abzüglich 1,5 % Skonto, Rechnungsbetrag 1.345,00	1200 8736 an 1400 1776	1324,83 16,95 3,22	1345, ✓
14. Die Bank schreibt uns Zinsen gut 45,90	1200 an 2650	45,90	45,90 ✓
15. Barentnahme des Inhabers 500,00	1800 an 1000	500	500.- ✓
16. Banküberweisung an einen Lieferanten, abzüglich 3 % Skonto, Rechnungsbetrag 756,00	1600 an 1200 3736 1576	733,32 19,06 → 3,62	756 ✓
17. Postbanküberweisung der Kfz-Steuer 445,00	4510 an 1100	445	445 ✓
18. Banküberweisung an Lieferanten 2.000,00	1600 an 1200	2000	2000 ✓
19. Warenverkauf gegen Barzahlung, brutto 92,00	1000 an 8400 1776	92,	77,31 14,69
20. Kauf eines Pkw gegen Banküberweisung, brutto 23.000,00	0320 an 1200 1576	19327,73 3672	23000

2 Besonderheiten der Industriebuchführung

In diesem Kapitel lernen Sie die für Industriebetriebe (Fertigungsunternehmen) typischen Buchungsfälle kennen.

Sie erfahren, wie Bestände und Verbrauch von Roh-, Hilfs- und Betriebsstoffen zu buchen sind.
Die Konten Unfertige und Fertige Erzeugnisse und deren Abschluss werden erläutert.

2.1 Roh-, Hilfs- und Betriebsstoffe

In einem Industriebetrieb werden Erzeugnisse hergestellt. Für die Produktion werden Rohstoffe, Hilfsstoffe und Betriebsstoffe benötigt.

Rohstoffe sind die Stoffe, die nach der Be- oder Verarbeitung den Hauptbestandteil des Fertigerzeugnisses darstellen, beispielsweise Bleche, Holz, Glas und Wolle.

Hilfsstoffe sind die Stoffe, die zwar auch in das spätere Fertigerzeugnis eingehen, aber nicht als Hauptbestandteil anzusehen sind, z. B. Farben, Leim, Schrauben, Nägel.

Betriebsstoffe sind Stoffe, die zwar bei der Herstellung der Fertigerzeugnisse benötigt werden, aber nicht deren Bestandteil werden, dazu gehören z. B. Brenn- und Treibstoffe, Öl und Reparaturmaterial.

Bereits vorhandene Bestände an diesen Roh-, Hilfs- oder Betriebsstoffen werden buchmäßig auf dem Konto 3970 (2000) erfasst. Es ist ein Aktivkonto, d. h., die Anfangsbestände erscheinen auf der Sollseite dieses Kontos.

Zugänge an Roh-, Hilfs- und Betriebsstoffen werden ebenfalls auf dem Konto **3970 (2000) Roh-, Hilfs- und Betriebsstoffe** gebucht, natürlich auf der Sollseite.

Geschäftsvorfälle		Konten	Soll	Haben
1. Kauf von Rohstoffen auf Ziel, netto	20.000,00	3970 (2000) RHB-Stoffe 1570 (2600) Vorsteuer an 1600 (4400) Verbindl	20.000,00 3.800,00	23.800,00
2. Kauf von Hilfsstoffen bar, brutto	952,00	3970 (2000) RHB-Stoffe 1570 (2600) Vorsteuer an 1000 (2880) Kasse	800,00 152,00	952,00

Gehen die Roh-, Hilfs- oder Betriebsstoffe dann in die Produktion, d. h., werden sie zur Herstellung der Güter verbraucht, müssen sie als Aufwand gebucht werden. Auf dem Bestandskonto 3970 (2000) erfolgt ein Abgang (Buchung auf der Habenseite), gleichzeitig erhöhen sich die Aufwendungen.

Für diese Aufwendungen ist das Konto **4000 (6000) Aufwendungen für Roh-, Hilfs- und Betriebsstoffe** vorgesehen.

Beispiel: Die Textil KG hat ermittelt, dass der Verbrauch an Roh-, Hilfs- oder Betriebsstoffen 25.000,00 € beträgt.

Geschäftsvorfälle		Konten	Soll	Haben
Verbrauch an Rohstoffen	25.000,00	4000 (6000) Aufw RHB-Stoffe an 3970 (2000) Rohstoffe	25.000,00	25.000,00

Es gibt zwei Methoden, den Verbrauch zu ermitteln:
- mit Hilfe von Materialentnahmescheinen während der Produktion der Erzeugnisse,
- durch Inventur am Ende einer Periode, also nachträglich. Dabei errechnet sich der Verbrauch aus dem Anfangsbestand plus Zugänge und minus Endbestand.
-

Das Konto 4000 (6000) *Aufwendungen für Roh-, Hilfs- und Betriebsstoffe* wird über das GuV-Konto abgeschlossen.

Aufgaben

2-1. Bilden Sie die Buchungssätze zu folgenden Geschäftsvorfällen:

Geschäftsvorfälle	Konten	Soll	Haben
1. Einkauf von Rohstoffen auf Ziel, netto 2.000,00			
2. Bareinkauf von Hilfs- und Betriebsstoffen, brutto 805,00			
3. Rohstoffe gehen in die Produktion 600,00			
4. An Betriebsstoffen werden verbraucht 220,00			
5. Verbrauch Hilfsstoffe 23,00			

2-2. Auf dem Konto 3970 (2000) Roh-, Hilfs- und Betriebsstoffe steht ein Anfangsbestand von 45.000,00 €. Es werden folgende Einkäufe vorgenommen:

05. des Monats	3.600,00 €
07. des Monats	2.800,00 €
13. des Monats	1.280,00 €
23. des Monats	4.800,00 €
28. des Monats	2.450,00 €

Eine Inventur ergibt am Monatsende einen Bestand von 27.800,00 €.

Ermitteln Sie den Verbrauch an Rohstoffen und nennen Sie den Buchungssatz, mit dem dieser Verbrauch erfasst wird.

Geschäftsvorfälle	Konten	Soll	Haben
1. Verbrauch an Rohstoffen			

2.2 Unfertige und Fertige Erzeugnisse

Wenn ein Industriebetrieb alle Erzeugnisse in dem Geschäftsjahr, in dem sie produziert werden, auch verkaufen würde, könnte der Erfolg aus der Gegenüberstellung von Herstellungskosten und Umsatzerlösen ermittelt werden. Das ist aber nicht der Normalfall. In der Regel ist zu Beginn eines Geschäftsjahres ein Bestand an Fertigerzeugnissen und unfertigen Erzeugnissen (Anfangsbestand) vorhanden. Der Bestand am Ende des Geschäftsjahres (Endbestand) wird durch Inventur ermittelt.

Werden während einer Geschäftsperiode mehr Produkte hergestellt als verkauft, ist der Endbestand größer als der Anfangsbestand, d. h., es ergibt sich ein Mehrbestand. Werden weniger Produkte hergestellt als verkauft, ist am Ende des Geschäftsjahres ein Minderbestand festzustellen. Diese Veränderungen müssen am Ende des Geschäftsjahres bei der Ermittlung des Erfolgs berücksichtigt werden.

Für die Bestände an fertigen und unfertigen Erzeugnissen sind folgende Konten vorgesehen:
- 7050 (2100) Unfertige Erzeugnisse
- 7110 (2200) Fertige Erzeugnisse

Auf diesen Konten werden immer nur die jeweiligen Anfangs- und Endbestände gebucht, als Saldo ergibt sich ein Mehr- oder Minderbestand. Dessen Gegenbuchung erfolgt auf dem Konto 8960 (5201) *Bestandsveränderungen – unfertige Erzeugnisse* bzw. 8980 (5202) *Bestandsveränderungen – fertige Erzeugnisse.*

Die Konten *Bestandsveränderungen* sind Erfolgskonten und werden über das GuV-Konto abgeschlossen.

Beispiel: Ein Industriebetrieb weist bei den fertigen Erzeugnissen einen Anfangsbestand in Höhe von 50.000,00 €, bei den unfertigen Erzeugnissen in Höhe von 40.000,00 € aus.

Am Jahresende wird bei den fertigen Erzeugnissen ein Endbestand von 10.000,00 € , bei den unfertigen Erzeugnissen von 60.000,00 € ermittelt.

Geschäftsvorfälle	Konten	Soll	Haben
Bestandsveränderung fertige Erzeugnisse	8980 (5202) Bestandsveränd. Fertige Erz an 7110 (2200) Fertige Erz	40.000,00	40.000,00
Bestandsveränderung unfertige Erzeugnisse	7050 (2100) Unfertige Erz an 8960 (5201) Bestandsveränd. Unfertige Erz	20.000,00	20.000,00
Abschluss über das GuV-Konto	9300 (8020) GuV-Konto an 8980 (5202) Bestandsveränd. Fertige Erz	40.000,00	40.000,00
	8960 (5201) Bestandsveränd. Unfertige Erz an 9300 (8020) GuV-Konto	20.000,00	20.000,00

Diese Vorgänge stellen sich auf T-Konten wie folgt dar:

Soll	7110 (2200) Fertige Erz	Haben		Soll	7050 (2100) Unfertige Erz	Haben
SV	50.000,00	SBK	10.000,00	SV	40.000,00	SBK	60.000,00
		BeVer	40.000,00	BeVer	20.000,00		
	50.000,00		50.000,00		60.000,00		60.000,00

Soll	8980 (5202) BeVer FE	Haben		Soll	8960 (5201) BeVer UE	Haben
FE	40.000,00	GuV	40.000,00	GuV	20.000,00	UE	20.000,00

Soll	9300 (8020) GuV		Haben
Bestandsveränd. Fertige Erzeugnisse	40.000,00	Bestandsveränd. Unfertige Erzeugnisse	20.000,00

Bei den Fertigerzeugnissen hat sich ein Minderbestand ergeben, er stellt einen Aufwand dar. Bei den unfertigen Erzeugnissen handelt es sich um einen Mehrbestand, der in der GuV auf der Ertragsseite erscheint.

Zusammenfassung

Ein Industriebetrieb benötigt für die Produktion Roh-, Hilfs- und Betriebsstoffe. Deren Anfangsbestände und Zugänge sind auf dem aktiven Bestandskonto 3970 (2000) Roh-, Hilfs- und Betriebsstoffe zu buchen.

Die Vorräte verringern sich, wenn sie zur Herstellung von Gütern verbraucht werden. Der Verbrauch muss auf dem Konto 4000 (6000) Aufwendungen für Roh-, Hilfs- und Betriebsstoffe gebucht werden, gleichzeitig ist er ein Abgang auf dem Konto 3970 (2000). Somit ergibt sich folgender Buchungssatz:

- 4000 (6000) Aufwendungen für Roh-, Hilfs- und Betriebsstoffe
- an 3970 (2000) Roh-, Hilfs- und Betriebsstoffe

Für Bestände an unfertigen und fertigen Erzeugnissen sind die Konten 7050 (2100) Unfertige Erzeugnisse und 7110 (2200) Fertige Erzeugnisse vorgesehen.

Werden in einer Geschäftsperiode mehr Erzeugnisse verkauft als hergestellt, ergibt sich eine Bestandsminderung. Liegt die produzierte Menge über der verkauften Menge, handelt es sich um eine Bestandsmehrung.

Diese Veränderungen der Bestände sind auf den Konten 8960 (5201) Bestandsveränderungen unfertige Erzeugnisse bzw. 8980 (5202) Bestandsveränderungen fertige Erzeugnisse zu buchen.

Gegenkonto ist das Bestandskonto 7050 (2100) Unfertige Erzeugnisse bzw. 7110 (2200) Fertige Erzeugnisse.

Die Konten Bestandsveränderungen unfertige Erzeugnisse und Bestandsveränderungen fertige Erzeugnisse sind Erfolgskonten und über das GuV-Konto abzuschließen.

Aufgaben

2-3. Welche der folgenden Aussagen ist richtig?

a) Eine Bestandsmehrung an fertigen Erzeugnissen wird auf dem Konto Bestandsveränderungen im Soll gebucht.

b) Eine Bestandsverminderung an unfertigen Erzeugnissen wird auf dem Konto Bestandsveränderungen im Haben gebucht.

c) Eine Bestandsmehrung an fertigen Erzeugnissen liegt vor, wenn der Endbestand größer ist als der Anfangsbestand.

d) Eine Bestandsmehrung an unfertigen Erzeugnissen liegt vor, wenn der Endbestand kleiner ist als der Anfangsbestand.

2-4. Ein Industriebetrieb hat zu Beginn einer Geschäftsperiode einen Bestand an Fertigerzeugnissen von 40.210,00 € und an unfertigen Erzeugnissen von 30.700,00 €.

Die Gesamtaufwendungen im laufenden Geschäftsjahr betragen 2.320.000,00 €, die Erlöse für fertige Erzeugnisse 2.800.000,00 €.

Laut Inventur ergibt sich am Jahresende ein Bestand an fertigen Erzeugnissen von 60.700,00 € und an unfertigen Erzeugnissen von 25.600,00 €.

Ermitteln Sie den Erfolg auf T-Konten.

Soll		Haben

Soll		Haben

Soll		Haben

Soll		Haben

Soll	GuV	Haben

11 Schröter u.a. - ISBN: 978-3-8120-0017-8

3 Personalkosten

In diesem Kapitel lernen Sie, wie Daten aus der Lohnbuchhaltung in der Finanzbuchhaltung weiterverarbeitet werden müssen.

Zuvor erhalten Sie einen knappen Überblick über die rechtlichen und wirtschaftlichen Grundlagen der Lohn- und Gehaltsabrechnung.

Abschließend gehen wir kurz auf die Buchung geldwerter Vorteile und von Sondervergütungen ein.

3.1 Rechtliche und wirtschaftliche Grundlagen

Die Arbeitnehmer erhalten für die von ihnen erbrachte Arbeitsleistung einen Lohn oder ein Gehalt. Die Höhe des Arbeitsentgeltes ist normalerweise durch Tarifverträge oder durch Einzelarbeitsverträge geregelt. In der Lohnbuchhaltung muss zunächst das Bruttoarbeitsentgelt ermittelt werden. Das Gehalt ist zwar monatlich festgelegt, kann sich aber aus verschiedenen Gründen ändern.

Der Arbeitgeber ist aufgrund gesetzlicher Vorschriften dazu verpflichtet, die Steuer- und Sozialversicherungsabzüge zu ermitteln, einzubehalten und an die zuständigen Stellen zu überweisen. Die Lohnsteuer ist die Einkommensteuer für Einkommen aus nicht selbstständiger Arbeit. Die Beiträge zur Sozialversicherung umfassen

- Rentenversicherung,
- Arbeitslosenversicherung,
- Krankenversicherung,
- Pflegeversicherung.

Sie sind je zur Hälfte vom Arbeitgeber und Arbeitnehmer zu tragen (Ausnahme Geringverdiener). Für die Berechnung des Nettogehalts gilt folgendes Berechnungsschema:

Bruttogehalt (Lohn)
– Lohn- und Kirchensteuer
– Arbeitnehmeranteil zur Sozialversicherung
= Nettogehalt (Lohn)

Die Höhe der Abzüge wird mithilfe von Gesamtabzugstabellen (vgl. dazu eine aktuelle Tabelle; für unser Beispiel nehmen wir gerundete Beträge) ermittelt.

Beispiel: Die kaufmännische Angestellte im Verkauf, Monika Hartung, erhält ein Bruttogehalt von 2.200,00 €. Auf ihrer Lohnsteuerkarte sind folgende Eintragungen: Verheiratet, zwei Kinder, Lohnsteuerklasse IV. Sie hat laut Tarifvertrag Anspruch auf Lohnfortzahlung.

Hinweis: Den Solidaritätszuschlag lassen wir außer Acht. Berechnung und Buchung finden sich in Lohnabrechnungskursen.

3.2 Buchung der Personalkosten

Zur Buchung der Lohn- und Gehaltsabrechnungen benötigen wir folgende Konten:
- 4100 (6200) Löhne und Gehälter
- 4130 (6400) Gesetzliche soziale Aufwendungen
- 1740 (4850) Verbindlichkeiten aus Lohn und Gehalt
- 1741 (4830) Verbindlichkeiten aus Lohn- und Kirchensteuer
- 1742 (4840) Verbindlichkeiten im Rahmen der sozialen Sicherheit

Wir hatten schon an anderer Stelle erwähnt, dass die Einrichtung weiterer Konten die Aussagefähigkeit der Buchführung erhöht, gleichzeitig aber auch einen höheren Arbeitsaufwand erfordert. Das ist jeweils gegeneinander abzuwägen. Z. B. könnte das Konto Löhne und Gehälter in ein Konto Löhne und in ein Konto Gehälter und diese Konten noch weiter in die einzelnen Abteilungen wie Einkauf, Verkauf, kaufmännische Verwaltung unterteilt werden. Wir werden aber in unseren Übungen nur das eine oben angegebene Konto Löhne und Gehälter führen. Die Buchungsbeträge entnehmen wir der Lohn- und Gehaltsliste.

Da die ermittelten Beträge nicht sofort überwiesen werden, ist zunächst auf verschiedenen Verbindlichkeitenkonten zu buchen.

> **Löhne und Gehälter werden im Allgemeinen monatlich gezahlt. Der Berechnungszeitraum für die Lohnsteuer und die Sozialversicherungsbeiträge ist normalerweise der Monat. Die Beiträge zur Sozialversicherung werden spätestens bis zum drittletzten Bankarbeitstag des laufenden Monats fällig, die Lohn- und Kirchensteuer bis zum 10. des folgenden Monats.**

In einer manuellen Buchführung wird normalerweise folgender zusammengesetzter Buchungssatz gebildet:

Geschäftsvorfälle	Konten	Soll	Haben
1. Lohn- und Gehaltsabrechnung	4100 (6200) Lö/Geh	2.200,00	
	an 1740 (4850) Verb L/G		1.483,90
	an 1741 (4830) Verb LoKi		317,90
	an 1742 (4840) Verb SoSi		398,20
2. Arbeitgeberanteil zur Sozialver-	4130 (6400) Gsoz Aufw	398,20	
sicherung	an 1742 (4840) Verb SoSi		398,20
3. Banküberweisung des	1740 (4850) Verb L/G	1.483,90	
Auszahlungsbetrages	an 1200 (2800) Bank		1.483,90
4. Banküberweisung der einbehaltenen	1741 (4830) Verb LoKi	317,90	
Lohn- und Kirchensteuer	an 1200 (2800) Bank		317,90
5. Banküberweisung der einbehaltenen	1742 (4840) Verb SoSi	796,40	
SV und des Arbeitgeberanteils SV	an 1200 (2800) Bank		796,40

Soll	4100 (6200) Lö/Geh	Haben		Soll	1740 (4850) Verb L/G	Haben
1)	2.200,00			3)	1.483,90 1)	1.483,90

Soll	4130 (6400) Gsoz Aufw	Haben		Soll	1741 (4830) Verb LoKi	Haben
2)	398,20			4)	317,90 1)	317,90

Soll	1200 (2800) Bank	Haben		Soll	1742 (4840) Verb SoSi	Haben
	3)	1.483,90		5)	796,40 1)	398,20
	4)	317,90			2)	398,20
	5)	796,40				

3.3 Zahlung und Verrechnung von Vorschüssen

Der Angestellte, Herr Gerd Genzmann, erhielt von uns einen Gehaltsvorschuss in bar von 1.500,00 €. Eine Vorschusszahlung stellt einen Kredit an Arbeitnehmer dar. Bei der Auszahlung wird gebucht:

Geschäftsvorfälle	Konten	Soll	Haben
Gehaltsvorschuss wird bar ausgezahlt 1.500,00	1530 (2650) Forderung gegen Personal	1.500,00	
	an 1000 (2880) Kasse		1.500,00

Bei der nächsten Gehaltszahlung wird der Vorschuss mit dem ermittelten Nettogehalt verrechnet. Gehaltsabrechnung für Genzmann:

Bruttogehalt			2.975,00 €
– Lohnsteuer I	434,58 €		
– Kirchensteuer		434,58 €	
– Krankenversicherung	215,83 €		
– Rentenversicherung	276,85 €		
– Arbeitslosenvers.	96,75 €		
– Pflegeversicherung	14,88 €	604,31 €	1.038,89 €
Nettogehalt			1.936,11 €
– Vorschuss			1.500,00 €
Auszahlung			**436,11 €**

Geschäftsvorfälle	Konten	Soll	Haben
Gehaltsabrechnung	4100 (6200) Lö/Geh	2.975,00	
	an 1740 (4850) Verb L/G		436,11
	an 1741 (4830) Verb LoKi		434,58
	an 1742 (4840) Verb SoSi an		604,31
	1530 (2650) FoPerso		1.500,00
Arbeitgeberanteil SV	4130 (6400) Gsoz Aufw	604,31	
	an 1742 (4840) Verb SoSi		604,31
Banküberweisung des Auszahlungsbetrages	1740 (4850) Verb L/G	436,11	
	an 1200 (2800) Bank		436,11
Banküberweisung der einbehaltenen Lohn- und Kirchensteuer	1741 (4830) Verb LoKi	434,58	
	an 1200 (2800) Bank		434,58
Banküberweisung der einbehaltenen SV und des Arbeitgeberanteils SV	1742 (4840) Verb SoSi	1.208,62	
	an 1200 (2800) Bank		1.208,62

3.4 Sondervergütungen

Hier sind zu unterscheiden:
- Sondervergütungen, die der Lohnsteuer unterliegen und sozialversicherungspflichtig sind.
- Sie sind dem Bruttoentgelt hinzuzurechnen. Als Beispiele seien hier das Weihnachtsgeld, vermögenswirksame Leistungen, Urlaubsgeld und Jubiläumszuwendungen genannt.
- Sondervergütungen, die lohnsteuerfrei sind.
- Sie werden dem ermittelten Nettoentgelt hinzugerechnet und voll ausgezahlt.

Die genauen aktuellen Bestimmungen finden sich in § 3 EStG.

B: Laufende Buchungsfälle

3.5 Geldwerte Vorteile und Sachbezüge

Neben dem Geldlohn erhalten Mitarbeiter häufig auch geldwerte Vorteile und Sachzuwendungen als Entgelt. Um einen geldwerten Vorteil handelt es sich beispielsweise, wenn der Betrieb ein unverzinsliches Darlehen gewährt. Zu den Sachbezügen zählen u.a.

- Personalrabatte für Waren oder Dienstleistungen,
- verbilligte oder kostenlose Unterkunft und/oder Verpflegung.

Diese Bezüge sind für den Arbeitnehmer lohnsteuerpflichtige und sozialversicherungspflichtige Einnahmen, d. h., sie sind Bestandteil des Bruttoentgelts, allerdings nur, wenn sie im Monat 44,00 € insgesamt übersteigen.

Ein besonderes Problem ist dabei die Bewertung der Sachbezüge. Sie ist in § 3 EStG geregelt. Für die Bewertung von verbilligter oder kostenloser Unterkunft oder Verpflegung ist außerdem die SachbezugsVO zu berücksichtigen, in der jährlich die Sachbezugswerte für Kost und Wohnung vom Gesetzgeber festgelegt werden. Für sie gilt die Freigrenze von 44,00 € nicht.

Geschäftsvorfälle	Konten	Soll	Haben
Überlassung einer Werkswohnung zum Mietwert von 600,00	4110 (6010) Löhne an 2750 (5401) Grundstücks-erträge	600,00	600,00

Zusammenfassung

Bruttoarbeitsentgelt und Nettogehalt der einzelnen Mitarbeiter werden in der Lohnbuchhaltung berechnet.

Lohn- und Kirchensteuer sowie der Arbeitnehmeranteil an der Sozialversicherung werden vom Arbeitgeber einbehalten und direkt an die zuständigen Stellen überwiesen.

Bei der Buchung der Personalkosten wird ein Verrechnungskonto zwischengeschaltet, da die ermittelten Beträge nicht sofort überwiesen werden und in vielen EDV-Programmen Aufteilungsbuchungen (zusammengesetzte Buchungssätze) nicht möglich sind.

Bei der Berechnung des Bruttoentgelts sind Sondervergütungen und geldwerte Vorteile zu berücksichtigen.

Aufgaben

3-1. Bilden Sie die Buchungssätze zu folgender Gehaltsliste.

Name	Steuer-klasse	Brutto-gehalt	Abzüge			Gesamt-abzüge	Nettolohn
			Lo-St	Ki-St	SV		
Meier	III/1	3.875,00	340,16	28,36	787,01	1.155,53	2.719,47
Falk	I	3.875,00	685,25	61,67	787,01	1.533,93	2.341,07
Pietsch	IV/1	5.360,00	1.095,75	97,49	1.088,47	2.281,71	3.078,29
Hanke	IV/1	2.979,00	391,58	34,11	604,31	1.030,00	1.949,00
Summe:		16.089,00	2.512,74	221,63	3.266,80	6.001,17	10.087,83

Geschäftsvorfälle	Konten	Soll	Haben
1. Lohn- und Gehaltsabrechnung			
2. Arbeitgeberanteil zur Sozialversicherung			
3. Banküberweisung des Auszahlungsbetrages			
4. Banküberweisung der einbehaltenen Lohn- und Kirchensteuer			
5. Banküberweisung der einbehaltenen SV und des Arbeitgeberanteils SV			

- **Bilden Sie die Buchungssätze zu den folgenden Gehaltsabrechnungen.**
- **Buchen Sie die Abrechnung und die Überweisung der Beträge durch die Bank.**

B: Laufende Buchungsfälle

3-2. Abrechnung 1:

Bruttogehalt		2.976,00
– Lohnsteuer I		434,58
– KV, RV, AV, PV		604,31
Nettogehalt		

Geschäftsvorfälle	Konten	Soll	Haben
1. Lohn- und Gehaltsabrechnung			
2. Arbeitgeberanteil zur Sozialversicherung			
3. Banküberweisung des Auszahlungsbetrages			
4. Banküberweisung der einbehaltenen Lohn- und Kirchensteuer			
5. Banküberweisung der einbehaltenen SV und des Arbeitgeberanteils SV			

3-3. Abrechnung 2:

a) Barauszahlung eines Gehaltsvorschusses 500,00 €.

b)

Bruttogehalt		2.978,00
– Lohnsteuer I		434,58
– KV, RV, AV, PV		604,31
– Vorschuss		
Auszahlung		

Geschäftsvorfälle	Konten	Soll	Haben
1. Gehaltsvorschuss bar			
2. Lohn- und Gehaltsabrechnung			
3. Arbeitgeberanteil zur Sozialversicherung			
4. Banküberweisung des Auszahlungsbetrages			
5. Banküberweisung der einbehaltenen Lohn- und Kirchensteuer			
6. Banküberweisung der einbehaltenen SV und des Arbeitgeberanteils SV			

3-4. Abrechnung 3: Zu dem Bruttogehalt kommt Urlaubsgeld 500,00 €.

Bruttogehalt		3.375,00
+ Urlaubsgeld		500,00
		3.875,00
– Lohnsteuer II/1		685,25
– KV, RV, AV, PV		787,01
Auszahlung		

Geschäftsvorfälle	Konten	Soll	Haben
1. Lohn- und Gehaltsabrechnung			
2. Arbeitgeberanteil zur Sozialversicherung			
3. Banküberweisung des Auszahlungsbetrages			
4. Banküberweisung der einbehaltenen Lohn- und Kirchensteuer			
5. Banküberweisung der einbehaltenen SV und des Arbeitgeberanteils SV			

3-5. Bilden Sie zu folgenden Geschäftsvorfällen die Buchungssätze:

Geschäftsvorfälle	Konten	Soll	Haben
1. Wir kaufen Waren auf Ziel, netto 780,00			
2. Der Inhaber entnimmt Waren im Wert von 350,00			
3. Einkauf von Druckerpapier gegen Barzahlung, brutto 80,50			
4. Ein Kunde überweist auf unser Bankkonto, der Rechnungsbetrag lautet über 1.495,00 unter Abzug von 3 % Skonto			
5. Wir verkaufen Waren auf Ziel, brutto 2.702,50			

6. Wir bezahlen Ausgangsfracht für diese Sendung bar, brutto 57,50	4730 1776 an 1400	48,32 9,18	57,50	✓
7. Ein Kunde erhält aufgrund einer Reklamation eine Gutschrift, brutto 257,36	8720 1776 an 1400	216,27 41,09	257,36	✓
8. Wir kaufen einen Aktenschrank und erhalten folgende Rechnung: Listenverkaufspreis 3.500,00 – 10 % Rabatt 350,00 3.150,00 + 19 % USt 598,50 **Rechnungsbetrag** **3.748,50**	0420 1576 an 1600	3150,– 598,50	3748,50	✓
9. Ein Kunde leistet eine Anzahlung durch Banküberweisung, netto 4.000,00	1200 an 1718 1576 an 1776	4000,– 760,–	4760	✓
10. Wir zahlen eine Lieferantenrechnung durch Banküberweisung, brutto 1.725,00 unter Abzug von 2 % Skonto	1600 an 1200 3736 1576	1725,–	1690,50 28,99 5,51	✓

4 Steuern

In diesem Kapitel erhalten Sie einen Überblick über die in einem Unternehmen anfallenden Steuern und wie sie gebucht werden müssen.

Zwei Steuerarten, die Umsatzsteuer und die Lohnsteuer, haben wir bereits kennengelernt und erfahren, wie sie zu buchen sind. Nun wollen wir einen Überblick erhalten, welche weiteren Steuern in Unternehmen vorkommen und wie sie zu buchen sind.

4.1 Aktivierungspflichtige Steuer

Horst Bachnik e.K. kauft ein Grundstück für 300.000,00 €. Neben dem Kaufpreis, der natürlich an den Verkäufer zu zahlen ist, hat er auch Grunderwerbsteuer an das Finanzamt zu zahlen, und zwar 3,5 % des Kaufpreises = 10.500,00 € (seit 01.01.2007 in Berlin 4,5 %).

Diese Steuer erhöht den Anschaffungspreis des Grundstücks. Sie gehört zu den Anschaffungsnebenkosten. Anschaffungsnebenkosten sind immer auf dem entsprechenden aktiven Bestandskonto zu buchen, in unserem Fall auf dem Konto 0065 (0500) **Unbebaute Grundstücke**, d. h., sie müssen aktiviert werden, sie sind aktivierungspflichtig.

Hinweis: Auch die Gebühren für den Notar und die Grundbucheintragung gelten als Anschaffungsnebenkosten.

Schon an den Buchungen ist zu erkennen, dass sich aktivierungspflichtige Steuern nicht unmittelbar auf den Gewinn eines Unternehmens auswirken. Es wird kein Aufwandskonto berührt. Es erfolgt vielmehr eine Veränderung der aktiven Bestandskonten, in unserem Beispiel steht der Zunahme auf dem Konto Unbebaute Grundstücke eine Abnahme auf dem Bankkonto gegenüber.

Geschäftsvorfälle	Konten	Soll	Haben
Kauf eines Grundstückes für 300.000,00	0065 (0500) Unbebaute Grundstücke an 1200 (2800) Bank	300.000,00	300.000,00
Überweisung der Grunderwerbsteuer 10.500,00 Grundbuchgebühren 4.500,00 Notargebühren 5.500,00 + 19 % USt 1.045,00 21.545,00	0065 (0500) Unbebaute Grundstücke 1570 (2600) Vorsteuer an 1200 (2800) Bank	20.500,00 1.045,00	21.545,00

Eine Auswirkung auf den Gewinn wird sich bei nicht abnutzbaren Wirtschaftsgütern erst bei deren Verkauf bzw. Entnahme aus dem Betrieb ergeben, bei abnutzbaren Wirtschaftsgütern während der Nutzungsdauer in Form der Abschreibungen (siehe dazu die Ausführungen im Kapitel Anlagenbuchhaltung - Abschreibungen).

4.2 Aufwandsteuern (und Betriebssteuern)

Im Gegensatz zu den aktivierungspflichtigen Steuern handelt es sich bei den Aufwandsteuern um Steuern, die sich unmittelbar, d. h. bereits im Jahr ihrer Entstehung, auf den Gewinn eines Betriebs auswirken. Zu ihnen gehören:

4320 (7700) Gewerbeertragsteuer
2375 (7020) Grundsteuer
4510 (7030) Kraftfahrzeugsteuer

Die Gewerbeertragsteuer wird von den Kommunen erhoben.

Bei der Grundsteuer bildet der Einheitswert des Grundbesitzes die Besteuerungsgrundlage. Die Finanzämter ermitteln die Einheitswerte und setzen die Grundsteuermessbeträge fest, die Gemeinden errechnen schlussendlich die eigentliche Grundsteuerschuld. Für die alten und neuen Bundesländer bestehen unterschiedliche Bemessungsgrundlagen. Wertbasis sind die auf den Wertverhältnissen 1964 (alte Bundesländer) bzw. auf den Wertverhältnissen 1935 (neue Bundesländer) beruhenden mittlerweile veralteten Einheitswerte.

Die Zahlung der Gewerbesteuer und der Grundsteuer erfolgt in vierteljährlichen Vorauszahlungen. Diese Steuern stellen einen echten Aufwand dar, die Konten werden daher über das GuV-Konto abgeschlossen.

Beispiele:

Geschäftsvorfälle	Konten	Soll	Haben
1. Banküberweisung der Gewerbeertragsteuer 3.500,00	4330(7700) Gewerbeertragsteuer an 1200(2800) Bank	3.500,00	3.500,00

2. Überweisung der Kfz-Steuer	4510(7030) Kfz-Steuer	720,00	
720,00	an 1200(2800) Bank		720,00

Neben diesen Aufwandsteuern müssen Kapitalgesellschaften die gleichen Steuern bezahlen, die auch von Privatpersonen erhoben werden. Das sind

2200 (7710) Körperschaftsteuer
2210 (7720) Kapitalertragsteuer

Die Körperschaftsteuer ist die Einkommensteuer der juristischen Personen, vorwiegend also der Kapitalgesellschaften (AG, GmbH).

Die Kapitalertragsteuer ist als eine besondere Form der Einkommensteuer anzusehen, besteuert wird das Einkommen aus Kapitalerträgen.

Da bei den Kapitalgesellschaften keine Privatkonten geführt werden, müssen diese Steuern zunächst auf den oben genannten Konten als Aufwand gebucht werden. Diese Konten werden über das GuV-Konto abgeschlossen, vermindern folglich den Gewinn. Das ist aber nur nach Handelsrecht zulässig. Um den steuerlichen Gewinn zu ermitteln, sind diese Steuern außerhalb der Buchführung dem in der Handelsbilanz ausgewiesenen Gewinn wieder hinzuzurechnen. Aus diesem Grund spricht das Steuerrecht bei diesen Steuern von nicht abzugsfähigen Betriebssteuern.

4.3 Personensteuern

Unsere Sportgroßhandlung Horst Bachnik e.K. ist eine Einzelunternehmung. Der Inhaber H. Bachnik muss seine Einkünfte versteuern, d. h., er ist einkommen- und gegebenenfalls kirchensteuerpflichtig. Zusätzlich für eventuelle Kapitalerträge, z. B. Zinserträge, muss er Kapitalertragsteuer bezahlen.

Alle diese Steuern werden nicht unmittelbar durch den Betrieb veranlasst, sie sind vielmehr Privatsteuern. Es handelt sich um Privatausgaben, die auf das spezielle Privatkonto 1810 (3001) **Privatsteuern** zu buchen sind.

Geschäftsvorfälle		Konten	Soll	Haben
Vom betrieblichen Bankkonto werden überwiesen		1810(3001) Privatsteuern an 1200(2800) Bank	3.815,00	3.815,00
Einkommensteuer	3.500,00			
Kirchensteuer	315,00			

4.4 Steuern als „durchlaufende Posten"

Bei den Ausführungen über die Umsatzsteuer und die Lohnsteuer wurde schon deutlich, dass es sich hierbei um Steuern handelt, die der Unternehmer für das Finanzamt von den Arbeitnehmern bzw. von den Kunden einzuziehen und anschließend an das Finanzamt abzuführen hat. Diese Steuern sind für den Betrieb als durchlaufende Posten anzusehen, deshalb spricht man auch von Durchlaufsteuern.

4.5 Säumniszuschläge, Steuerstrafen, Steuerberatungskosten, Steuererstattung

Wenn eine Steuererklärung nicht oder zu spät abgegeben wird, ist ein Verspätungszuschlag fällig, wird die Steuer selbst zu spät gezahlt, berechnet das Finanzamt einen Säumniszuschlag und gegebenenfalls Verzugszinsen. Diese Beträge müssen jeweils wie die dazugehörige Steuer gebucht werden.

Geschäftsvorfälle	Konten	Soll	Haben
Wegen verspäteter Überweisung der Gewerbeertragsteuer ist ein Säumniszuschlag zu überweisen 120,00	4320 (7700) Gewerbesteuer an 1200(2800) Bank	120,00	120,00

Steuerberatungskosten sind auf dem Konto 4950 (6770) **Rechts- und Beratungskosten** zu buchen. Sie stellen einen Betriebsaufwand dar.

Geschäftsvorfälle	Konten	Soll	Haben
Die Rechnung des Steuerberaters wird durch Banküberweisung beglichen 5.200,00 + 19 % USt	4950(6770) Rechts- und Beratungskosten 1570(2600) Vorsteuer an 1200(2800) Bank	5.200,00 988,00	6.188,00

Wenn Steuerstrafen oder Bußgelder wegen Steuerordnungswidrigkeiten zu zahlen sind, müssen diese immer auf dem Konto 1800 (3001) **Privatentnahmen** gebucht werden, bei Kapitalgesellschaften auf dem Konto 2300 (7600) **Sonstige Aufwendungen.**

Steuererstattung:
Betriebssteuern, die erstattet werden, stellen einen sonstigen Ertrag dar. Die Buchung erfolgt auf dem Konto 2780 (5430) **Steuererstattungen Vorjahre für Steuern vom Einkommen und Ertrag** bzw. 2785 (5435) **Steuererstattungen Vorjahre für sonstige Steuern.** Personensteuern, die an das Unternehmen erstattet werden, sind als Privateinlagen zu buchen.

Geschäftsvorfälle	Konten	Soll	Haben
Horst Bachnik e.K. erhält für das abgelaufene Geschäftsjahr Gewerbeertragsteuer zurückerstattet, die Überweisung erfolgt auf das Bankkonto 850,00	1200(2800) Bank an 2780(5430) Steuererstattung	850,00	850,00

Zusammenfassung

Im Hinblick auf die Buchführung sind folgende Steuerarten zu unterscheiden:
- aktivierungspflichtige Steuern (Grunderwerbsteuer),
- Aufwandssteuern (Gewerbesteuer, Grundsteuer, Kfz-Steuer),
- Personensteuern,
- durchlaufende Steuern (USt, Lohnsteuer).

Bei den Personensteuern handelt es sich um Privatausgaben.

Juristische Personen zahlen Körperschaftsteuer. Sie muss dem in der Handelsbilanz ausgewiesenen Gewinn wieder hinzugerechnet werden.

Aufgaben

4-1. Bilden Sie zu folgenden Geschäftsvorfällen die Buchungssätze:

Geschäftsvorfälle	Konten	Soll	Haben
1. Für das abgelaufene Geschäftsjahr erhalten wir per Banküberweisung folgende Steuerrückerstattungen Einkommensteuer 3.453,00 Gewerbeertragsteuer 735,00			
2. Das Honorar an den Steuerberater wird bar bezahlt, brutto 920,00			
3. Banküberweisung der Kfz-Steuer für den Firmenwagen 788,00 für den Privatwagen 833,00			
4. Banküberweisung der Lohn- und Kirchensteuer der Arbeitnehmer 8.722,00			
5. Horst Bachnik e.K. überweist einen Säumniszuschlag für verspätete Zahlung der Grundsteuer 25,00			
6. Für den Kauf eines Grundstücks werden folgende Beträge überwiesen: Kaufpreis 50.000,00 Grunderwerbsteuer 1.000,00 Grundbuchkosten 500,00 Notarkosten, brutto 1.150,00			

4-2. Bilden Sie zu folgenden Geschäftsvorfällen die Buchungssätze:

Geschäftsvorfälle	Konten	Soll	Haben
1. Lastschrift der Bank für Darlehenszinsen 856,00			
2. Barzahlung eines Gehaltsvorschusses 500,00			
3. Ein Kunde begleicht eine Rechnung über 4.500,00 unter Abzug von 2 % Skonto			
4. Kauf von Büromaterial bar, brutto 92,00			
5. Wareneinkauf auf Ziel, Warenwert 3.500,00			
6. Der Inhaber entnimmt Waren für den Privathaushalt, netto 150,00			
7. Banküberweisung der Umsatzsteuer für den Vormonat 2.850,00			
8. Postbanküberweisung an Lieferanten 4.200,00			
9. Überweisung der Kfz-Steuer für das Auto der Tochter 345,00			
10. Gehaltsabrechnung 4.500,00 Lohnsteuer 820,00 Sozialversicherung 850,00 Netto 2.830,00 – Vorschuss (Nr. 2) 500,00 Auszahlung 2.330,00			
11. Banküberweisung der einbehaltenen Lohn- und Kirchensteuer 820,00			
12. Banküberweisung der einbehaltenen Sozialversicherung und des AG-Anteils 1.700,00			
13. Warenrücksendungen an Lieferanten, netto 400,00			
14. Ein Kunde erhält eine Gutschrift, netto 300,00			
15. Banküberweisung folgender Steuern Grundsteuer (Betriebsvermögen) 650,00 Grundsteuer (Privatvermögen) 350,00 Kfz-Steuer für Firmenwagen 1.850,00			

5   Abgrenzung zwischen privaten und betrieblichen Ausgaben

Den Gewinn des Unternehmens dürfen nur Ausgaben mindern, die betrieblich veranlasst sind.

Alle anderen Ausgaben müssen deshalb davon abgegrenzt werden.
Wir stellen in diesem Kapitel einige häufig vorkommende Fälle dar.

B: Laufende Buchungsfälle

Nach dem Einkommensteuergesetz § 4 Abs. 4 EStG sind Betriebsausgaben die Aufwendungen, die durch den Betrieb veranlasst sind. Alle nicht betrieblich veranlassten Ausgaben sind demnach als Privatausgaben anzusehen.

Auf die Entnahme von Gegenständen (Waren) aus dem Unternehmen wurde schon an anderer Stelle eingegangen.

5.1   Verwendung von Gegenständen des Unternehmens für private Zwecke (Nutzungsentnahme)

Einige Gegenstände des Unternehmens werden auch privat verwendet. Als wichtigstes Beispiel ist hierfür die private Nutzung des Firmenwagens durch den Unternehmer zu nennen.

Der Wert der privaten Nutzung kann durch Pauschalierung des Entnahmewertes durch die 1 %-Methode (darf nur auf Fahrzeuge des notwendigen Beriebsvermögens angewendet werden, d. h. bei einer betrieblichen Nutzung von mehr als 50 %) oder durch Einzelnachweis mithilfe eines Fahrtenbuches ermittelt werden.

Bei der Pauschalierung muss als Wert der privaten Nutzung für jeden Kalendermonat 1 % des Bruttolistenpreises zum Zeitpunkt der Erstzulassung einschließlich Umsatzsteuer und Kosten für die Sonderausstattung angesetzt werden. Zur Abgeltung der darin enthaltenen nicht mit Vorsteuer belasteten Kosten erfolgt umsatzsteuerlich von dem mit 1 % vom Bruttolistenpreis pro Nutzungsmonat ermittelten ertragsteuerlichen Wert ein pauschaler Abschlag von 20 %. Der sich daraus ergebenen Wert ist nach der Verwaltungsauffassung ein Nettobetrag, auf den die USt „aufzuschlagen" ist.

Beispiel:

Bruttolistenpreis für einen Pkw	44.982,00 €
auf volle 100 € abrunden	44.900,00 €
Berechnung: jährlicher Privatanteil 12 % von 44.900,00 € =	5.388,00 €
− 20 % Abschlag	1.077,60 €
	4.310,40 €
+ 19 % USt	818,97 €
	5.129,37 €

Geschäftsvorfälle	Konten	Soll	Haben
Privatnutzungsanteil für betriebliches Kfz (8921 Verwendung von Gegenständen außerhalb des Unternehmens 8924 Unentgeltliche Zuwendung von Ggst ohne USt)	1880 (3001) Unentgeltl. Wertabgabe	6.206,97	
	an 8921 (5420) Verw Ggst a. des Unternehmens		4.310,40
	an 8924 Unentg. Z Gg		1.077,60
	an 1770 (4800) USt		818,97

Neben dieser Pauschalregelung besteht die Möglichkeit, den tatsächlichen Umfang der privaten Nutzung durch Führung eines Fahrtenbuches nachzuweisen. In diesem Fall sind die gesamten Kosten im Verhältnis der gefahrenen Kilometer (privat – betrieblich) zu verteilen.[1]

Hinweis: Die Leasingraten für Leasingfahrzeuge werden auf 4570 Leasingfahrzeugkosten gebucht, die Einmalzahlung muss nur bei bilanzierenden Unternehmen abgegrenzt und auf die Leasingdauer verteilt werden.

Ein weiteres Beispiel für die private Nutzung von Gegenständen des Unternehmens stellt die Benutzung des betrieblichen Telefons für Privatgespräche dar. Auch hier sind die Kosten in den betrieblichen und den privaten Anteil zu trennen. Dies kann geschehen durch Einzelaufzeichnung der Gespräche oder durch Schätzung nach Erfahrungswerten. Der private Anteil an den Telefonkosten gilt als Eigenverbrauch des Betriebsinhabers.

Bisher unterlagen alle auf die Privatnutzung entfallenden Telefonkosten der Umsatzsteuer. Nach neuester Rechtsprechung ist der Eigenverbrauch nur noch umsatzsteuerpflichtig, wenn es sich um eigene, für den Betrieb angeschaffte Telefone, Telefonanlagen, Faxgeräte usw. handelt. Die Höhe des Eigenverbrauchs berechnet sich in diesem Fall nach dem auf die private Nutzung entfallenden Anteil an der Abschreibung der Geräte.

Kosten, die durch die private Nutzung gemieteter Anlagen und Geräte sowie für die Grund- und Gesprächsgebühren entstehen, unterliegen nicht mehr der Eigenverbrauchsbesteuerung. Sie sind von vornherein in einen privaten und einen betrieblichen Anteil aufzuteilen.

---

1   Vgl. § 6 Abs. 1 Nr. 4 und § 4 Abs. 5 Nr. 6 EStG (Jahressteuergesetz 1996).

5.2 Entnahme von Leistungen

Um eine Leistungsentnahme handelt es sich, wenn Mitarbeiter des Betriebes während der normalen Arbeitszeit Arbeiten durchführen, die dem privaten Bereich des Unternehmers zuzurechnen sind. So übernehmen z. B. Handwerker aus dem Betrieb auch Reparaturen am Privathaus. Die dabei entstehenden Lohnkosten und eventuellen Materialaufwendungen sind als Eigenverbrauch zu buchen.

Berechnung:

Materialkosten netto	300,00 €
Lohnkosten	600,00 €
	900,00 €
+ 19 % USt	171,00 €
	1.071,00 €

Geschäftsvorfälle	Konten	Soll	Haben
	1800 (3001) Privat	1.071,00	
	an 8910 (5420) Entnahme von Gegenständen		300,00
	an 8920 (5420) Entnahme von Leistungen		600,00
	an 1770 (4800) USt		171,00

5.3 Nicht abzugsfähige Betriebsausgaben

In jedem Unternehmen gibt es Aufwendungen, die zwar durch den Betrieb veranlasst sind, aber dennoch den Gewinn steuerlich nicht mindern dürfen. Sie sind im Einzelnen in § 4 Abs. 5 EStG aufgeführt, zu ihnen zählen besonders Geschenke und Bewirtungskosten.

Geschenke

Betrieblich veranlasste Geschenke an Geschäftsfreunde, Kunden, Lieferanten, Vertreter oder andere für den Betrieb wichtige Personen dürfen zwar als Betriebsausgaben abgezogen werden allerdings pro Empfänger und Jahr nur bis zur Höhe von 35 € (§ 4 Abs. 5 Nr. 1 EStG). Bei der 35-€-Grenze handelt es sich nicht um einen Freibetrag, sondern um eine „Freigrenze": Liegen die Aufwendungen für ein Geschenk – wenn auch nur geringfügig – darüber, scheitert der Betriebsausgabenabzug ganz. Der Betriebsausgabenabzug ist auch zu versagen, wenn die Geschenkaufwendungen nicht einzeln und getrennt von den sonstigen Betriebsausgaben aufgezeichnet werden .[1]

---

[1] Für diese nicht abzugsfähigen Betriebsausgaben entfällt seit 01.04.1999 der Vorsteuerabzug und entsprechend die Besteuerung des Eigenverbrauchs.

Seit dem 01.01.2007 gilt außerdem nach dem Jahressteuergesetz 2007 vom 13.12.2006: die Einkommensteuer für Sachzuwendungen an Arbeitnehmer und für Geschenke im Sinne des § 4 Abs. 5 Satz 1 Nr. 1 EStG ist mit einem Steuersatz von 30 % zu pauschalieren; die Pauschalierung ist ausgeschlossen, soweit die Aufwendungen je Empfänger und Wirtschaftsjahr den Betrag von 10.000 € übersteigen.

Bewirtungskosten

Für den Nachweis der Bewirtungsaufwendungen an Personen, die nicht Arbeitnehmer des Steuerpflichtigen sind, gelten besondere Regelungen:

Aus der Rechnung müssen die Leistungen nach Art und Umfang, die Höhe der Aufwendungen und der Tag der Bewirtung hervorgehen. Ferner müssen Angaben zu dem Anlass der Bewirtung und zu den Teilnehmern (Namen) gemacht werden. Es werden nur noch Rechnungen anerkannt, die maschinell erstellt und registriert wurden. Das gilt auch für Kleinbeträge.

Von den so nachgewiesenen Aufwendungen dürfen nur 70 % den Gewinn mindern, d. h., nur 70 % können als Betriebsausgaben geltend gemacht werden. 30 % der Bewirtungskosten und der unangemessen hohe Anteil sind also steuerlich nicht als Betriebsausgaben abziehbar. Es sind aber keine Privatentnahmen. Erfolgt die Bewirtung nicht aus „geschäftlichem Anlass", sondern aus „betrieblichem Anlass", sind die Bewirtungskosten in voller Höhe als Betriebsausgaben abziehbar.

Aufwendungen für Geschenke und Bewirtung von Personen aus geschäftlichem Anlass müssen einzeln und getrennt von den sonstigen Betriebsausgaben zeitnah aufgezeichnet werden. Für diese Aufwendungen müssen daher eigene Konten eingerichtet werden (§ 4 Abs. 7 EStG).

Geschäftsvorfälle	Konten	Soll	Haben
Bewirtung aus geschäftlichem An-	4650 Abzf Bew	140,00	
lass, brutto 238,00 €, abzugsfähige	4654 Nicht abzf Bew	60,00	
Bewirtungskosten, netto 140,00 €, nicht	1570 Vorst	38,00	
abzugsfähig 60,00 €, Vorsteuer 38,00 €,	an 1000 Kasse		238,00

Das Konto 4635 (6620) Geschenke kann über das GuV-Konto abgeschlossen werden. In diesem Fall muss der Betrag jedoch außerhalb der Buchführung dem in der GuV ermittelten Gewinn wieder hinzugerechnet werden. Er kann aber auch mit dem Privatkonto verrechnet werden.

Reisekosten

Reisekosten können nicht in jedem Fall in voller Höhe angesetzt werden. Für sie gelten bestimmte Höchstbeträge bzw. Pauschalen. Die ausführlichen Bestimmungen finden sich in den Lohnsteuerrichtlinien (Abschn. 37 Abs. 3 bis 5 LStR).

Zusammenfassung

Der Unternehmer kann nicht nur Gegenstände aus dem Unternehmen für den Eigenverbrauch entnehmen, sondern auch Gegenstände des Unternehmens für private Zwecke nutzen.

Hier sind besonders die private Nutzung des Firmenwagens und die Benutzung des betrieblichen Telefons für Privatgespräche zu nennen. Der private Anteil an den Kosten ist auf dem Privatkonto zu buchen, unter bestimmten Voraussetzungen unterliegt er auch der Umsatzsteuer.

Nicht abzugsfähige Betriebsausgaben sind zwar durch den Betrieb veranlasst, dürfen aber dennoch den zu versteuernden Gewinn nicht mindern. Zu ihnen gehören Geschenke an Personen, die nicht Arbeitnehmer sind, wenn der Wert des Geschenks 35,00 € übersteigt.

Für den Nachweis von Bewirtungskosten sind besondere Regelungen zu beachten.

Aufgaben

5-1. **Der zum Betriebsvermögen gehörende Pkw wird auch privat genutzt. Der Bruttolistenpreis betrug zum Zeitpunkt der Erstzulassung im März 20x1 54.740,00 € .**

Berechnen und buchen Sie den privaten Nutzungsanteil.

Bruttolistenpreis	
auf volle 100 € abrunden	
davon 12 %	
– 20 % Abschlag	
+ 19 % USt	
Gesamt	

Geschäftsvorfälle	Konten	Soll	Haben
Privater Anteil an Fahrzeugkosten			

5-2. Um den privaten Nutzungsanteil am betrieblichen Pkw nachzuweisen, wird ein Fahrtenbuch geführt. Es können ihm folgende Angaben entnommen werden:

Stand des Tachometers am 01.01.20x1	22.544 km
Stand des Tachometers am 31.12.20x1	87.769 km
davon Privatfahrten	4.560 km
Pkw-Kosten für Benzin, Reparaturen, Wartung, Öl	9.980,00 €
Steuer und Versicherung	1.350,00 €
Abschreibung	10.800,00 €

Berechnen und buchen Sie den privaten Nutzungsanteil.

Kilometerstand am 31.12.20x1	87.769	
Kilometerstand am 01.01.20x1	22.544	
gefahrene Kilometer	65.225	
davon privat	4.560 = 6,99 %	
Pkw-Kosten	9.980,00 €	
Abschreibung	10.800,00 €	
Insgesamt	20.780,00 €	
davon 6,99 %	1.452,52 €	
+ 19 % USt [von 1.452,52]	275,98 €	
insgesamt		1.728,50 €
Steuer und Versicherung	1.350,00 €	
davon 6,99 %		94,37 €
gesamter Privatanteil		**1.822,87 €**

Geschäftsvorfälle	Konten	Soll	Haben
Privater Anteil an Fahrzeugkosten	*1880* *8821* *8824* *1776*	*1822,87* *94,37*	*1452,52* *94,37* *275,98*

5-3. Die betriebliche Telefonanlage ist von der Telekom gemietet. Die private Nutzung wird pauschal mit 10 % angesetzt. Die jährlichen Telefonkosten belaufen sich auf 5.850,00 €.

Berechnen und buchen Sie den Privatanteil.

Jährliche Telefonkosten   5.850,00 €

davon 10 %   585,00 €

Geschäftsvorfälle	Konten	Soll	Haben
Privater Anteil an Telefonkosten			

5-4. **Bilden Sie zu folgenden Geschäftsvorfällen die Buchungssätze:**

Geschäftsvorfälle	Konten	Soll	Haben
1. Banküberweisung an den Party-service für ein Geschäftsessen in der Privatwohnung 736,00			
2. Barkauf einer Flasche Champagner als Geschenk für einen Geschäfts-freund, brutto 34,50			
3. Barkauf eines Weihnachtsgeschenks für einen besonders wichtigen Geschäftspartner, brutto 575,00			
4. Kauf von Werbematerial gegen Scheck brutto 1.380,00			

1

Abschnitt C: Jahresabschluss

Inventur – Inventar

In diesem Kapitel erfahren Sie, welche Arbeiten zum Jahreswechsel durchzuführen sind, damit im neuen Jahr weiter gebucht werden kann.

Sie erhalten einen Überblick über die Jahresabschlussarbeiten.
Einzelheiten zum Jahresabschluss erfahren Sie dann in den nachfolgenden Kapiteln.

In unseren Übungsfällen ist ein Jahresabschluss schnell erledigt. Wir schließen die Konten ab, stellen die Salden zusammen, entnehmen die vorgegebenen Inventurzahlen und schon ist unser Jahresabschluss mit Bilanz und GuV fertiggestellt.
Ebenso schnell ist dann der Jahreswechsel erledigt und die Buchführung für das neue Geschäftsjahr eröffnet.

In der Praxis ist die Erstellung des Jahresabschlusses nicht so schnell und einfach möglich. Dazu sind umfangreiche Arbeiten notwendig. Allein die Inventurarbeiten können schon einige Zeit in Anspruch nehmen. Ein wichtiger Punkt darf nicht vergessen werden:

- Die Bilanz wird aus den IST-Werten der Inventur erstellt, die Konten der Buchführung stellen SOLL-Werte dar und müssen, wenn es Abweichungen zu den IST-Werten gibt, korrigiert werden.

Das bedeutet, dass am Anfang jedes Jahresabschlusses die Inventur steht. Lesen Sie dazu noch einmal die Ausführungen ganz am Anfang des Buches im **Abschnitt A: Systemlogik der Buchführung** durch. In einem weiteren Kapitel werden Sie dazu zusätzliche wichtige Informationen erhalten.

Näheres erfahren Sie im Kapitel über die Inventur und das Inventar. Anschließend wird der Jahresabschluss aufgestellt. Die Arbeiten dazu können recht umfangreich sein, sodass viele Daten am Anfang des neuen Jahres noch gar nicht vorliegen. Neben den Fragen der Bewertung und Abgrenzung gibt es auch eher einfache Probleme wie noch ausstehende Rechnungen für schon erhaltene oder erbrachte Lieferungen.

Nach dem HGB ist der Jahresabschluss von Kapitalgesellschaften innerhalb einer Frist von drei bis sechs Monaten,[1] von sonstigen Kaufleuten innerhalb der einem ordnungsmäßigen Geschäftsgang entsprechenden Zeit[2] zu erstellen. Darunter ist eine Frist von sechs bis zwölf Monaten zu verstehen.[3] Diese Frist ist in der Praxis insbesondere für Unternehmen notwendig, die auf außenstehende Hilfe bei der Erstellung des Jahresabschlusses angewiesen sind. In besonderen Fällen, z. B. in einer Krisensituation, kann eine kürzere Frist angemessen sein.

Bei Gesellschaften kann im Gesellschaftervertrag auch eine kürzere Frist festgelegt werden.

Wenn die Erstellung des Jahresabschlusses bis März oder noch länger dauert, dann stehen für die Buchführung auch erst dann die Saldenvorträge für die Neueröffnung der Buchführung für das neue Geschäftsjahr zur Verfügung. Und was passiert in der Zwischenzeit? Kann in der Zwischenzeit überhaupt gebucht werden?

Damit in der Buchführung weitergearbeitet werden kann, werden die Konten des alten Geschäftsjahres übernommen und nur die Saldenvorträge der Konten gebucht, die schon endgültig feststehen. Das sind z. B. die Geldkonten und einige Forderungs- und Verbindlichkeitenkonten, z. B. Verbindlichkeiten aus Lohnsteuer, USt-Guthaben. Alle weiteren Salden werden dann gebucht, wenn sie endgültig feststehen, die laufenden Geschäftsvorfälle werden auf den Konten ohne Saldenvortrag gebucht.

> **» Der Jahresabschluss besteht aus der Bilanz und der Gewinn- und Verlustrechnung.**

Durch den Jahresabschluss werden die Vermögens- und Schuldenbestände zum Bilanzstichtag ermittelt und der Erfolg des abgelaufenen Geschäftsjahres festgestellt.

Dazu werden die Endsalden der Bestands- und der Erfolgskonten ermittelt und auf die entsprechenden Posten der Bilanz und der Gewinn- und Verlustrechnung übertragen. Dazu müssen vorher Differenzen zu den Ergebnissen der Inventur geklärt und berichtigt werden. Anschließend sind die einzelnen Posten zu bewerten.

Wir stellen ausführlich die Bewertung des beweglichen Anlagevermögens und der Forderungen dar. Schließlich sind Vorkehrungen zu treffen, dass alle Aufwendungen und Erträge periodengerecht gebucht werden.

Ein wichtiges Instrument zur Vorbereitung des Jahresabschlusses ist die Hauptabschlussübersicht (HÜ).

---

1   § 264 Abs. 1 HGB.

2   § 243 Abs. 3 HGB.

3   ADS, § 243 Tz 44f. Für steuerliche Zwecke gilt eine Frist von bis zu einem Jahr als annehmbar. Vgl. ADS, § 243 Tz 40.

1.1 Vorbereitung und Durchführung der Inventur

Wenn ein Unternehmen neu gegründet wird, muss eine Inventur durchgeführt und ein Inventar aufgestellt werden. Die Eröffnungsbilanz wird dann auf der Grundlage des Inventars erstellt.[1] Erst wenn Inventar und Eröffnungsbilanz vorliegen, können die Saldenvorträge (Eröffnungsbestände) der Konten der Buchführung ermittelt und gebucht werden. Schließlich ist dann für den Schluss eines jeden Geschäftsjahres eine Inventur durchzuführen und das Inventar aufzustellen.

Durch die Inventur sind sämtliche Vermögensgegenstände und Schulden mengen- und wertmäßig zu erfassen.[2] Das Ergebnis der Inventur wird in einem Verzeichnis, dem Inventar, festgehalten. Das Inventar ist das Bindeglied zwischen der laufenden Buchführung und dem Jahresabschluss (Bilanz und GuV).[3]

Durch die Inventur soll festgestellt werden, ob die buchmäßigen Werte (Sollwerte, die in der Buchführung stehenden Werte) mit den tatsächlich vorhandenen Werten (Istwerten) übereinstimmen. Wenn Differenzen festgestellt werden, sind die Sollwerte der Buchführung zu berichtigen.[4]

Geschäftsvorfälle	Konten	Soll	Haben
Ein Schreibtisch wurde im Laufe des Geschäftsjahres ausgesondert. Er stand noch mit 200,00 im Anlageverzeichnis	4840 (6550) Außerplanmäßige Abschreibungen auf Sachanlagen an 0300 (0800) BGA	200,00	200,00
Es wurde ein Kassenfehlbestand von 27,34 festgestellt	2300 (6940) SonstAufw an 1000 (2880) Kasse	27,34	27,34

Außerdem liefert die Inventur die Endbestände für die Warenbestandskonten, die Konten für fertige und unfertige Erzeugnisse und für Roh-, Hilfs- und Betriebsstoffe. Ohne diese Werte können diese Konten nicht abgeschlossen werden.

Bei der Vorbereitung und Durchführung der Inventur sind, entsprechend zur übrigen Buchführung, folgende Grundsätze der Bestandsaufnahme[5] zu beachten:

- Vollständigkeit: Alle Vermögensgegenstände und Schulden, die dem Kaufmann zuzurechnen sind, müssen erfasst werden, Doppelerfassungen müssen vermieden werden.
- Richtigkeit: Die Vermögensgegenstände und Schulden sowie deren Menge und Werte müssen zutreffend identifiziert werden. Dazu ist u.a. eine ausreichende Sachkunde der Aufnehmenden erforderlich.
- Einzelerfassung: Grundsätzlich gilt, dass alle Vermögensgegenstände und Schulden einzeln zu erfassen sind. Allerdings sind Vereinfachungen zugelassen. Weitere Informationen erhalten Sie später in diesem Kapitel und im Kapitel Bewertung.
- Nachprüfbarkeit: Damit die Inventur nachgeprüft werden kann, muss ihre gesamte Organisation ausreichend dokumentiert werden, sodass sich ein sachverständiger Dritter innerhalb einer an-

1   Weitere Einzelheiten zur Überleitung vom Inventar zur Bilanz werden später in diesem Kapitel dargelegt.
2   Vgl. § 240 HGB und § 141 Abs. 1 AO.
3   Vgl. Glade, § 240 Tz 3.
4   Horschitz u.a., S. 75f.
5   ADS, § 240 Tz 26.

C: Jahresabschluss

gemessenen Zeit einen Überblick über Art, Menge und Wert der Bestände verschaffen kann.Die Inventurbögen sollten deshalb von den Aufnehmenden unterzeichnet werden.
- Wirtschaftlichkeit: Der Aufwand für die Durchführung der Inventurarbeiten muss in einem angemessenen Verhältnis zu den Ergebnissen stehen. Es wird nicht in jedem Fall eine absolute Genauigkeit verlangt.

Die Durchführung der Inventur sollte sorgfältig geplant werden. Dazu ist es sehr hilfreich, wenn ein Organisationsplan für die Inventur aufgestellt wird. Er sollte den zeitlichen und räumlichen Ablauf und den Personaleinsatz festhalten.

Bei der Inventur sind zu unterscheiden:
- die körperlichen und
- die nicht körperlichen Vermögensgegenstände.

Körperliche Vermögensgegenstände: Warenbestand, Büroeinrichtung, Lieferwagen u.a.
Sie werden durch Zählen, Messen, Wiegen und, falls erforderlich, durch Schätzen aufgenommen. Nicht körperliche Vermögensgegenstände: Forderungen, Bankguthaben, Verbindlichkeiten, Darlehen u.a.

Sie werden aus den Büchern der Buchführung entnommen, aus Belegen, Kontoauszügen, Saldenlisten, Offene-Posten-Listen, Tagesauszügen und durch Saldenbestätigungen der Debitoren und Kreditoren. Wir unterscheiden also:
- die körperliche Inventur und
- die Buchinventur.

Nach der mengenmäßigen Aufnahme sind die einzelnen Posten zu bewerten. Eine Darstellung zur Bewertung finden Sie im Kapitel Bewertungsgrundsätze.

Wir haben jetzt schon viele Informationen zur Inventur zusammengetragen. Bevor wir allerdings mit der Inventur beginnen, sollten wir überlegen, wie die Vermögensgegenstände noch aufgeteilt werden können. Aus den Grundlagen kennen wir schon eine Aufteilung der Vermögensgegenstände in Anlagevermögen und Umlaufvermögen. Das Anlagevermögen ist noch in das unbewegliche und das bewegliche zu unterteilen. Diese Unterscheidung treffen wir auch hier. Denn für diese verschiedenen Bereiche gelten weitere Vereinfachungen, die wir uns zunutze machen sollten.

1.2 Ermittlung des Anlagevermögens

Für die beweglichen Gegenstände des Anlagevermögens kann auf eine jährliche körperliche Bestandsaufnahme verzichtet werden, wenn eine Anlagenbuchhaltung[1] (Nebenbuchführung) eingerichtet ist, in der ein Anlagenverzeichnis geführt wird. Dort sind die folgenden Angaben[2] eingetragen:

---

1   Vgl. dazu das spätere Kapitel Anlagenbuchhaltung.
2   Vgl. Abschn. 31 Abs. 1 und 5 EStR.

1. die genaue Bezeichnung des Gegenstandes,
2. sein Bilanzwert am Bilanzstichtag,
3. den Tag der Anschaffung oder Herstellung,
4. die Höhe der Anschaffungs- oder Herstellungskosten,
5. den Tag des Abgangs.

Wir entnehmen aus der Anlagenbuchhaltung für jedes Konto die Werte für den 31. Dez. des abgelaufenen Geschäftsjahres und addieren die Beträge der einzelnen Anlagegegenstände.

Gegenstände gleicher Art dürfen im Bestandsverzeichnis zusammengefasst werden, wenn sie in demselben Wirtschaftsjahr angeschafft sind, die gleiche Nutzungsdauer und die gleichen Anschaffungskosten haben und nach der gleichen Methode abgeschrieben werden.

Beispiel: Wir haben drei Schreibtische mit Stühlen für je 2.500 € am 20xx-01-14 angeschafft. Es genügt ein Eintrag 3 Schreibtische mit Stuhl 7.500 €, Anschaffung 20xx-01-14, Nutzungsdauer 10 Jahre.

1.3 Geringwertige Wirtschaftsgüter (GWG)

Für geringwertige Wirtschaftsgüter des Anlagevermögens[1] gibt es seit 2010 ein Wahlrecht:

1. Vermögensgegenstände des Anlagevermögens, deren Anschaffungs- oder Herstellungskosten bis zu 410 € betragen, können im Jahr der Anschaffung voll als Betriebsausgabe angesetzt werden. Sie müssen in ein besonderes Bestandsverzeichnis aufgenommen werden, wenn sie nicht auf einem besonderen Konto der Buchführung gebucht werden. Da wir eine doppelte Buchführung eingerichtet haben, führen wir selbstverständlich das Konto 0480 (0890) GWG.

Oder:

2. Für alle eigenständig nutzbaren Wirtschaftsgüter, deren Anschaffungs- oder Herstellungskosten mehr als 150 €, aber nicht mehr als 1.000 € betragen, ist ein Sammelposten zu bilden, der über 5 Jahre gewinnmindernd aufzulösen ist. Besondere Aufzeichnungsvorschriften entfallen (0485 Sammelkonto GWG, 4862 Abschreibungen auf Sammelkonto GWG). Nicht zulässig sind die vorzeitige Auflösung des Postens bei Abgängen und die degressive AfA. Für Wirtschaftsgüter bis 150 € AK oder HK gilt die Sofortabschreibung.

Beispiele für GWG bis 150 €: Elektronenrechner: AK 50,00 €, Stempel 30,00 €.
Beispiele für GWG über 150 bis 1.000 €: Schreibmaschine: Anschaffungskosten (AK) 400,00 €, Diktiergerät: AK 260,00 €, Notebook: AK 699,00 €.

Bei Überschusseinkünften bleibt gem. § 9 Abs. 1 S. 3 Nr. 7 S. 2 EStG 2008 die bisherige Regelung der Sofortabschreibung der AK oder HK bis zu 410 € als Werbungskosten weiterhin erhalten.

C: Jahresabschluss

---

1   Vgl. § 6 Abs. 2 und 2a EStG. Vgl. auch Kapitel C 4.

1.4 Ermittlung des Vorratsvermögens (Warenvorräte)

Die körperliche Bestandsaufnahme durch Zählen, Messen, Wiegen, Schätzen muss grundsätzlich zum Bilanzstichtag erfolgen. Das Inventar selbst (und die Bilanz) kann dann innerhalb der einem ordnungsmäßigen Geschäftsgang entsprechenden Zeit erstellt werden. Diese Zeit kann üblicherweise je nach Unternehmen zwischen drei und neun Monaten betragen.

Von diesem Grundsatz sind Abweichungen, die die Durchführung der Inventur erleichtern, möglich. Folgende Verfahren[1] sind für die Aufnahme des Vorratsvermögens (der Warenvorräte) zulässig:

1. Stichtagsinventur (zeitnahe Inventur),
1. permanente Inventur (Lager),
1. zeitverschobene Inventur.[2]

1. Stichtagsinventur (zeitnahe Inventur)

Unter Stichtagsinventur ist grundsätzlich die Inventur zum Bilanzstichtag (in der Regel 31. Dez.) zu verstehen.

Aber auch eine zeitnahe Inventur, das heißt innerhalb einer Zeit von 10 Tagen vor oder nach dem Bilanzstichtag, zählt dazu. Auch wenn sich die Inventur über mehrere Tage erstreckt, muss sie insgesamt innerhalb dieser Frist erledigt werden. Es muss aber sichergestellt sein, dass die Bestandsveränderungen zwischen dem Tag der Bestandsaufnahme und dem Bilanzstichtag anhand von Belegen oder Aufzeichnungen berücksichtigt werden.[3]

Beispiel: In unserem Unternehmen, Horst Bachnik e.K. Sportartikel Großhandel, haben wir am 22. Dez. mit der Inventur begonnen. Um alle Veränderungen der Bestände bis zum Bilanzstichtag berücksichtigen zu können, werden in die Warenregale zu jedem Warenposten Inventurzählzettel gelegt. Jede Entnahme und jeder Zugang bis zum 31. Dez. wird notiert. Der Bestand wird fortgeschrieben. Am 31. Dez. geht der für die Inventur zuständige Mitarbeiter mit der Inventurliste durch das Lager und liest die Bestände und Werte der einzelnen Warenposten nur noch ab und trägt sie ein.

2. Permanente Inventur (Lager)

Wenn auch ohne eine Inventur nach Art, Menge und Wert zum Bilanzstichtag der Bestand der Vermögensgegenstände festgestellt werden kann, darf auf eine körperliche Bestandsaufnahme verzichtet werden. Die Bestände werden dann aus der buchmäßigen Bestandsfortschreibung, z. B. der Lagerbuchführung, in das Inventar übernommen. In der Lagerkartei müssen alle Bestände und alle Zu- und Abgänge einzeln nach Tag, Art und Menge festgehalten werden.[4]

---

1   Vgl. Abschn. 30 EStR, §§ 240, 241 HGB.
2   Außerdem ist noch eine Bestandsermittlung mithilfe von mathematisch-statistischen Methoden aufgrund von Stichproben zulässig. Da diese Methoden unseres Wissens nur selten angewandt werden, gehen wir darauf nicht weiter ein.
3   Abschn. 30 Abs. 1 EStR.
4   Vgl. Abschn. 30 Abs. 2 EStR.

Mindestens einmal im Jahr muss zu einem beliebigen Zeitpunkt festgestellt werden, ob die Soll- und Istbestände übereinstimmen. Über das Ergebnis dieser Prüfung ist ein Protokoll anzufertigen, das vom Prüfenden zu unterschreiben und 10 Jahre aufzubewahren ist.

Wenn ein Warenwirtschaftssystem eingesetzt wird, kann damit gleichzeitig eine permanente Inventur durchgeführt werden. Vollautomatische Lagersysteme bei Hochregallagern erfüllen unter bestimmten Voraussetzungen auch die Anforderungen einer permanenten Inventur.[1]

3. Zeitverschobene Inventur

Es ist auch zulässig, dass im Gegensatz zur Stichtagsinventur oder zur permanenten Inventur die einzelnen Vermögensgegenstände nach Art, Menge und Wert für einen vom Abschlussstichtag abweichenden Stichtag verzeichnet werden (*vorverlegte oder nachverlegte Stichtagsinventur*). Diese Möglichkeit[2] gibt dem Kaufmann einen zeitlichen Spielraum zur Durchführung der Inventur. Er kann einen Stichtag wählen, der besser in seinen betrieblichen Ablauf passt. Der Zeitpunkt darf bis zu drei Monate vor oder bis zu zwei Monate nach dem Abschlussstichtag liegen. Innerhalb dieser Zeit kann die Inventur ganz oder teilweise durchgeführt werden. Der sich zum Inventurstichtag ergebende Wert ist auf den Bilanzstichtag nur wertmäßig (nicht mengenmäßig) fortzuschreiben bzw. zurückzurechnen.[3]

Beispiel: Wir führen am 15. Oktober die Inventur durch. Für den Warenposten Tennisschläger As pro sieht die wertmäßige Fortschreibung so aus:

Bestand am 15. Oktober: 35 à 79,14 € = (Einstandspreis)		2.769,90 €
Einkauf am 03. November		949,68 €
Verkauf am 07. Dezember		2.770,00 €
Inventurwert 15. Okt.		2.769,90 €
+ Zugang: Einkauf		949,68 €
– Abgang: Verkauf 07. Dez.	2.770,00 €	
– Rohgewinn (30 % Handelsspanne)	831,00 €	1.939,00 €
Bilanzwert zum 31. Dez.		**1.780,58 €**

Hinweis: Wenn die Handelsspanne bekannt ist, kann der Wareneinsatz berechnet werden. Verkaufserlös – Handelsspanne = Wareneinsatz. Handelsspanne in % = (Verkaufserlöse – Wareneinsatz) * 100/ Verkaufserlöse.

C: Jahresabschluss

---

1 ADS, § 241 Tz 32ff, § 240 Tz 39, 8, 50.
2 Vgl. § 241 Abs. 3 HGB und Abschn. 30 Abs. 3 EStR.
3 Beachten Sie die in Abschn. 30 Abs. 4 EStR angegebenen Einschränkungen.

1.5 Ermittlung weiterer Vermögensgegenstände und der Schulden

Die Forderungen und Verbindlichkeiten können wir nur durch Buchinventur ermitteln. Dies erfolgt in der Regel mithilfe einer Kontokorrentbuchhaltung. Wir können unseren Geschäftspartnern Kontoauszüge mit der Bitte um Saldenbestätigung schicken. In der EDV-Buchführung können Summen- und Saldenlisten für die Debitoren und Kreditoren ausgedruckt werden. Der Bestand an Bargeld wird durch Nachzählen des Geldbestandes der Kasse ermittelt, der Bestand unseres Bankguthabens durch Nachsehen auf dem letzten Kontoauszug des Jahres.

1.6 Das Inventarverzeichnis

Die durch Inventur ermittelten Bestände werden im Inventar festgehalten. Es besteht aus den Teilen:

- Vermögen
- Schulden
- Reinvermögen (Eigenkapital)

Gesetzliche Bestimmungen für die Form der Aufstellung gibt es nicht. Häufig werden die für die Bilanz geltenden Gliederungsprinzipien verwendet.[1] Das Reinvermögen wird so ermittelt:

Summe des Vermögens
– Summe der Schulden
= Reinvermögen (= Eigenkapital)

Das Inventar ist wie die Bilanz 10 Jahre aufzubewahren.[2]
Ebenso sind die Originalaufzeichnungen über die Bestandsaufnahme aufzubewahren.
Das Inventar muss nicht unterzeichnet werden. Es ist aber ratsam, dass die Inventuraufnahmezettel und -listen von dem jeweils Verantwortlichen unterzeichnet werden. Dann kann auch später noch festgestellt werden, wer was aufgenommen hat.

1.7 Überleitung vom Inventar zur Bilanz

Die Bilanz wird aus dem Inventar abgeleitet.[3] Gegenüber dem Inventar unterscheidet sich die Bilanz im Wesentlichen durch die folgenden Punkte:
- gleichartige Posten werden ohne Mengenangaben zu einem Gesamtwert zusammengefasst,
- die Bilanz wird in Kontenform dargestellt, das Inventar in Staffelform,
- im Inventar heißt der Unterschied zwischen Vermögen und Schulden Reinvermögen, in der Bilanz Eigenkapital,
- die Bilanz muss unterschrieben werden.

---

1   Gliederung, vgl. ADS, § 240 Tz 67.
2   § 257 HGB, § 147 AO.
3   Vgl. ADS, § 240 Tz 69 und § 246 Tz 8.

Die weitere Zusammenfassung zu den einzelnen Bilanzposten erfolgt später. Im DATEV-Kontenrahmen ist immer links neben den Konten angegeben, zu welchen Bilanzposten sie gehören.
Beispiel: Kontengruppe **03 Andere Anlagen, Betriebs- und Geschäftsausstattung.**

Hinweis: In den prozessgliederungsorientierten Kontenrahmen (SKR 03, Großhandelskontenrahmen, GKR) können sich auch noch an anderen Stellen Konten für einen bestimmten Bilanzposten befinden. Sie werden alle zu einem Bilanzposten zusammengefasst.
Beispiel: Zu **Geleistete Anzahlungen und Anlagen im Bau** gehören Konten aus den Bereichen 0150, 0180, 0190 und 0290. Nehmen Sie den Kontenrahmen zur Hand und vergleichen Sie.

Zusammenfassung

Inventur ist eine stichtagsbezogene, teils körperliche, teils buchmäßige Bestandsaufnahme von Art, Menge und Wert derjenigen Aktiva und Passiva, die in das Inventar aufgenommen werden. Die Durchführung einer Inventur und das Aufstellen eines Inventars sind entscheidend für die Ordnungsmäßigkeit der Buchführung.

Die Inventur ist regelmäßig zum Schluss des Geschäftsjahres (= Bilanzstichtag) durchzuführen, außerdem bei Gründung, Übernahme, Auflösung und Verkauf des Unternehmens. Die körperlichen Bestände werden durch Zählen, Messen, Wiegen aufgenommen, die übrigen durch Buchinventur. Für die Inventur des Vorratsvermögens sind folgende Verfahren möglich:

1. Stichtagsinventur (zeitnahe Inventur),
2. permanente Inventur (Lager),
3. zeitverschobene Inventur.

Soll die permanente Inventur angewendet werden, ist eine Lagerkartei zu führen.

Der Bestand sämtlicher Gegenstände des beweglichen Anlagevermögens ist ebenfalls aufzunehmen. Für sie kommen die Stichtagsinventur und die zeitverschobene (verlegte) Inventur in Frage. Die jährliche körperliche Inventur entfällt, wenn das Bestandsverzeichnis in Form einer Anlagenkartei geführt wird.

Das Ergebnis der Inventur wird im Inventar festgehalten. Im Inventar werden die einzelnen Vermögensbestandteile und Schulden für einen bestimmten Zeitpunkt ausführlich nach Art, Menge und Wert verzeichnet.

Die Inventur ist die Tätigkeit, durch die die Vermögenswerte und Schulden im Einzelnen aufgenommen werden, das Inventar ist das Verzeichnis über das Ergebnis der Inventur.

Das Inventar wird aufgeteilt in

- Vermögen,
- Schulden,
- Reinvermögen (= Eigenkapital).

Das Reinvermögen wird ermittelt, indem die Schulden vom Vermögen abgezogen werden.

Summe des Vermögens
– Summe der Schulden
= Reinvermögen (Eigenkapital)

Das Inventar ist 10 Jahre aufzubewahren, es muss nicht mehr (seit 1977) vom Unternehmer (Steuerpflichtigen) unterzeichnet werden.

C: Jahresabschluss

13 Schröter u.a. - ISBN 978-3-8120-0017-8

Aufgaben

1-1. In einem Unternehmen wird eine zeitlich verlegte Inventur durchgeführt. Ermitteln Sie die Bestände zum Abschlussstichtag.

Tag der Inventur: 20xx-11-15 Bestände am Tag der Inventur: 87.320,00 €
Wert der Zugänge in der Zeit vom 15. Nov.–31. Dez. 20.:   55.600,00 €
Wert der Abgänge zum Einstandspreis vom 15. Nov.–31. Dez. 20.:   60.720,00 €

1-2. Bei einer zeitlich verlegten Inventur wurde am 1. Nov. ein Warenbestand von 140.000,00 € ermittelt. Der Wareneingang vom 1. Nov. bis 31. Dez. belief sich auf 85.300,00 €, die Verkaufserlöse betrugen 124.350,00 €. Das Unternehmen arbeitet mit einer Handelsspanne von 27 %. **Ermitteln Sie den Wert des Warenbestands zum Abschlussstichtag, dem 31. Dez.**

1-3. In der Großhandlung Kamp OHG wird am 20x1-02-14 per Inventur ein Warenwert in Höhe von 245.600,00 € ermittelt. Abschlussstichtag war der 20xx-12-31. Der Warenzugang betrug in der Zeit vom 0xx-12-31 bis 20x1-02-14 64.300,00 €, die Verkaufserlöse beliefen sich auf 93.350,00 €. Die Großhandlung rechnet mit einer Handelsspanne von 8 %. **Ermitteln Sie den Warenwert zum Abschlussstichtag.**

2 Hauptabschlussübersicht (Betriebsübersicht)

In diesem Kapitel lernen Sie die Hauptabschlussübersicht als ein wichtiges Instrument zur Vorbereitung und Erstellung des Jahresabschlusses kennen.

Sie erhalten einen Überblick über die einzelnen Schritte der Erstellung der Hauptabschlussübersicht (HÜ).

Die Hauptabschlussübersicht (HÜ) ist eine tabellarische Übersicht, die die Entwicklung der Bestandskonten von der Eröffnungsbilanz bis zur Schlussbilanz und die Entwicklung der Erfolgskonten zur Gewinn- und Verlustrechnung zeigt. Sie wird auch als Betriebsübersicht, Abschlusstabelle, Bilanzübersicht bezeichnet.[1]

Aufgaben der HÜ:

- Vorbereitung der Jahresabschlussarbeiten durch eine geordnete Zusammenstellung des Zahlenmaterials der Buchführung,
- Überprüfung auf Buchungsfehler und die rechnerische Richtigkeit,
- Erstellung der Abschlussbuchungen,
- Information des Betriebsinhabers, der Gesellschafter und sonstiger Interessierter in zusammengefasster Form.

Die Hauptabschlussübersicht der DATEV besteht aus den folgenden Spalten (sonstige mögliche zusätzliche, aber nicht unbedingt notwendige Spalten oder andere, auch übliche Bezeichnungen sind in Klammern gesetzt):

- Konto-Nr.,
- Kontobezeichnung,
- Eröffnungsbilanz,
- Jahresverkehrszahlen (Summenzugänge, Umsatzbilanz),

---

[1]　Die Kontenentwicklung ohne Periodenabschlussbuchungen zeigt auch die Summen- und Saldenliste, einen Monatsabschluss kann die BWA (Betriebswirtschaftliche Auswertung) liefern.

C: Jahresabschluss

- (Summenbilanz),
- Saldo per Abrechnung (Saldenbilanz I, vorläufige Saldenbilanz, Überschussbilanz),
- Umbuchungen (vorbereitende Abschlussbuchungen),
- (Saldenbilanz II),
- Vermögensbilanz (Schlussbilanz, Inventurbilanz, Hauptabschlussbilanz),
- Gewinn- und Verlustrechnung (Erfolgsbilanz).

In der Eröffnungsbilanz werden die Schlussbestände des Vorjahres erfasst. Die Schlussbestände des Vorjahres müssen mit den Anfangsbeständen des folgenden Jahres übereinstimmen (Bilanzkontinuität).

In der Spalte Jahresverkehrzahlen werden die addierten Zugänge der einzelnen Sachkonten (Bestands- und Erfolgskonten) im Soll und Haben eingetragen.

Die Anfangsbestände und die Jahresverkehrzahlen der Soll- und der Habenseite aller Konten werden addiert und in die Summenbilanz eingetragen.

In der Spalte Saldo per Abrechnung wird der Überschuss der größeren über die kleinere Kontenseite eingesetzt.

Einen Sollsaldo erhalten wir, wenn die Sollseite größer ist, einen Habensaldo, wenn die Habenseite größer ist.

Hinweis: Die in der Praxis übliche Bezeichnung Saldenbilanz ist irreführend, weil der Saldo auf der kleineren Seite eines Kontos eingesetzt wird, in der Saldenbilanz erscheint aber der Überschuss auf der größeren Seite.

In der Umbuchungsspalte werden folgende Buchungen erfasst:

- Umbuchungen (Privatkonto, Umsatzsteuerkonten, Abschluss der Unterkonten. Hinweis: In einer EDV-Buchführung können diese Buchungen vom Programm übernommen werden und müssen deshalb bei der eventuellen Übertragung in die Buchführung nicht übernommen werden.),
- Ausbuchungen von Differenzen zwischen Inventur- und Buchbeständen (Differenzen zwischen Soll- und Istbeständen),
- Nachtragsbuchungen (noch nicht gebuchte Rechnungen),
- Buchen der Bestandsveränderungen Waren (Handelswaren), unfertige Erzeugnisse, fertige Erzeugnisse,
- vorbereitende Abschlussbuchungen (Abschreibungen, Periodenabgrenzung).

(Auf die Saldenbilanz II kann auch verzichtet werden. Sie entsteht aus der Saldenbilanz I unter Berücksichtigung der Buchungen der Umbuchungsspalte.)

Bis zu dieser Stelle müssen immer Soll- und Habenseite übereinstimmen.
Die Vermögensbilanz übernimmt alle Salden der Bestandskonten.

Hinweis: Bei den Warenkonten und den Konten Fertige und Unfertige Erzeugnisse ist darauf zu achten, dass die Bestandskonten von den Erfolgskonten unterschieden werden.

Aktiva und Passiva sind hier nicht gleich, weil das Eigenkapitalkonto noch nicht den Gewinn oder Verlust des Wirtschaftsjahres enthält. **Die Differenz ist der Gewinn oder Verlust.**

Die Gewinn- und Verlustrechnung übernimmt alle Salden der Erfolgskonten. Der Unterschied zwischen Aufwand und Ertrag muss gleich dem der Vermögensbilanz sein *(doppelte Erfolgsermittlung)*.

Wenn der gesamte Abschluss in der HÜ vorgenommen wird, kann auf die Übertragung in die Finanzbuchführung verzichtet werden. Die HÜ wird dann wesentlicher Bestandteil der Buchführung und ist 10 Jahre aufzubewahren. Für eine manuell organisierte Buchführung ist das wohl eine interessante Möglichkeit, für eine mit EDV organisierte nicht.

Die EDV bietet die Möglichkeit, die Bilanz und die GuV komplett sauber nach den Wünschen des Unternehmens auszudrucken. Mit ihrer Hilfe können vielfältige Auswertungen ohne großen Aufwand erstellt werden.

In einer EDV-Buchführung werden die Konten nicht über ein Schlussbilanzkonto und ein GuV-Konto abgeschlossen. Diese Konten existieren in einer EDV-Buchführung nicht. Das Programm greift auf die Kontensalden zu und kann daraus die endgültige Bilanz (nicht Schlussbilanzkonto) und GuV (in Staffelform, so wie vorgeschrieben) erstellen.

Nach Fertigstellung des endgültigen Jahresabschlusses können die Konten und deren Salden automatisch in das neue Geschäftsjahr übernommen werden.

Das Eigenkapital wird zum Bilanzstichtag außerhalb der Buchführung berechnet und der neu ermittelte Saldo als Saldovortrag im neuen Geschäftsjahr gebucht.

Im Folgenden sehen Sie ein Beispiel für eine Hauptabschlussübersicht.

Da wir Sie nicht mit unnötiger Rechenarbeit belasten wollen, beginnt unsere Hauptabschlussübersicht erst mit der Saldenbilanz I, die auch „Saldo per Abrechnung" genannt wird. Diese Saldenbilanz enthält die Salden, die sich rechnerisch aus der Eröffnungsbilanz und der Summenbilanz (= Jahresverkehrszahlen) ergeben.

Es fehlt auch die Saldenbilanz II. Sie umfasst die neuen Salden, die sich aus der Saldenbilanz I nach Berücksichtigung der Umbuchungen ergeben. Sie finden diese Salden in der Vermögensbilanz und in der GuV-Rechnung. Die Werte aller Bestandskonten aus der Saldenbilanz II werden in die Vermögensbilanz, die Werte aller Erfolgskonten werden in die GuV-Rechnung übernommen.

In der Spalte Umbuchungen sind folgende Buchungssätze einzutragen:
Der Warenendbestand beträgt laut Inventur 36.680,00 €. Er ist in die Vermögensbilanz auf dem Konto 3980 (2280) Warenbestand auf der Aktivseite einzutragen. Die Bestandsmehrung in Höhe von 2.550,00 € ist ebenfalls bei den Umbuchungen zu berücksichtigen.

C: Jahresabschluss

Hauptabschlussübersicht per				Horst Bachnik e.K.					
Konto-Nr.	Kontobezeichnung	Saldo per Abrechnung		Umbuchungen		Vermögensbilanz		GuV-Rechnung	
		S	H	S	H	S	H	S	H
0080(0600)	Geschäftsbauten	84.180,00				84.180,00			
0320(0840)	Pkw	20.218,40				20.218,40			
0400(0800)	BGA	4.032,00				4.032,00			
0630(4200)	Verb. gg. Kred.institut		32.000,00				32.000,00		
0871(3000)	Eigenkapital		86.395,80	9.600,00			76.795,80		
1000(2880)	Kasse	1.376,60				1.376,60			
1200(2800)	Bank	10.618,60				10.618,60			
1300(2450)	Besitzwechel	1.280,00				1.280,00			
1400(2400)	Forderungen	41.338,00				41.338,00			
1570(2600)	Vorsteuer	16.785,60			16.785,60				
1600(4400)	Verb.		19.507,40				19.507,40		
1660(4500)	Schuldwechsel		1.850,00				1.850,00		
1770(4890)	Umsatzsteuer		24.161,80	24.161,80					
1780(4820)	USt.vorauszahlung	6.543,80			6.543,80				
1789(4810)	USt lfd. Jahr			16.785,60	24.161,80		832,40		
				6.543,80					
1800(3001)	Privat	9.600,00			9.600,00				
2100(7500)	Zinsaufw.	2.480,00						2.480,00	
2650(5710)	Zinserträge		1.008,00						1.008,00
3200(6080)	Wareneingang	112.200,00			1.920,00			107.730,00	
					2.550,00				
3730(2003)	erh. Skonti		1.920,00	1.920,00					
3980(2280)	Warenbestand	34.130,00		2.550,00		36.680,00			
4200((6700)	Raumkosten	1.120,00						1.120,00	
4500(7100)	Fahrzeugkosten	3.740,00						3.740,00	
4600(6870)	Werbekosten	680,00						680,00	
8200(5000)	Erlöse		184.000,00	520,00					183.480,00
8730(5002)	gewährte Skonti	520	0		520,00				
		350.843,00	350.843,00	62.081,20	62.081,20	199.723,60	130.985,60	15.750,00	184.488,00
							68.738,00	68.738,00	
						199.723,60	199.723,60	184.488,00	184.488,00

Geschäftsvorfälle	Konten	Soll	Haben
Abschluss des Privatkontos	0870 (3000) Eigenkapital	9.600,00	
	an 1800(3001) Privat		9.600,00
Abschluss der USt-Konten	1789 (4810) USt lfd. Jahr	16.785,60	
	an 1570(2600) Vorsteuer		16.785,60
	1770 (4800) USt	24.161,80	
	an 1789(4810) USt lfd. J		24.161,80
	1789(4810) USt lfd. Jahr	6.543,80	
	an 1780(4820) USt-VZ		6.543,80
Abschluss der Skontokonten	3730(2003) ErhSkonti	1.920,00	
	an 3200(6080) WE		1.920,00
	8200(5100) Erlöse	520,00	
	an 8730(5002) GewSkonti		520,00
Abschluss der Warenkonten	3980(2280) Warenbestand	2.550,00	
	an 3200(6080) WE		2.550,00

Zusammenfassung

Die Hauptabschlussübersicht (HÜ) dient der Vorbereitung des Jahresabschlusses.
Sie umfasst in der Standardform die Spalten
- Eröffnungsbilanz,
- Jahresverkehrszahlen (Summenzugänge, Umsatzbilanz),
- Saldo per Abrechnung (Saldenbilanz I, vorläufige Saldenbilanz, Überschussbilanz),
- Umbuchungen (vorbereitende Abschlussbuchungen),
- Vermögensbilanz (Schlussbilanz, Inventurbilanz, Hauptabschlussbilanz),
- Gewinn- und Verlustrechnung (Erfolgsbilanz).

C: Jahresabschluss

Aufgaben

Vervollständigen Sie die folgenden beiden Hauptabschlussübersichten. Führen Sie die notwendigen Umbuchungen durch.

2-1. Der Warenendbestand beträgt 11.004,00 €.

Hauptabschlussübersicht per		Horst Bachnik e.K.								
Konto-Nr.	Kontobezeichnung	Saldo per Abrechnung		Umbuchungen		Vermögensbilanz		GuV-Rechnung	
		S	H	S	H	S	H	S	H
0080(0600)	Geschäftsbauten	25.254,00							
0320(0840)	Pkw	6.065,52							
0400(0800)	BGA	1.209,60							
0630(4200)	Verb. gg. Kred.institut		11.000,00						
0871(3000)	Eigenkapital		18.653,05						
1000(2880)	Kasse	412,98							
1200(2800)	Bank	3.185,58							
1400(2400)	Forderungen	12.401,40							
1570(2600)	Vorsteuer	5.035,68							
1600(4400)	Verb		5.852,22						
1770(4890)	Umsatzsteuer		7.248,54						
1780(4820)	USt.-Vorauszahlung	2.028,45							
1789(4810)	USt lfd. Jahr								
1800(3001)	Privat		2.880,00						
2100(7500)	Zinsaufw	744,00							
2650(5710)	Zinserträge		302,40						
3200(6080)	Wareneingang	33.660,00							
3730(2003)	erh. Skonti		576,00						
3980(2280)	Warenbestand	10.239,00							
4200(6700)	Raumkosten	336,00							
4500(7100)	Fahrzeugkosten	1.122,00							
4600(6870)	Werbekosten	204,00							
8200(5000)	Erlöse		55.200,00						
8730(5002)	gewährte Skonti	156,00							
		102.267,21	102.267,21						

2-2. Der Warenendbestand beträgt 4.502,00 €.

Konto-Nr.	Kontobezeichnung	Saldo per Abrechnung		Umbuchungen		Vermögensbilanz		GuV-Rechnung	
Hauptabschlussübersicht per				**Horst Bachnik e.K.**					
		S	H	S	H	S	H	S	H
0080(0600)	Geschäftsbauten	12.627,00							
0320(0840)	Pkw	3.032,76							
0400(0800)	BGA	604,80							
0630(4200)	Verb. gg. Kred.institut		4.500,00						
0871(3000)	Eigenkapital		13.272,21						
1000(2880)	Kasse	206,49							
1200(2800)	Bank	1.592,79							
1400(2400)	Forderungen	6.392,70							
1570(2600)	Vorsteuer	2.517,84							
1600(4400)	Verb		3.603,61						
1770(4890)	Umsatzsteuer		3.624,27						
1780(4820)	USt.vorauszahlung	1.394,41							
1789(4810)	USt lfd. Jahr	2.028,45							
1800(3001)	Privat	1.440,00							
2100(7500)	Zinsaufw	372,00							
2650(5710)	Zinserträge		151,20						
3200(6080)	Wareneingang	16.830,00							
3730(2003)	erh. Skonti		288,00						
3980(2280)	Warenbestand	5.119,50							
4200(6700)	Raumkosten	168,00							
4500(7100)	Fahrzeugkosten	663,00							
8200(5000)	Erlöse		27.600,00						
8730(5002)	gewährte Skonti	78,00							
		53.039,29	53.039,29						

3 Bewertungsgrundsätze

In diesem Kapitel werden die rechtlichen Grundlagen für die Bewertung erläutert.

Nach einer kurzen Darstellung der Grundsätze der Bilanzierung folgt eine Darstellung der Grundsätze der Bewertung. Sie werden Beispiele für die Bewertung des Anlage- und Umlaufvermögensund für die Schulden kennenlernen.

Im Laufe unseres Buchführungslehrganges sind schon einige Male Fragen der Bewertung aufgetaucht, zuletzt im Kapitel Inventur/Inventar. Dort hieß es, die Inventur besteht aus der Aufnahme aller Vermögensgegenstände und Schulden und ihrer anschließenden Bewertung. Über die Bewertung wurden aber keine näheren Ausführungen gemacht. Das wollen wir jetzt hier im Rahmen der Aufstellung des Jahresabschlusses nachholen.

Der Gewinn wird in der Bilanz durch die Gegenüberstellung des Betriebsvermögens am Schluss des Geschäftsjahres mit dem Betriebsvermögen am Schluss des vorangegangenen Jahres ermittelt. Damit der Gewinn zutreffend ermittelt werden kann, müssen die Vermögensgegenstände (Wirtschaftsgüter) vollständig erfasst und richtig bewertet werden.

Zunächst ist die Frage zu klären, welche Vermögensgegenstände, Schulden oder Rechnungsabgrenzungsposten in die Bilanz aufgenommen werden müssen (= Bilanzierungsgebot), aufgenommen werden dürfen (= Bilanzierungswahlrecht) oder nicht aufgenommen werden dürfen (Bilanzierungsverbot).

Die Bilanzierungsfähigkeit wird abgeleitet aus den Bilanzierungsgrundsätzen der §§ 246 bis 251 HGB. Zu beachten sind auch die Grundsätze ordnungsmäßiger Bilanzierung (GoB).

3.1 Bilanzierungsgrundsätze

- Bilanzklarheit: Der Jahresabschluss muss übersichtlich und klar aufgestellt sein und den Grundsätzen ordnungsmäßiger Buchführung entsprechen. Ein sachverständiger Dritter muss sich in angemessener Zeit einen Überblick verschaffen können. Die Bilanz und die GuV müssen den Gliederungsvorschriften entsprechen.
- Bilanzwahrheit: Alle Vermögens- und Schuldposten müssen erfasst werden. Die Bilanzwahrheit wird durch die Bewertungswahlrechte relativiert.
- Bilanzidentität: Die Eröffnungsbilanz muss mit der Schlussbilanz des Vorjahres in deren Bilanzpositionen und deren Werten übereinstimmen.
- Bilanzkontinuität: Die Form und Gliederung aufeinanderfolgender Bilanzen soll beibehalten werden (formale Bilanzkontinuität). Das gilt ebenfalls für die GuV. Die Bewertungsgrundsätze sollen beibehalten und die bisherigen Wertansätze (Prinzip des Wertzusammenhangs) fortgeführt werden.

Von den Bilanzierungsgrundsätzen darf nur in begründeten Ausnahmefällen abgewichen werden (§ 252 Abs. 2 HGB).

3.2 Bewertungsgrundsätze

Wenn entschieden wurde, dass ein Vermögensgegenstand oder eine Schuld in die Bilanz aufgenommen werden muss, ist zu bestimmen, mit welchem Wert dieser Vermögensgegenstand bzw. diese Schuld anzusetzen ist. Für diese Bewertung sind die folgenden Bewertungsgrundsätze maßgebend.

- Bilanzidentität: Die Wertansätze der Eröffnungsbilanz müssen mit denen der Schlussbilanz des vorhergehenden Geschäftsjahres übereinstimmen.
- Fortführung der Unternehmenstätigkeit (Going-concern-Prinzip): Bei der Bewertung ist von der Fortführung der Unternehmenstätigkeit über den Abschlussstichtag hinaus auszugehen, sofern dem nicht tatsächliche oder rechtliche Gegebenheiten entgegenstehen.
- Einzelbewertungs- und Stichtagsprinzip: Die Vermögensgegenstände und Schulden sind zum Abschlussstichtag einzeln zu bewerten.
- Vorsichtsprinzip: Es ist vorsichtig zu bewerten, namentlich sind alle vorhersehbaren Risiken und Verluste, die bis zum Abschlussstichtag entstanden sind, zu berücksichtigen, selbst wenn diese erst zwischen dem Abschlussstichtag und dem Tag der Aufstellung des Jahresabschlusses bekannt geworden sind; Gewinne sind nur zu berücksichtigen, wenn sie am Abschlussstichtag realisiert sind. Es gilt das Imparitätsprinzip, d. h., Verluste sind vor ihrer Realisierung auszuweisen, Gewinne nur, wenn sie am Abschlussstichtag bereits realisiert sind.
- Abgrenzungsprinzip: Aufwendungen und Erträge des Geschäftsjahres sind unabhängig von den Zeitpunkten ihrer Zahlungen im Jahresabschluss zu berücksichtigen.
- Stetigkeitsprinzip: Die auf den vorhergehenden Jahresabschluss angewandten Bewertungsmethoden sollen beibehalten werden.

C: Jahresabschluss

3.3 Bewertungsmaßstäbe

Aus den allgemeinen Bewertungsgrundsätzen ergeben sich spezielle Bewertungsmaßstäbe für die Aktiv- und die Passivposten der Bilanz.

Sowohl bei der handelsrechtlichen als auch der steuerlichen Bewertung sind die folgenden Bewertungsmaßstäbe möglich:
- Anschaffungskosten,
- Herstellungskosten,
- Börsen- oder Marktpreis bzw. Zeitwert bzw. steuerlicher Teilwert.[1]

Hinweis: Der Begriff Vermögensgegenstand wird im Handelsrecht, der Begriff Wirtschaftsgut im Steuerrecht verwendet. Die beiden Begriffe sind, da der Grundsatz der Maßgeblichkeit der Handelsbilanz gilt, identisch.[2]

Bei der Bewertung der Vermögensposten gilt das Niederstwertprinzip, bei den Schuldposten das Höchstwertprinzip. Das Niederstwertprinzip ist also auf der Aktivseite anzuwenden, das Höchstwertprinzip auf der Passivseite.

Das Niederstwertprinzip bedeutet, dass von zwei möglichen Bewertungsmaßstäben der niedrigere genommen werden muss oder kann, entsprechend ist beim Höchstwertprinzip zu verfahren.

Zu unterscheiden ist zwischen dem
- gemilderten Niederstwertprinzip: Beim Anlagevermögen kann der niedrigere Wert genommen werden, er muss aber nicht genommen werden.

und dem
- strengen Niederstwertprinzip: Beim Umlaufvermögen muss der niedrigere Wert genommen werden.

Anschaffungskosten
Nach § 255 Abs. 1 HGB sind Anschaffungskosten alle Aufwendungen, die gemacht werden, um
- einen Vermögensgegenstand zu erwerben und
- ihn in einen betriebsbereiten Zustand zu versetzen,
- soweit sie dem Vermögensgegenstand einzeln zugeordnet werden können.[3]

Anschaffungskosten werden wie folgt ermittelt:

	Anschaffungspreis (Rechnungsbetrag ohne USt)
−	Anschaffungspreisminderungen
+	Anschaffungsnebenkosten
=	Anschaffungskosten

Beispiele für Anschaffungsnebenkosten:
Grundstücke: Maklergebühren, Notariats- und Grundbuchgebühren für einen Grundstückserwerb. Wirtschaftsgüter: Verpackungskosten, Fracht- und Transportkosten, Zölle und Verbrauchsteuern, Aufstellungs- und Fundamentierungskosten.

---

1   Horschitz u.a., S. 186.
2   Glade, I Tz 390, 400, 401, Glade, § 246 Tz 12, Horschitz u.a., S. 85.
3   Vgl. auch Horschitz u.a., S. 187ff.

Nicht zu den Anschaffungskosten gehörende Aufwendungen: Personalkosten der Einkaufsabteilung, Löhne für den Transport und das Entladen, Reisekosten, Geldbeschaffungs- und Finanzierungskosten, Stundungs- und Verzugszinsen.[1]

Kaufpreisminderungen: Rabatte (sofort oder nachträglich), Skontoabzüge, Boni in Form von Mengenrabatten, Preisherabsetzung wegen einer Mängelrüge.[2]

Beispiel: Für den Kauf einer Verpackungsmaschine erhalten wir folgendes Angebot:

Listenpreis	40.000,00 €
Transportkosten	600,00 €
Montage	2.300,00 €
	42.900,00 €

8 % Rabatt auf den Listenpreis. Bei Zahlung innerhalb von 30 Tagen 3 % Skonto.

Die Rechnung sieht dann so aus:

Verpackungsmaschine VP 3200	
Listenpreis	40.000,00 €
– 8 % Rabatt	3.200,00 €
	36.800,00 €
Transportkosten	600,00 €
Montage	2.300,00 €
	39.700,00 €
+ 19 % USt	7.543,00 €
Rechnungsbetrag	**47.243,00 €**

Da wir die Rechnung innerhalb von 30 Tagen begleichen, ziehen wir vereinbarungsgemäß 3 % Skonto ab.

Rechnungsbetrag	47.243,00 €
– 3 % Skonto	1.417,29 €
zu überweisen	**45.825,71 €**

Die USt gehört nicht zu den Anschaffungskosten. Aus dem Bruttobetrag, den wir überwiesen haben, ist deshalb die USt herauszurechnen. Die Anschaffungskosten betragen dann 38.509,00 €.

Beispiel: Wir holen dringend benötigte Hantelstangen und -gewichte mit unserem eigenen Lieferwagen selbst vom Hersteller Eisenwaren OHG in Gelsenkirchen ab. Alle Kosten des Lieferwagens (AfA, Benzin, Öl, Wartung) können nur indirekt im Wege der Schätzung ermittelt werden und dürfen nicht als Anschaffungskosten aktiviert werden. Ebenso werden die dafür anfallenden Löhne nicht aktiviert.[3]

C: Jahresabschluss

---

1 Horschitz u.a., S. 191, Falterbaum/Beckmann, S. 437.
2 Horschitz u.a., S. 191.
3 Falterbaum/Beckmann, S. 437.

Herstellungskosten

Die Herstellungskosten werden dann als Bewertungsmaßstab herangezogen, wenn die Wirtschaftsgüter nicht erworben, sondern selbst hergestellt worden sind. Um die Herstellungskosten berechnen zu können, sind Kenntnisse der Kosten- und Leistungsrechnung erforderlich.[1]

Grundsätzlich werden die Herstellungskosten wie folgt ermittelt:

Materialeinzelkosten
+ Materialgemeinkosten
+ Fertigungslöhne
+ Fertigungsgemeinkosten
+ Sondereinzelkosten der Fertigung
= Herstellungskosten

Diese Kosten müssen steuerrechtlich mindestens angesetzt werden. Daneben besteht das Wahlrecht, zusätzlich die Kosten der allgemeinen Verwaltung anzusetzen.[2]

Vergleichen wir kurz Anschaffungskosten und Herstellungskosten: Anschaffungskosten entstehen, wenn wir z. B. eine Maschine von einem anderen Unternehmen kaufen. Beim Kauf selbst handelt es sich um einen Aktivtausch (vgl. Abschnitt A unseres Lehrganges), also um einen erfolgsneutralen Vorgang. Erst über die Abschreibungen entstehen Aufwendungen. Wenn wir eine Maschine selbst herstellen, entstehen sofort Aufwendungen für Material, Löhne und Gemeinkosten. Durch die Aktivierung der selbst hergestellten Maschine werden diese Aufwendungen zunächst neutralisiert. Sie werden dann so wie eine angeschaffte Maschine über die Abschreibungen, über die Jahre der Nutzungsdauer verteilt, als Aufwendungen wirksam.[3]

Teilwert

Der Teilwert wird im § 6 Abs. 1 EStG definiert. Der Teilwert ist der Betrag,
- den ein Erwerber des ganzen Betriebes im Rahmen des Gesamtkaufpreises für das einzelne Wirtschaftsgut ansetzen würde.
- Dabei ist davon auszugehen, dass der Erwerber den Betrieb fortsetzt.

Hinter dieser Definition steckt der Gedanke, dass ein Wirtschaftsgut innerhalb einer bestimmten Betriebsorganisation einen höheren Wert haben kann als der Einzelveräußerungspreis beim Verkauf des Wirtschaftsgutes.

Mit dieser Definition kann in der Praxis kaum gearbeitet werden. Deshalb wird unterstellt, dass der Teilwert bei Anlagegütern den Anschaffungskosten oder Herstellungskosten bzw. den fortgeführten Anschaffungs- oder Herstellungskosten entspricht. Beim Umlaufvermögen wird der Teilwert den Wiederbeschaffungskosten gleichgesetzt.[4]

---

1   Diese Kenntnisse werden im Baustein „Kosten- und Leistungsrechnung" vermittelt. Wenn Sie sich schnell einen Überblick darüber verschaffen wollen, dann empfehlen wir Ihnen, die 3 Lektionen zur Kosten- und Leistungsrechnung des Telekollegs anzuschauen. Rosenberg/Weber, Telekolleg II, Betriebliches Rechnungswesen, 2. Aufl., München 1990. Dazu sind begleitende Videokassetten erhältlich.
2   Glade, § 255 Tz 37ff, Abschn. 33 EStR.
3   Falterbaum/Beckmann, S. 500. Vgl. auch das Kapitel Abschreibungen.
4   Glade, § 253 Tz 70, Wöhe, Bilanzierung und Bilanzpolitik, S. 419ff, 424f.

Bei Wirtschaftsgütern, die jederzeit durch andere ersetzt werden können, wird im Allgemeinen ein solcher Mehrwert nicht vorhanden sein. Dann deckt sich der Teilwert mit dem gemeinen Wert. Der gemeine Wert ist ein Einzelveräußerungspreis (netto ohne Vorsteuer). In der Praxis wird sich der Teilwert jedoch häufig mit dem gemeinen Wert (ohne abzugsfähige Vorsteuer) decken. Hat der Gegenstand einen Börsen- oder Marktpreis (in der Regel bei Handelswaren), so kommt regelmäßig dieser als Teilwert in Betracht.[1]

Die Grenzwerte für den Teilwert sind die Wiederbeschaffungskosten (Obergrenze) und der Einzelveräußerungspreis (gemeiner Wert, Untergrenze).[2]

Geschäftsvorfälle	Konten	Soll	Haben
Eine Tennisschlägerbespannmaschine muss an einen niedrigeren Wert angepasst werden, 600,00 €.	4840 (6550) Außerplanmäßige Abschreibungen auf Sachanlagen	600,00	
	an 0200 (0700) TechAnl		600,00

3.4 Bewertungsverfahren

Wirtschaftsgüter sind grundsätzlich einzeln zu bewerten.[3] Als Ausnahme von diesem Grundsatz sind die Sammel- oder Gruppenbewertung und die Bewertung zu einem Festwert möglich. Beide Verfahren dürfen sowohl bei der Bewertung des Anlage- als auch des Umlaufvermögens angewendet werden, sie dienen insbesondere der Vereinfachung der Inventurdurchführung.[4]

Zur Erleichterung der Inventur (vgl. auch das Kapitel **Inventur**) und der Bewertung können gleichartige Wirtschaftsgüter des Vorratsvermögens jeweils zu einer Gruppe zusammengefasst und mit dem gewogenen Durchschnittswert angesetzt werden.[5] Die Gruppenbildung und Gruppenbewertung darf nicht gegen die Grundsätze ordnungsmäßiger Buchführung verstoßen. Gleichartige Wirtschaftsgüter brauchen für die Zusammenfassung zu einer Gruppe nicht gleichwertig zu sein. Es muss jedoch für sie ein Durchschnittswert bekannt sein. Das ist der Fall, wenn bei der Bewertung der gleichartigen Wirtschaftsgüter ein ohne Weiteres feststellbarer, nach den Erfahrungen der Branche sachgemäßer Durchschnittswert verwendet wird.

Beispiele für Gruppenbildung:
Gleichwertigkeit: Maschinen des Anlagevermögens mit gleichen Anschaffungskosten.
Gleichartigkeit: Herrensocken verschiedener Preislagen und großer Zahl werden zusammen bewertet.
Ein weiteres Vereinfachungsverfahren ist die Möglichkeit, einen Festwert zu bilden. Die Anforderungen dazu sind in § 240 Abs. 3 HGB und Abschn. R 36 Abs. 5 EStR festgelegt.

1   Horschitz u.a., S. 300. Abschn. R 35a und R 36 EStR.
2   Glade, § 253 Tz 68ff., Abschn. R 35a EStR.
3   Vgl. § 252 Abs. 1 Nr. 3 HGB und § 6 Abs. 1 EStG.
4   § 240 Abs. 3 und 4 HGB.
5   Vgl. § 240 Abs. 4 HGB, Abschn. 36 Abs. 4 EStR.

C: Jahresabschluss

3.4.1 Bewertung des Anlagevermögens

Abnutzbare Wirtschaftsgüter des Anlagevermögens
Sie sind mit den Anschaffungs- oder Herstellungskosten vermindert um planmäßige Abschreibungen (AfA) anzusetzen.[1]
Beispiele: Maschinen, Geschäftsausstattung, Lkw, Gebäude.

Nicht abnutzbare Wirtschaftsgüter des Anlagevermögens
Sie sind mit den Anschaffungs- oder Herstellungskosten anzusetzen.
Beispiele: Grund und Boden, Beteiligungen und andere Finanzanlagen.

Von diesen Regeln ist abzuweichen, wenn die Vermögensgegenstände einen davon abweichenden Wert haben.

Ausnahme: Teilwert ist niedriger:
a) vorübergehende Wertminderung => niedrigerer TW kann angesetzt werden
   (gemildertes Niederstwertprinzip),
b) voraussichtlich dauernde Wertminderung => niedrigerer TW muss angesetzt werden
   (Niederstwertprinzip).
   Bei einer vorübergehenden Wertminderung darf steuerrechtlich keine Teilwertabschreibung mehr vorgenommen werden.

Beispiel: Wir haben im ersten Halbjahr eine Maschine für 16.000 € angeschafft. Zum Bilanzstichtag müsste die Maschine, nachdem die planmäßigen Abschreibungen bei einer Nutzungsdauer von 10 Jahren vorgenommen wurden, mit 14.400 € angesetzt werden. Da die Maschine zwischenzeitlich technisch überholt ist, weil eine leistungsfähigere und preiswertere auf den Markt gekommen ist, beträgt ihr Wert zum Bilanzstichtag nur noch 12.000 €. Wir müssen in diesem Fall einer dauernden Wertminderung eine außerplanmäßige Abschreibung von 2.400 € vornehmen.[2]

Geringwertige Wirtschaftsgüter
Geringwertige Wirtschaftsgüter unterliegen einer besonderen Regelung, vgl. Abschnitt C, Kapitel 1.3 (Inventur/Inventar,) und Kapitel 4.2.3.

3.4.2 Bewertung des Umlaufvermögens

Anschaffungskosten oder Herstellungskosten
Wenn der TW niedriger ist, muss er angesetzt werden (strenges Niederstwertprinzip), und zwar sowohl bei vorübergehender als auch bei dauernder Wertminderung, nach Steuerrecht aber nur bei dauernder Wertminderung.

Auf die mögliche Wertaufholung nach Handels- oder Steuerrecht gehen wir nicht ein.

---

1 § 253 Abs. 1 und 2 HGB, § 6 Abs. 1 Nr. 1 EStG. Abschreibungen werden ausführlich im nächsten Kapitel beschrieben.
2 Vgl. auch Kapitel Abschreibungen.

Beispiel: Wir haben noch 15 Trainingsanzüge aus der abgelaufenen Saison auf Lager. Die Anschaffungskosten betrugen je Stück 51,86 € netto = 777,90 €. Der Verkaufspreis betrug 116,69 €. Wir können die alten Trainingsanzüge erfahrungsgemäß mit ca. 30 % Abschlag, also für 79,90 € verkaufen. Der Rohgewinnaufschlag beträgt 125 %. Dann ist der Teilwert so zu berechnen:[1]

Teilwert = Verkaufserlös / (1 + Rohgewinnaufschlagssatz)
Teilwert = 79,90 : (1 + 1,25)
Teilwert = 35,51

Geschäftsvorfälle	Konten	Soll	Haben
Auf den niedrigeren Teilwert eines Warenpostens ist abzuschreiben. Teilwert für die 15 Trainingsanzüge = 532,65 €. Die Anschaffungskosten betrugen 15 · 51,86 = 777,90	4880 (6570) Abschreibungen auf Umlaufvermögen an 3980 (2280) Warenbestand	245,25	245,25

3.4.3 Bewertung der Verbindlichkeiten

Bei der Bewertung der Verbindlichkeiten gilt ebenfalls das Vorsichtsprinzip. Während, wie bereits dargelegt, Vermögensteile eher niedrig anzusetzen sind, müssen Schulden eher höher angesetzt werden. Das heißt, nicht realisierte Gewinne dürfen nicht ausgewiesen werden, drohende Verluste müssen ausgewiesen werden. Schulden werden also ungleich zu Vermögensteilen behandelt, deshalb spricht man vom **Imparitätsprinzip.**

Schulden können als Oberbegriff angesehen werden für „dem Grunde und der Höhe nach bereits endgültig feststehende Verbindlichkeiten (Schulden im engeren Sinne)" und „Rückstellungen für ungewisse Verbindlichkeiten". Die „echten" Verbindlichkeiten und die Rückstellungen im Sinne von § 249 HGB müssen unterschieden werden.[2]

Verbindlichkeiten sind mit dem Rückzahlungsbetrag, Rückstellungen mit dem Betrag, der nach vernünftiger kaufmännischer Beurteilung notwendig ist, anzusetzen. Ein höherer Ansatz kann bei Währungsverbindlichkeiten geboten sein.

Unverzinsliche Verbindlichkeiten mit einer Laufzeit von mehr als 12 Monaten sind mit einem Zinssatz von 5,5 % abzuzinsen. Ebenso gilt für längerfristige Rückstellungen ein Abzinsungsgebot in Höhe von 5,5 %.

C: Jahresabschluss

---

1   Diese Berechnung ist so angegeben in Abschn. R 36 Abs. 2 EStR.
2   Horschitz u.a., S. 169.

Zusammenfassung

Aus den Bilanzierungsgrundsätzen lässt sich ableiten, welche Vermögensgegenstände oder Schulden in die Bilanz aufzunehmen sind.

Die Bilanzierungsgrundsätze finden sich im HGB. Sie umfassen
- Bilanzklarheit,
- Bilanzwahrheit,
- Bilanzidentität,
- Bilanzkontinuität.

Ist die Bilanzierungsfähigkeit eines Vermögensgegenstandes bzw. einer Schuld gegeben, so ist zu bestimmen, mit welchem Wert dieser Vermögensgegenstand oder diese Schuld in der Bilanz angesetzt werden muss.

Bei der Festlegung der Höhe des Wertes sind die allgemeinen Bewertungsgrundsätze zu beachten. Das sind:
- Bilanzidentität,
- Fortführung der Unternehmenstätigkeit,
- Einzelbewertungs- und Stichtagsprinzip,
- Vorsichtsprinzip,
- Abgrenzungsprinzip,
- Stetigkeitsprinzip.

Für die Vermögensgegenstände und die Schulden ergeben sich daraus folgende Bewertungsmaßstäbe:

Nicht abnutzbare Gegenstände des Anlagevermögens, abnutzbare Gegenstände des Anlagevermögens und Gegenstände des Umlaufvermögens sind mit den Anschaffungs- oder Herstellungskosten anzusetzen.

Für alle Vermögensgegenstände gilt das Niederstwertprinzip.

Schulden müssen mit dem Rückzahlungsbetrag angesetzt werden. Für sie gilt das Höchstwertprinzip.

Aufgaben

3-1. **Ein Gewinn darf erst ausgewiesen werden, wenn er realisiert wurde. Ein Verlust muss bereits in der Bilanz berücksichtigt werden, wenn er mit großer Wahrscheinlichkeit zu erwarten ist.**

Unter welcher Bezeichnung ist dieser Grundsatz bekannt?
a) Niederstwertprinzip
b) Imparitätsprinzip
c) Einzelbewertungsprinzip
d) Bilanzwahrheit

3-2. Ermitteln Sie in den folgenden Fällen die Anschaffungskosten:

a) Wir kaufen einen Schreibtisch für brutto 1.897,50 €. Die Rechnung wird per Banküberweisung unter Abzug von 2 % Skonto bezahlt.

AK =

b) Für die Firma wird ein Grundstück gekauft. Der Grundstückswert beträgt 200.000,00 €, an Notarkosten fallen an netto 2.000,00 €, Grundbuchgebühr 500,00 €, Grunderwerbsteuer 4.000,00 €. Die Bezahlung erfolgt durch Banküberweisung.

AK =

c) Ein Unternehmer kauft eine Maschine für netto 70.000,00 €. Er bezahlt diese Rechnung unter Abzug von 3 % Skonto. Für den Transport und die Installation der Maschine erhält er eine zweite Rechnung über netto 9.500,00 €. Diese Rechnung zahlt er ohne Abzug von Skonto. Berechnen Sie die Anschaffungskosten dieser Maschine.

AK =

C: Jahresabschluss

4 Anlagenbuchhaltung Abschreibungen (AfA)

In diesem Kapitel werden Sie Buchungen zur Anlagenbuchhaltung kennenlernen.

Diese Buchungen sind teilweise eher den laufenden Buchungen und teilweise den Abschlussbuchungen zuzurechnen.

Sie erhalten einen Überblick, wie die Zu- und Abgänge von Anlagegegenständen gebucht werden.

Die verschiedenen Abschreibungsmethodenund die Aufstellung eines Abschreibungsplanes werden erörtert.

Welche Arbeiten sind im Zusammenhang mit Anlagegütern in der Buchführung zu erledigen,
- wenn sie angeschafft werden,
- wenn sie aus dem Unternehmen ausscheiden und
- wenn der Jahresabschluss erstellt wird?

Diese Fragen werden wir in diesem Kapitel ausführlich beantworten. Ihnen wird sicherlich gleich aufgefallen sein, dass Anlagegüter im Laufe des Jahres dem Vermögen des Unternehmens zugehen oder aus dem Vermögen ausscheiden. Trotzdem gehen wir erst jetzt im Abschnitt **Jahresabschluss** auf diese Geschäftsvorfälle ein, weil wichtige Voraussetzungen – die Fragen der Bewertung vor allem – zum Bearbeiten dieser Geschäftsvorfälle erfüllt sein mussten.

Außerdem werden in diesem Kapitel weitere, aus früheren Kapiteln noch offen gebliebene Fragen geklärt. Dazu gehören:
- die Aufstellung einer Anlagenbuchhaltung (als Inventurerleichterung und als Voraussetzung dafür, dass Sonderabschreibungen in Anspruch genommen werden dürfen),
- die Bewertung von abnutzbaren beweglichen Anlagegütern.

4.1 Zugang von Anlagegütern

Wir greifen auf das Beispiel der Anschaffung einer Verpackungsmaschine aus dem vorigen Kapitel (vgl. Punkt 4.3) zurück. Bitte schlagen Sie dort noch einmal nach, denn dort sind schon wesentliche Informationen für die Anschaffung von Anlagegütern zusammengestellt.

Tragen Sie hier noch einmal ein, wie die Anschaffungskosten berechnet werden:

Geschäftsvorfälle		Konten	Soll	Haben
Wir schaffen eine Verpackungsmaschine an.		0200 ((0700) TechAnl	39.700,00	
		1570 (2600) Vorsteuer	7.543,00	
Listenpreis	40.000,00	an 1700 (4890) SonstVerb		47.243,00
– 8 % Rabatt	3.200,00			
	36.800,00			
Transportkosten	600,00			
Montage	2.300,00			
	39.700,00			
+ 19 % USt	7.543,00			
Rechnungsbetrag	**47.243,00**			
Wir überweisen den Rechnungsbetrag für die Verpackungsmaschine unter Abzug von 3 % Skonto		1700 (4890) SonstVerb	47.243,00	
		an 1200 (2800) Bank		45.825,71
		an 0200 (0700) TechAnl		1.191,00
		an 1570 (2600) Vorsteuer		226,29
Buchung ohne Konto **Sonstige Verbindlichkeiten**		0200 ((0700) TechAnl	38.509,00	
		1570 (2600) Vorsteuer	7.316,71	
		an 1200 (2800) Bank		45.825.71

Ein Wirtschaftsgut gilt im Zeitpunkt seiner Lieferung als angeschafft. Da in diesem Fall die Montage der Maschine laut Vertrag durch den Lieferanten ausgeführt wurde, gilt die Maschine mit der Beendigung der Montage als geliefert.[1] Die Maschine wurde am 20xx-01-03 bei uns angeliefert, die Montage war am 20xx-01-14 beendet.

Bei der Buchung der Rechnung nehmen wir das Rechnungsdatum. Bei der Aufstellung des Abschreibungsplans müssen wir das Datum der Lieferung nehmen.

Hinweis: Der Skontoertrag muss auf das Anlagekonto, im Beispiel Technische Anlagen und Maschinen (TechAnl), gebucht werden. Die Anschaffungskosten, die aus dem Konto hervorgehen müssen, werden dann entsprechend gemindert. Auf keinen Fall darf auf das Konto Erhaltene Skonti gebucht werden, weil das ein Unterkonto des Kontos Wareneingang ist. Dieses wird über das Konto Wareneingang abgeschlossen, sodass sich die Anschaffungskosten der eingekauften Waren entsprechend vermindern.

Weitere Anschaffungen von Anlagegütern: (Vgl. Tabelle in Kapitel 4.2.3)

---

1   Vgl. Abschn. 44 Abs. 1 EStR und H 44 EStH.

Geschäftsvorfälle	Konten	Soll	Haben
Anschaffung eines Faxgerätes, netto 3.400,00. Lieferung am 20xx-07-10 30 % degressiv	0300 (0800) BGA 1570 (2600) Vorst an 1200 (2800) Bank	3.400,00 646,00	4.046,00
Anschaffung eines Fotokopiergerätes, brutto 7.378,00. Lieferung am 20xx-04-03	0300 (0800) BGA 1570 (2600) Vorst an 1200 (2800) Bank	6.200,00 1.178,00	7.378,00
Anschaffung eines Druckers, netto 1.200,00 €. Lieferung am 20xx-12-28	0300 (0800) BGA 1570 (2600) Vorst an 1200 (2800) Bank	1.200,00 228,00	1.428,00
Wir erweitern unsere Telefonneben-stellenanlage, Gesamtpreis 4.879,00 brutto einschließlich Montage. Die Montage ist am 20xx-10-03 abgeschlossen.	0300 (0800) BGA 1570 (2600) Vorst an 1200 (2800) Bank	4.100,00 779,00	4.879,00

In der Hauptbuchführung (Finanzbuchführung) sind damit alle Arbeiten im Zusammenhang mit der Anschaffung von Anlagegegenständen erledigt. Die Buchungen von Abgängen von Anlagegegenständen können wir erst erledigen, wenn wir das Thema Abschreibungen behandelt haben.

Wir tragen die neu angeschafften Anlagegüter anschließend in ein Anlageverzeichnis (bzw. in ein EDV-Anlagenbuchhaltungsprogramm) ein. Werfen Sie schon einmal einen Blick auf ein Muster eines solchen Anlageverzeichnisses im nächsten Punkt **Abschreibungen.**

Die Form des Anlageverzeichnisses ist nicht vorgeschrieben. Es kann als Tabelle oder mit Kartei-karten geführt werden. Im Verzeichnis wird die buchmäßige Entwicklung der Vermögensgegen-stände des Anlagevermögens dargestellt. Ohne ein Anlageverzeichnis wird es kaum möglich sein, einen Abschreibungsplan aufzustellen. Nur mithilfe eines Abschreibungsplanes können wir die wertmäßige Entwicklung der Anlagegegenstände darstellen und für den Jahresabschluss ermitteln. Außerdem kann auf dieser Grundlage, falls notwendig, ein Anlagengitter[1] erstellt werden.

Im Kapitel Inventur/Inventar hatten wir schon darauf hingewiesen, dass zum Bilanzstichtag keine körperliche Bestandsaufnahme durchgeführt werden muss, wenn ein bestimmte Anforderungen erfüllendes Anlageverzeichnis geführt wird (vgl. den Punkt 1.2 Ermittlung des Anlagevermögens, Abschnitt C). Diese Angaben müssen noch um weitere Punkte ergänzt werden, sodass unser *Abschreibungsplan* insgesamt die folgenden Angaben enthält:

- die genaue Bezeichnung des Gegenstandes,
- sein Bilanzwert am Bilanzstichtag,
- den Tag der Anschaffung oder Herstellung,
- die Höhe der Anschaffungs- oder Herstellungskosten,
- den Tag des Abgangs,
- betriebsgewöhnliche Nutzungsdauer,
- AfA-Art,

---

1   Vgl. § 268 Abs. 2 HGB, Glade, § 268 Tz 6 und 15ff.

- AfA-Satz,
- jährliche AfA,
- AfA des jeweiligen Wirtschaftsjahres.

Die Anlagegegenstände werden in einer Tabelle jeweils für ein Konto zusammengestellt.

In das Anlageverzeichnis werden auch die bereits voll abgeschriebenen Vermögensgegenstände aufgenommen.

Damit wir das Anlagenverzeichnis jetzt vervollständigen können, müssen wir uns genauer mit dem Thema Abschreibungen beschäftigen.

4.2 Abschreibungen (AfA)

4.2.1 Grundlagen der Abschreibungen (AfA)

Hinweis: Der Begriff Abschreibungen wird im Handelsrecht (§ 253 Abs. 2 HGB) verwendet, der Begriff Absetzung für Abnutzung (AfA) im Steuerrecht (§ 6 Abs. 1 Nr. 1 EStG). Mit beiden Begriffen ist dasselbe gemeint. Vgl. auch die Tabelle weiter unten.

Bei dem Thema Abschreibungen geht es um die Bewertung des abnutzbaren Anlagevermögens, welches dem Unternehmen länger als ein Jahr dient. Würde die Rechnungsperiode mit der Nutzungsdauer übereinstimmen, gäbe es kein Abschreibungsproblem; der Abschreibungsaufwand wäre den Anschaffungs- oder Herstellungskosten gleich.[1]

Achtung: Lesen Sie die beiden folgenden Absätze sehr genau durch. Wir haben sie dem Kommentar von ADS entnommen. Wenn Sie diese beiden Absätze verstanden haben, dann ersparen Sie sich viele unnötige Spekulationen und können so manche Diskussion, die um die Wertermittlung im Rahmen der Abschreibungen geführt werden, übergehen.

„In der Bilanz bezweckt die Abschreibung eine im Rahmen der Bewertungsvorschriften richtige Darstellung der Vermögenslage, indem sie eingetretene Wertminderungen der Anlagegegenstände bei deren Wertansatz berücksichtigt (...). Diese Wertminderungen sind einmal durch die technische Abnutzung der Anlagen begründet, zum anderen können sie auch auf eine wirtschaftliche Entwertung der Anlagen zurückzuführen sein. Man kann die Abschreibung daher als ein Mittel der Anpassung der Werte der Vermögensgegenstände bezeichnen (...)."[2]

„Von wesentlich größerer Bedeutung als für die Vermögenslage ist die Anlagenabschreibung für die Ertragslage. Hier soll die Abschreibung die Anschaffungs- oder Herstellungskosten der Anlagen unter dem Gesichtspunkt einer periodengerechten Aufwandserfassung (§ 252 Abs. 1 Nr. 5) auf die Jahre der Nutzung der Anlage verteilen. Die Abschreibung dient damit einem der Hauptziele der handelsrechtlichen Bewertungsvorschriften, nämlich der Ermittlung des verteilungsfähigen Gewinns. Auch sollen durch die planmäßige Verrechnung von Abschreibungen

---

1   ADS, § 253 Tz 311.
2   ADS, § 253 Tz 294.

C: Jahresabschluss

die Ergebnisse aufeinander folgender Geschäftsjahre vergleichbar gemacht werden (dynamische Interpretation der Abschreibung). Entsprechend der Anlagennutzung wird der auf die einzelnen Rechnungsperioden entfallende Anteil des Anschaffungs- oder Herstellungswertes über die Abschreibung als Aufwand verrechnet. Abschreibungen müssen verrechnet werden, bevor ein Gewinn festgestellt werden kann."[1]

Die planmäßige Abschreibung dient also nicht primär der Wertermittlung zum Abschlussstichtag, sondern der aufwandsmäßigen Abgrenzung (Periodisierung) der angefallenen Ausgaben. Die planmäßige Abschreibung ist damit nicht von der Bilanz, sondern von der Erfolgsrechnung her zu verstehen.[2]

Diesen Gedanken werden wir noch einmal etwas später mit einem Beispiel verdeutlichen. Es sei auch schon soviel vorweg gesagt, der gesamte Sachverhalt wird noch weiter erschwert durch zusätzliche Aspekte der wirtschaftspolitischen Steuerung über die Abschreibungsmöglichkeiten. Kommen wir jetzt zurück zur Bewertung des beweglichen abnutzbaren Anlagevermögens.

Bei Vermögensgegenständen des Anlagevermögens, deren Nutzung zeitlich begrenzt ist, sind die Anschaffungs- oder Herstellungskosten um planmäßige Abschreibungen zu vermindern.[3] Auf gesetzlich vorgeschriebene Abschreibungen kann nicht verzichtet werden, sie müssen vorgenommen werden.[4]

Die Begriffe Anschaffungskosten und Herstellungskosten sind Ihnen bereits geläufig, es geht jetzt darum, über die planmäßigen Abschreibungen Näheres zu erfahren.

Im HGB heißt es weiter, dass der Abschreibungsplan die Anschaffungs- oder Herstellungskosten über die Nutzungsdauer verteilen muss.[5] Ein möglicher Restwert, z. B. Schrottwert, ist nicht zu berücksichtigen. Es ist bis auf den Erinnerungswert von 1 € abzuschreiben.[6]

Stellen wir also zunächst für unser erstes Beispiel, der Anschaffung einer Verpackungsmaschine, einen Abschreibungsplan auf. Dazu verwenden wir eine Anlagen-Abschreibungstabelle (siehe die folgenden Seiten, es gibt hierzu ganz verschieden aufgebaute Tabellen oder Karteikarten). Außerdem können wir auf den im vorigen Punkt erhaltenen Informationen aufbauen.

Als erstes sind die *Anschaffungskosten* zu ermitteln. Das hatten wir schon erledigt. Sie betragen 38.509,00 €.
Als nächstes müssen wir die *Nutzungsdauer* ermitteln.

Die Nutzungsdauer können wir aus der AfA-Tabelle für die allgemein verwendbaren Anlagegüter entnehmen, die vom Bundesminister für Finanzen (BMF) herausgegeben wird.[7] Die dort angeführten Werte der betriebsgewöhnlichen Nutzungsdauer beruhen auf der Erfahrung der steuerlichen Betriebsprüfung. Die Zeiten sind unabhängig von einem bestimmten Wirtschafts-

---

1   ADS, § 253 Tz 295.
2   ADS, § 253 Tz 309, vgl. auch Wöhe, Bilanzierung und Bilanzpolitik, S. 448.
3   § 253 Abs. 2 HGB und § 6 Abs. 1 Nr. 1 EStG.
4   ADS, § 253 Tz 300.
5   § 253 Abs. 1 HGB.
6   Glade, I Tz 681f, ADS, § 253 Tz 369.
7   BMF-Schreiben vom 15.12.2000, IV D 2 – S 1551 – 188/00, BStBl I 2000, 1532; Allgemein verwendbare Anlagegüter: AfA-Tabelle

zweig. Wenn die angegebene Nutzungsdauer unterschritten wird, dann müssen dafür besondere, objektiv nachprüfbare Gründe, z. B. (...) außergewöhnlich hohe Beanspruchung oder veränderte wirtschaftliche Verhältnisse, vorliegen.

Für unsere Verpackungsmaschine ergibt sich eine betriebsgewöhnliche Nutzungsdauer (ND) von 10 Jahren. Für die planmäßigen Abschreibungen sind grundsätzlich folgende Abschreibungsmethoden möglich:

- lineare Abschreibung,
- degressive Abschreibung (seit 1.1.2008 ausgesetzt),
- Abschreibung nach der Leistungsabgabe.[1]

Wir zeigen für die Verpackungsmaschine vier Abschreibungspläne, nach der linearen AfA, nach der degressiven mit einem Höchstsatz von 20 %, mit 20 % und Wechsel zur linearen AfA und zum Vergleich mit 30 %. In der Praxis wird selbstverständlich nur einer davon aufgestellt mit den jeweils aktuell gültigen Höchstwerten.

Außerdem gibt es noch
- Sonderabschreibungen,
- erhöhte Abschreibungen.

Wenn diese Abschreibungen in Anspruch genommen werden sollen, sind besondere Voraussetzungen zu erfüllen. Wir zeigen in einem Exkurs die Sonderabschreibungen für kleine und mittlere Unternehmen. Schließlich sind die schon angesprochenen
- außerplanmäßigen Abschreibungen
noch möglich bzw. müssen vorgenommen werden.[2]

Damit Sie nicht die Übersicht verlieren, sind in der folgenden Tabelle die handels- und die steuerrechtlichen Begriffe und Regelungen über die verschiedenen Abschreibungsmöglichkeiten zusammengestellt.[3]

Handelsrecht	Steuerrecht
Planmäßige Abschreibung § 253 Abs. 2 Satz 1 und 2 HGB	AfA § 7 Abs. 1 Satz 1-4 EStG
Außerplanmäßige Abschreibung § 253 Abs. 2 Satz 3 HGB	1. Absetzung für außergewöhnliche technische oder wirtschaftliche Abnutzung (AfaA) § 7 Abs. 1 Satz 5 EStG 2. Teilwertabschreibung § 6 Abs. 1 EStG
Übernahme nur steuerrechtlich zulässiger Abschreibungen § 254 HGB	1. Steuerliche Sonderabschreibungen (z. B. §§ 7e-g EStG) 2. Erhöhte Absetzungen (z. B. §§ 7b, 7d EStG) 3. Bewertungsabschläge (z. B. § 6 Abs. 2, § 6b EStG)

C: Jahresabschluss

---

1   § 7 EStG, Abschn. R 44 EStR.
2   Vgl. dazu auch den vorigen Abschnitt Bewertungen und Glade § 253 Tz 33, 44ff.
3   Vgl. auch Wöhe, Bilanzierung und Bilanzpolitik, S. 446.

4.2.2 Abschreibungsmethoden

Lineare AfA

Bei der linearen AfA werden die Anschaffungs- oder Herstellungskosten in gleichen Jahresbeträgen über die Nutzungsdauer verteilt.[1] Diese AfA-Methode gilt immer, wenn keine andere Methode zulässig ist.

> **» Berechnung der linearen AfA: AfA = AK : ND**
> **(Abschreibungsbetrag = Anschaffungskosten durch Nutzungsdauer in Jahren)**

Die Anschaffungskosten werden durch die Jahre der Nutzungsdauer geteilt. Das ergibt für unseren Fall: AfA = 38.509,00 : 10 AfA = 3.850,90 €

Damit haben wir den jährlichen Abschreibungsbetrag ermittelt und können ihn in unsere Anlagen-Abschreibungstabelle in das Feld AfA-Jahresbetrag eintragen.

Wir müssen jetzt noch den geforderten AfA-Satz ermitteln. Das ist der Prozentsatz.
AfA-Satz = 100 : ND, AfA-Satz = 100 : 10, AfA-Satz = 10
Wir können also in das Feld AfA-% 10 % eintragen.
Damit haben wir den jährlichen AfA-Betrag und den AfA-Satz ermittelt.

Im *Jahr der Anschaffung* eines Wirtschaftsgutes darf die AfA grundsätzlich nur zeitanteilig (pro rata temporis) angesetzt werden. Allerdings gelten hier Vereinfachungsregeln. Die Abschreibung darf nach Monaten statt nach Tagen berechnet werden, wobei der Zugangsmonat voll zählt.[2]

Beispiel: Ein Wirtschaftsgut wird am 10. Juni angeschafft. Es dürfen $7/12$ des Jahresbetrages angesetzt werden. Ein Wirtschaftsgut wird am 28. Dez. angeschafft. Es darf $1/12$ des Jahresbetrages angesetzt werden.

Für die lineare AfA können wir jetzt den Abschreibungsplan aufstellen. Im letzten Jahr verbleibt ein Erinnerungswert von 1 €.

Degressive AfA

Bei der degressiven AfA werden die Anschaffungs- oder Herstellungskosten in fallenden Jahresbeträgen über die Nutzungsdauer verteilt.[3] Diese AfA-Methode darf nur bei beweglichen Wirtschaftsgütern angewendet werden.

Hinweis: Der AfA-Satz für die degressive AfA kann aus wirtschaftspolitischen Gründen verändert oder auch ganz ausgesetzt werden. In den letzten Jahren sind die Regeln für diese AfA mehrfach geändert worden. Wir zeigen diese Methode in Beispielen. Die aktuelle Regelung entnehmen Sie bitte dem § 7 Einkommensteuergesetz.

---

1   § 7 Abs. 1 Satz 1 EStG.
2   Abschn. R 44 Abs. 2 EStR, Haushaltsbegleitgesetz 2004 Halbjahres-AfA (R44 Abs. 2 EStR. Die Regelung zur sog. Halbjahres-AfA wird für Wirtschaftsgüter, die nach dem 31. Dezember 2003 angeschafft oder hergestellt worden sind gestrichen. Statt dessen wird eine monatsgenaue Abschreibung vorgeschrieben.
3   § 7 Abs. 2 EStG.

Bei dieser AfA-Methode wird ein bestimmter AfA-Satz (Prozentsatz) jeweils auf den Restbuchwert (deshalb auch die Bezeichnung Buchwert-AfA oder geometrisch-degressive AfA) angewendet.

Bei der Berechnung des AfA-Satzes wird von dem Satz ausgegangen, der sich bei der linearen AfA ergibt. In der Vergangenheit galten folgende Berechnungen: Der AfA-Satz für die degressive AfA darf höchstens das 2-Fache des AfA-Satzes der linearen AfA betragen und dabei 20 % nicht übersteigen (galt im Jahre 2006) bzw. das 3-Fache des AfA-Satzes der linearen AfA betragen und dabei 30 % nicht übersteigen (galt im Jahre 2007).

Wir bleiben bei unserem Beispiel der Verpackungsmaschine. Wir hatten für die Verpackungsmaschine für die lineare AfA einen AfA-Satz von 10 % ermittelt. 10 mal 2 ergibt 20. Also ist der zu findende AfA-Satz für die degressive AfA 20 %.

Wir können jetzt in die entsprechenden Felder unserer Anlagen-Abschreibungstabelle für die AfA-Art degressiv und für AfA-% 20 % eintragen. Da der AfA-Jahresbetrag, wie Sie gleich sehen werden, von Jahr zu Jahr sinkt, tragen wir in dieses Feld nichts ein.

Wie werden jetzt die Abschreibungsbeträge errechnet?
- Wir beginnen mit dem Anschaffungswert von 38.509,00 €, davon nehmen wir 20 %, das ergibt 7.701,80 €. Diesen Betrag tragen wir in das Feld Abschreibung/Abgang ein und ziehen ihn vom Anschaffungswert ab. Das ergibt einen Wert per 20xx-12-31 (gleich dem Ende des Anschaffungsjahres) von 30.807,20 €.
- Am Ende des nächsten Jahres müssen wir jetzt vom Restwert, das sind die gerade ermittelten 30.807,20 € 20 % berechnen, das sind 6.161,44 €. Der Abschreibungsbetrag für das Jahr 20x1 wird vom letzten Buchwert abgezogen, sodass sich ein neuer Wert per 20x1-12-31 von 24.645,76 € ergibt.
- Das wird so fortgeführt, bis die Jahre der Nutzungsdauer abgelaufen sind. Es bleibt im 9. Jahr (20x8) ein Betrag von 5.168,59 € übrig.
- Wenn wir jetzt immer so weiter wie bisher verfahren würden, dann ergäbe sich nie ein Wert von 0 (bzw. ein Erinnerungswert von 1,00 €). Darum wird im letzten Jahr so abgeschrieben (in unserem Fall mit 5.167,59), dass sich ein Restbetrag von 1,00 € ergibt.[1]

In der zweiten Spalte unserer Anlagen-Abschreibungstabelle sind die Werte für die Verpackungsmaschine noch einmal für die degressive AfA eingetragen. Beachten Sie, dass der Abschreibungsbetrag von Jahr zu Jahr geringer wird.

Wechsel der AfA-Methoden

Die einmal gewählte AfA-Methode muss beibehalten werden, aber der Übergang von der degressiven zur linearen AfA ist zulässig. Die lineare AfA wird dann nach dem noch vorhandenen Restwert und der Restnutzungsdauer berechnet. Es ist sinnvoll, diesen Wechsel durchzuführen, wenn die Abschreibungsbeträge nach der linearen AfA höher werden als nach der degresssiven.[2] Vergleichen Sie dazu wieder in unserem Beispiel die AfA-Beträge in den Spalten 2 und 3.

---

1   Die AfA ist grundsätzlich so zu bemessen, dass die Anschaffungs- oder Herstellungskosten nach Ablauf der betriebsgewöhnlichen Nutzungsdauer des Wirtschaftsgutes voll abgesetzt sind. Abschn. R 44 Abs. 3 EStR.
2   Vgl. dazu Glade, § 253 Tz 358f.

C: Jahresabschluss

Durch diesen Wechsel wird vermieden, dass zum Schluss der Nutzungsdauer ein größerer Restbetrag abzuschreiben ist. Der Wechsel von der degressiven zur linearen Abschreibungsmethode widerspricht nicht dem Prinzip der Planmäßigkeit.

Wenn eine Absetzung für Abnutzung für außergewöhnliche technische oder wirtschaftliche Abnutzung vorgenommen werden soll, muss vorher zur linearen AfA gewechselt werden.[1]

Vergleichen Sie auch die Beispiele in der Anlagen-Abschreibungstabelle für das Konto 0300 (0800) **BGA (Betriebs- und Geschäftsausstattung)**.

AfA nach der Leistungsabgabe

Bei der AfA nach der Leistungsabgabe wird der Jahresbetrag für die Abschreibung nach der Maßgabe der Leistung des Wirtschaftsgutes berechnet.[2] Diese AfA-Methode ist nur für bewegliche Wirtschaftsgüter des Anlagevermögens zulässig.

Beispiel: Wir unterstellen, dass ein Lkw eine Laufleistung von 360.000 km insgesamt hat. Die Anschaffungskosten betragen 180.000 €. Im ersten Jahr legt das Fahrzeug 120.000 km zurück.

Der ist dann folgendermaßen zu berechnen:

AfA-Betrag = AK : Gesamtleistung × Jahresleistung
AfA-Betrag = 180.000 : 360.000 * 120.000
AfA-Betrag = 60.000 €

Wir haben damit unsere Anlagen-Abschreibungstabelle fertig gestellt. Alle geforderten Angaben sind enthalten und der Abschreibungsplan ist aufgestellt.

Ein Anlagengut kann länger als nach der betrieblichen Nutzungsdauer geplant in unserem Unternehmen genutzt werden. Es bleibt dann in der Anlagenbuchhaltung mit dem Erinnerungswert von 1 € stehen. Weitere Abschreibungen sind aber nicht mehr möglich.

Wenn ein Anlagengut vor Ablauf der betrieblichen Nutzungsdauer aus unserem Unternehmen ausscheidet, muss der Abschreibungsplan entsprechend korrigiert werden. Die notwendigen Buchungen werden in Punkt 5.3 dargestellt.

4.2.3 Buchen der AfA

Planmäßige Abschreibungen

Wir wollen im Rahmen der vorbereitenden Jahresabschlussbuchungen (vgl. Sie dazu auch noch einmal das Kapitel **Hauptabschlussübersicht**) für das Jahr 20xx die AfA buchen. Die Höhe entnehmen wir kontenweise den Anlagen-Abschreibungstabellen. In unseren Beispielen sind das die Tabellen für die Konten 0200 (0700) **Technische Anlagen und Maschinen** und 0300 (0800) **Betriebs- und Geschäftsausstattung.**

In der Anlagen-Abschreibungstabelle für 0200 (0700) **Technische Anlagen und Maschinen** betrachten wir selbstverständlich nur die erste Spalte mit der linearen AfA (die anderen drei die-

---

1   § 7 Abs. 2 Satz 4 EStG.
2   § 7 Abs. 1 Satz 4 EStG.

nen nur zur Veranschaulichung von anderen AfA-Möglichkeiten). Wir gehen in die erste Zeile Abschreibung/Abgang und lesen dort den ermittelten Abschreibungsbetrag von 3.850,90 € ab.

Anlagen-Abschreibungstabelle			Firma: Horst Bachnik e.K.	
Anschaffungsjahr(e) 20xx				
in €	Konto: 0200 (0700) Technische Anlagen und Maschinen			
Bezeichnung des Gegenstandes >>	Verpackungs-maschine	Verpackungs-maschine	Verpackungs-maschine	Verpackungs-maschine
Anschaffungsdatum	20xx-01-14	20xx-01-14	20xx-01-14	20xx-01-14
Nutzungsdauer	10 Jahre	10 Jahre	10 Jahre	10 Jahre
AfA-Art	linear	degressiv	degressiv	degressiv
AfA-%	10 %	30 %	30 %	20 %
AfA-Jahresbetrag	3.850,90	11.552,70	11.552,70	7.701,80
Anschaffungswert	38.509,00	38.509,00	38.509,00	38.509,00
Abschreib./ Abgang	3.850,90	11.552,70	11.552,70	7.701,80
Wert per 20xx-12-31	34.658,10	26.956,30	26.956,30	30.807,20
Abschreib./ Abgang	3.850,90	8.086,89	8.086,89	6.161,44
Wert per 20xx1-12-31	30.807,20	18.869,41	18.869,41	24.645,76
Abschreib./ Abgang	3.850,90	5.660,82	5.660,82	4.929,15
Wert per 20x2-12-31	26.956,30	13.208,59	13.208,59	19.716,61
Abschreib./ Abgang	3.850,90	3.962,58	3.962,58	3.943,32
Wert per 20x3-12-31	23.105,40	9.246,01	9.246,01	15.773,29
Abschreib./ Abgang	3.850,90	2.773,80	2.773,80	3.154,66
Wert per 20x4-12-31	19.254,50	6.472,21	6.472,21	12.618,63
Abschreib./ Abgang	3.850,90	1.941,66	1.941,66	2.523,73
Wert per 20x5-12-31	15.403,60	4.530,55	4.530,55	10.094,90
Abschreib./ Abgang	3.850,90	1.359,16	1.359,16	2.523,73
Wert per 20x6-12-31	11.552,70	3.171,38	3.171,38	7.571,17
Abschreib./ Abgang	3.850,90	951,41	1.057,13	2.523,73
Wert per 20x7-12-31	7.701,80	2.219,97	2.114,25	5.047,44
Abschreib./ Abgang	3.850,90	665,99	1.057,13	2.523,73
Wert per 20x8-12-31	3.850,90	1.553,98	1.057,12	2.523,71
Abschreib./ Abgang	3,849,90	1.552,98	1.056,12	2.522,71
Wert per 20x8-12-31	1,00	1,00	1,00	1,00

C: Jahresabschluss

Für das Konto 0300 (0800) **Betriebs- und Geschäftsausstattung** gehen wir ebenso vor. Wir gehen zunächst in die erste Zeile Abschreibungen/Abgang und addieren dann von allen aufgeführten Wirtschaftsgütern für das Jahr 20xx den Abschreibungsbetrag auf. Das ergibt hier 1.665,00 €.

Anlagen-Abschreibungstabelle			Firma: Horst Bachnik e.K.	
Anschaffungsjahr(e) 20xx				
in €	Konto: 0300 (0800) Betriebs- und Geschäftsausstattung			
Bezeichnung des Gegenstandes >>	Faxgerät Philips 3010	Fotokopiergerät Xerox	Drucker	Telefonanlage Siemens
Anschaffungsdatum	20xx-07-10	20xx-04-03	20xx-12-28	20xx-10-03
Nutzungsdauer	8 Jahre	5 Jahre	5 Jahre	5 Jahre
AfA-Art	degressiv	linear	linear	linear
AfA-%	30 %	20 %	20 %	20 %
AfA-Jahresbetrag	1.020,00	1.240,00	240,00	820v
Anschaffungswert	3.400,00	6.200,00	1.200,00	4.100,00
Abschreib./Abgang	510,00	930,00	20,00	205,00
Wert per 20xx-12-31	2.890,00	5.270,00	1.180,00	3.895,00
Abschreib./Abgang	867,00	1.240,00	240,00	820,00
Wert per 20xx1-12-31	2.023,00	4.030,00	940,00	3.075,00
Abschreib./Abgang	606,90	1.240,00	240,00	820,00
Wert per 20x2-12-31	1.416,10	2.790,00	700,00	2,255,00
Abschreib./Abgang	424,83	1.240,00	240,00	820,00
Wert per 20x3-12-31	991,27	1.550,00	460,00	1.435,00
Abschreib./Abgang	297,38	1.240,00	240,00	820,00
Wert per 20x4-12-31	693,89	310,00	220,00	615,00
Abschreib./Abgang	208,17	309,00	219,00	614,00
Wert per 20x5-12-31	485,72	1,00	1,00	1,00
Abschreib./Abgang	194,00			
Wert per 20x6-12-31	291,72			
Abschreib./Abgang	194,00			
Wert per 20x7-12-31	97,72			
Abschreib./Abgang	96,72			
Wert per 20x8-12-31	1,00			

Diese Beträge werden im ersten Jahr als Aufwand wirksam. Die Abschreibungen werden auf dem Konto 4830 (6540) **Abschreibungen auf Sachanlagen** gebucht, die Gegenbuchung erfolgt auf der Habenseite des jeweiligen Bestandskontos.

Geschäftsvorfälle	Konten	Soll	Haben
Abschreibungen auf das Anlagekonto Technische Anlagen und Maschinen über den Betrag von 3.850,90	4830 (6540) AbschSa an 0200 (0700) TechAnl	3.850,90	3.850,90
Abschreibungen auf das Anlagekonto BGA über den Betrag von 1.552,00	4830 (6540) AbschSa an 0300 (0800) BGA	1.665,00	1.665,00

Außerplanmäßige Abschreibungen

Außerplanmäßige Abschreibungen können vorgenommen werden, wenn ein Vermögensgegenstand des Anlagevermögens am Abschlussstichtag einen niedrigeren Wert als nach dem Abschreibungsplan hat. Sie müssen vorgenommen werden, wenn dieser niedrigere Betrag voraussichtlich dauernd sein wird. Vgl. den ersten Fall im folgenden Beispiel unter Punkt 4.3.

Geringwertige Wirtschaftsgüter (GWG) (Vgl. dazu auch Kapitel C 1.3)

Geschäftsvorfälle	Konten	Soll	Haben
Wir beschaffen einen Multifunktionsdrucker, Nutzungsdauer 6 Jahre, Anschaffungskosten, netto 300,00			
Die Sofortabschreibung wird gewählt:	0480 (0890) GWG	300,00	
	1570 (2600) Vorsteuer	57,00	
	an 1200 (2800) Bank		357,00
Abschreibung des Wirtschaftsgutes am Jahresende	4855 (6540) Sofortabschreibung geringwertige Wirtschaftsgüter	300,00	
	an 0480 (0890) GWG		300,00
Die Poolabschreibung wird gewählt:	0485 (0890) Sammelkonto GWG	300,00	
	1570 (2600) Vorsteuer	57,00	
	an 1200 (2800) Bank		357,00
Abschreibung des Wirtschaftsgutes am Jahresende, 20 %, unabhängig von der tatsächlichen Nutzungsdauer	4862 (6541) Abschreibung geringwertige Wirtschaftsgüter	60,00	
	an 0485 (0890) Skto GWG		60,00
Wir kaufen einen Stempel, Nutzungsdauer 5 Jahre, für netto 40,00	4900 (6930) Sonstbetr.Aufw	40,00	
	1570 (2600) Vorsteuer	7,60	
	an 1200 (2800) Bank		47,60

Die endgültigen Salden der Anlagekonten (Bestandskonten) 0200 (0700) **Technische Anlagen und Maschinen** und 0300 (0800) **Betriebs- und Geschäftsausstattung** gehen in die Bilanz, der Saldo des Kontos 4830 (6540) **Abschreibungen** geht in die GuV.

4.3 Abgang von Anlagegütern

Auch ein voll abgeschriebenes Wirtschaftsgut des Anlagevermögens muss im Anlageverzeichnis stehen bleiben. Wenn es aus dem Vermögen des Unternehmens ausscheidet, wird im Anlageverzeichnis ein Vermerk über den Abgang gemacht. Falls es mit dem Erinnerungswert von 1,00 € noch dort stand, muss dieser auch aus der Buchführung genommen werden.

C: Jahresabschluss

Geschäftsvorfälle	Konten	Soll	Haben
Ein schon voll abgeschriebener Schreibtisch scheidet aus. Erinnerungswert 1,00	4830 (6540) AbschSa an 0300 (0800) BGA	1,00	1,00

Schwieriger wird es, wenn ein Vermögensgegenstand vor der vollständigen Abschreibung ausscheidet.

Beispiel: Wir kaufen am 20xx-05-02 ein neues Faxgerät, weil das alte nicht mehr unseren Anforderungen entspricht.

Welche Buchungen sind jetzt für das alte, aus unserem Vermögen ausscheidende Gerät durchzuführen? Hier gibt es mehrere Möglichkeiten, die wir alle durchgehen wollen. Dazu müssen wir zunächst den Buchwert für den Zeitpunkt des Abganges ermitteln.

Für das Jahr des Abganges darf nur der zeitanteilige AfA-Betrag angesetzt werden.[1] Zum 20x2-12-31 hatten wir einen Wert von 1.166,20 € ermittelt. Vom Jahresabschreibungsbetrag über 349,86 € dürfen wir nur den anteiligen Betrag über die ersten 5 Monate nehmen, also 145,78 €. Der Buchwert beträgt dann 1.020,42 €.

Geschäftsvorfälle	Konten	Soll	Haben
1. Das alte Gerät wird verschrottet. Wir erhalten nichts mehr dafür	4830 (6540) AbschSa an 0300 (0800) BGA	145,78	145,78
	4840 (6550) Außerplanmäßige AbschSa an 0300 (0800) BGA	1.020,42	1.020,42
2. Das alte Geräte wird verkauft. Wir erhalten genau den Buchwert	4830 (6540) AbschSa an 0300 (0800) BGA	145,78	145,78
	1500 (2670) SonstFord an 8820 (5460) Erlöse aus Anlageverkäufen an 1770 (4800) USt	1.214,30	1.020,42 193,88
	2315 (5460) Anlagenabgänge (Restbuchwert bei Buchgewinn) an 0300 (0800) BGA	1.020,42	1.020,42
3. Beim Verkauf erhalten wir mehr als den Buchwert, 1.200,00	4830 (6540) AbschSa an 0300 (0800) BGA	145,78	145,78
	1500 (2670) SonstFord an 8820 (5460) Erlöse Anlageverkäufen (Buchgew) an 1770 (4800) USt	1.428,00	1.200,00 228,00
	2315 (5460) Anlagenabgänge (Restbuchwert bei Buchgewinn) an 0300 (0800) BGA	1.020,42	1.020,42

1 Abschn. R 44 Abs. 9 EStR. Dabei darf der Monat voll auf- oder abgerundet werden. Vgl. Schmidt, EStG-Kommentar, 14. Aufl. 1995, Rn 92 (S. 581). Wir werden den Monat immer aufrunden.

4. Beim Verkauf erhalten wir weniger als den Buchwert, 750,00	4830 (6540) AbschSa an 0300 (0800) BGA	145,78	145,78
	1500 (2670) SonstFord an 8801 (6960) Erlöse Anlageverkäufen (Buchverl) an 1770 (4800) USt	892,50	750,00 142,50
	2310 (6961) Anlagenabgänge (Restbuchwert bei Buchverlust) an 0300 (0800) BGA	1.020,42	1.020,42

Hinweis: Auf die zeitanteilige AfA wird in der Praxis häufig verzichtet. Auf den Gewinn hat das keine Auswirkung, weil dann ein entsprechend höherer Betrag als Anlagenabgang gebucht wird.

Erläuterungen zu den einzelnen Fällen:

1. Da das Anlagegut vorzeitig ausscheidet, also nicht wie im Abschreibungsplan vorgesehen, ist eine außerplanmäßige Abschreibung angezeigt.
2. Dieser Fall wird in der Praxis in der Regel nicht vorkommen. Der Erlös aus dem Anlagenverkauf wird in der Klasse 8 (SKR 03) bzw. Klasse 5 (IKR) gebucht. Dieser Umsatz ist umsatzsteuerpflichtig. Damit wir eine Möglichkeit haben, die USt zu verproben, wird der volle Betrag gebucht. Der Anlagenabgang wird dann als Aufwand in der Klasse 2 (SKR 03) bzw. ebenfalls in Klasse 5 (IKR) gebucht.
3. Grundsätzlich wird hier so wie in Fall 2 verfahren. Die Erlöse werden auf das Konto **Erlöse aus Anlageverkäufen (Buchgewinn),** der Anlagenabgang auf das Konto **Anlagenabgänge (Buchgewinn)** gebucht.
4. Hier wird auf den Konten **Erlöse aus Anlageverkäufen (Buchverlust),** der Anlagenabgang auf das Konto **Anlagenabgänge (Buchverlust)** gebucht.

Wir vergessen nicht, die Anlagenabgänge in unserer Anlagenbuchhaltung in der Anlagen-Abschreibungstabelle zu vermerken. Wir streichen den nicht mehr benötigten Teil des Abschreibungsplanes so durch, dass er noch lesbar bleibt, aber nicht aus Versehen bei den späteren Berechnungen der Abschreibungen noch berücksichtigt wird.

4.4 Exkurs: Sonderabschreibungen zur Förderung kleiner und mittlerer Betriebe

Außer der planmäßigen AfA sind *erhöhte Absetzungen* oder Sonderabschreibungen nach dem EStG oder anderen Gesetzen (z. B. Fördergebietsgesetz) möglich.

Bei der Berechnung sind die grundsätzlichen Vorschriften des § 7a EStG zu beachten. Sie gelten, sofern im Gesetz über die Sonderabschreibung bzw. in entsprechenden Paragraphen keine anderen Regelungen getroffen sind.

Erhöhte Absetzungen treten *an die Stelle* der Absetzungen, die nach § 7 EStG zugelassen sind (lineare AfA, (degressive AfA,) AfA nach der Leistungsabgabe), Sonderabschreibungen treten *ne-*

C: Jahresabschluss

15 Schröter u.a. - ISBN: 978-3-8120-0017-8

ben die nach § 7 EStG möglichen Abschreibungen,[1] wobei in der Regel die lineare Abschreibung anzuwenden ist.[2] Nach Ablauf des Begünstigungszeitraumes wird die Abschreibung nach dem Restwert und der Restnutzungsdauer berechnet.[3]

Wir zeigen hier beispielhaft die Sonderabschreibungen nach § 7g EStG Sonderabschreibungen (...) zur Förderung kleiner und mittlerer Betriebe.

Wozu dienen Sonderabschreibungen?

Durch Sonderabschreibungen oder erhöhte Absetzungen erhält der Unternehmer einen augenblicklichen Steuervorteil. Da sein zu versteuerndes Einkommen und damit seine zu zahlende ESt gemindert werden, erhält er einen Liquiditätsvorteil. Die Wirtschaftspolitiker hoffen, dass die Unternehmer diese zusätzlichen Mittel zur Finanzierung weiterer Investitionen nutzen.

Zu bedenken ist aber, dass die durch Abschreibungen entstehenden steuermindernden Betriebsausgaben dafür in den Folgejahren niedriger sind. Das heißt, später sind entsprechend höhere Steuern zu entrichten. Wird die Abzinsung der erst später fälligen Steuerschulden mitbedacht, entsteht ein dauernder Vorteil. Anders ausgedrückt, der Unternehmer erhält vom Staat einen zinslosen Kredit.[4]

Die Sonderabschreibungen zur Förderung kleiner und mittlerer Betriebe nach § 7g EStG (bisherige Bezeichnung Ansparabschreibung, in Zukunft Investitionsabzugsbetrag) sind an eine Reihe von Bedingungen geknüpft, die alle erfüllt sein müssen, damit die Sonderabschreibungen in Anspruch genommen werden dürfen.

Hinweis: Achten Sie beim Lesen des Gesetzestextes darauf, dass zwischen der Aufzählung der einzelnen Bedingungen immer „und" steht. Wenn Bedingungen mit „und" verknüpft sind, bedeutet das, dass alle Bedingungen erfüllt sein müssen, damit die Sonderabschreibungen in Anspruch genommen werden dürfen. Wenn eine einzige Bedingung nicht erfüllt wird, dann dürfen sie nicht in Anspruch genommen werden.

Die Begünstigung nach § 7g EStG kann bei bilanzierenden Unternehmern angewendet werden, wenn der Wert des Betriebsvermögens 235.000 € nicht übersteigt (bisher 210.000 €), bei freiberuflich Tätigen kann die Regelung angewendet werden, wenn der Gewinn nicht 100.000 € übersteigt. Bei Betrieben der Land- und Forstwirtschaft wird auf einen Wirtschaftswert oder einen Ersatzwirtschaftswert von 125.000 € (bisher Einheitswert) abgestellt. Der Unternehmer muss das Wirtschaftsgut, für das die Ansparabschreibung gebildet werden soll, gegenüber dem Finanzamt seiner Funktion nach benennen (bisher: hinreichend bezeichnen). Weiterhin wurde der Begünstigungszeitraum (Investitionsfrist) auf das Jahr der Bildung und die 3 (bisher 2) folgenden Jahre ausgeweitet. Der Abzugsbetrag darf dabei im Jahr der Inanspruchnahme und den 3 Vorjahren 200.000 € nicht übersteigen.

Sonderabschreibungen von 20 % dürfen nur geltend gemacht werden, wenn in den letzten drei Jahren kein entsprechender Investitionsabzugsbetrag (Ansparabschreibung) geltend gemacht wurde.

---

1 Vgl. ADS § 254 Tz 15, 18.
2 § 7a Abs. 4 EStG.
3 § 7a Abs. 9 EStG.
4 Vgl. Wöhe, Bilanzierung und Bilanzpolitik, S. 756.

Wir nehmen als Beispiel wieder unsere Verpackungsmaschine. Sie können dann die verschiedenen Abschreibungsverläufe miteinander vergleichen.

In allen drei Fällen nehmen wir die Sonder-AfA gleich im ersten Jahr voll in Anspruch, im 3. Fall wechseln wir wieder zur linearen AfA.

In den nächsten 4 Jahren des Begünstigungszeitraumes ist die normale lineare AfA weiter anzusetzen, d. h. also 3.850,90 €. Nach Ablauf des Begünstigungszeitraumes ist der Restwert über die Restnutzungsdauer, das sind 5 Jahre, zu verteilen.

Anlagen-Abschreibungstabelle
Firma: Horst Bachnik e.K.

Anschaffungsjahr(e) 20xx			
in €	Konto: 0200 (0700) Technische Anlagen und Maschinen		
Bezeichnung des Gegenstandes >>	Verpackungs-maschine		
Anschaffungsdatum	20xx-01-14		
Nutzungsdauer	10 Jahre		
AfA-Art	linear u. § 7g	linear 10 %/§7g 20 %	
AfA - %	10 %		
AfA-Jahresbetrag	3.850,90		
Anschaffungswert	38.509,00		
Abschreib./Abgang	3.850,90	7.701,80	
Wert per 20xx-12-31	34.658,10		
Abschreib./Abgang	3.850,90		
Wert per 20x1-12-31	30.807,20		
Abschreib./Abgang	3.850,90		
Wert per 20x2-12-31	26.956,30		
Abschreib./Abgang	3.850,90		
Wert per 20x3-12-31	23.105,40		
Abschreib./Abgang	3.850,90		
Wert per 20x4-12-31	19.254,50		
Abschreib./Abgang	3.850,90		
Wert per 20x5-12-31	15.403,60		
Abschreib./Abgang	3.850,90		
Wert per 20x6-12-31	11.552,70		
Abschreib./Abgang	3.850,90		
Wert per 20x7-12-31	7.701,80		
Abschreib./Abgang	3.850,90		
Wert per 20x8-12-31	3.850,90		
Abschreib./Abgang	3.849,90		
Wert per 20x9-12-31	1,00		

4.5 Exkurs: Sonderposten mit Rücklageanteil

Wenn so wie oben die Sonderabschreibung voll als betriebliche Aufwendungen gebucht werden, dann ist aus dem Jahresabschluss nicht ersichtlich, dass das Unternehmensergebnis nur wegen der Sonderabschreibungen schwankt. Auch für die Erstellung einer Kosten- und Leistungsrechnung müssen solche Sonderbelastungen des Betriebsergebnisses wieder herausgerechnet werden.[1] Dazu werden dann alle Sonderabschreibungen auf die lineare Abschreibung für die betrieblichen Aufwendungen umgerechnet. Das Gesamtergebnis ändert sich dadurch nicht.

Zu bedenken sind in diesem Zusammenhang auch andere Auswertungen, z. B. die Betriebswirtschaftliche Auswertung (BWA).

Wir können in der Finanzbuchführung so buchen, dass im Gesamtergebnis die Sonderabschreibungen uns zugute kommen und dass die Aussagefähigkeit des Jahresabschlusses erhöht wird. Das ist durch die Bildung eines Sonderpostens mit Rücklageanteil (SmR) möglich.

Kapitalgesellschaften dürfen nach § 281 Abs. 1 HGB die Differenz zwischen der handelsrechtlichen Abschreibung und einer „Übermaßabschreibung" aufgrund einer steuerlichen Sonderregelung als Wertberichtigung in den Sonderposten mit Rücklageanteil einstellen. Diese Differenz stellt eine indirekte Abschreibung dar, die ansonsten nicht mehr zulässig ist. Personenunternehmen können diese Vorschrift auch anwenden.[2]

	handelsrechtl. lineare AfA	steuerl.zul. AfA nach § 7g EStG	Sonderposten mit Rücklagen + Zugang, – Abgang
20xx	3.850,90	7.701,80	+ 7.701,80
20x1	3.850,90		
20x2	3.850,90		
20x3	3.850,90		
20x4	3.850,90		
20x5	3.850,90		– 1.540,36
20x6	3.850,90		– 1.540,36
20x7	3.850,90		– 1.540,36
20x8	3.850,90		– 1.540,36
20x9	3.850,90		– 1.540,36

In der GuV werden die Sonderposten mit Rücklageanteil so ausgewiesen:
• Einstellungen unter dem Posten Sonstige betriebliche Aufwendungen,
• Auflösungen unter dem Posten Sonstige betriebliche Erträge.

Zum Buchen benötigen wir die folgenden Konten:
• 0930 (3500) Sonderposten mit Rücklageanteil,
• 2340 (6970) Einstellung in SmR,
• 2740 (5470) Erträge aus der Auflösung von SmR.

---

1   Vgl. dazu das Kapitel 11.1.
2   Vgl. Glade, § 281 Tz 4ff., 15.

Buchungen für den ersten Fall (vgl. Tabelle, lineare Abschreibung und Sonderabschreibung)

Geschäftsvorfälle	Konten	Soll	Haben
20xx	4830 (6540) Abschr.	3.850,90	
	an 0200 (0700) TechAnl		3.850,90
	2340 (6970) Einst. SmR	7.701,80	
	an 0930 (3500) SmR		7.701,80
20x1 bis 20x4	4830 (6540) Abschr.	3.850,90	
	an 0200 (0700) TechAnl		3.850,90
20x5 bis 20x8	4830 (6540) Abschr.	3.850,90	
	an 0200 (0700) TechAnl		3.850,90
	0930 (3500) SmR	1.540,36	
	an 2740 (5470) Ertr SmR		1.540,36
20x9	4830 (6540) Abschr.	3.849,90	
	an 0200 (0700) TechAnl		3.849,90
	0930 (3500) SmR	1.540,36	
	an 2740 (5470) Ertr SmR		1.540,36

20xx

Soll	SBK	Haben	Soll	GuV-Konto	Haben
0200	34.658,10	0930	7.701,80	4830	3.850,90
				2340	7.701,80

19x4

Soll	SBK	Haben	Soll	GuV-Konto	Haben
0200	19.254,50	0930	7.701,80	4830	3.850,90

20x8

Soll	SBK	Haben	Soll	GuV-Konto	Haben
0200	3.850,90	0930	1.540,36	4830	3.850,90	2740	1.540,36

20x9

Soll	SBK	Haben	Soll	GuV-Konto	Haben
0200	1,00			4830	3.849,90	2740	1.540,36

C: Jahresabschluss

4.6 Exkurs: Investitionszulage

Das Investitionszulagengesetz 2005[1] setzt für zwei weitere Jahre die zum Jahresende 2004 ausgelaufene Investitionsförderung nach dem InvZulG 1999 im Fördergebiet (die fünf neuen Bundesländer und Berlin-Ost) fort. Es sieht nur noch eine Förderung von betrieblichen Erstinvestitionen für das verarbeitende Gewerbe und produktionsnahe Dienstleistungen bis zum 31.12.2006 vor:

- Anschaffung und Herstellung neuer, abnutzbarer, beweglicher Wirtschaftsgüter des Anlagevermögens,
- Anschaffung neuer Gebäude, Eigentumswohnungen, im Teileigentum stehende Räume und anderer Gebäudeteile.

Die angeschafften bzw. hergestellten Wirtschaftsgüter müssen in den begünstigten Betrieben 5 Jahre verbleiben (max. 10 % private Nutzung).

Bemessungsgrundlage sind die Anschaffungs- bzw. Herstellungskosten.

Für Investitionen, die nach dem 25.03.2004 begonnen und bis zum 31.12.2006 abgeschlossen werden, wird grundsätzlich eine Investitionszulage in Höhe von 12,5 % (Normalsatz) gewährt. Daneben gibt es weitere Fördersätze, auf die hier aber nicht weiter eingegangen werden soll.

Die Investitionszulage (IZ) gehört nicht zu den Einkünften im Sinne des Einkommensteuergesetzes. Sie mindert nicht die steuerlichen Anschaffungs- und Herstellungskosten und nicht die Erhaltungsaufwendungen (§ 8 InvZulG 2005). Der in der Bilanz und der GuV ermittelte Gewinn wird für die Besteuerung außerhalb der Buchführung um die steuerfreien Zulagen gemindert[2] oder die IZ wird im Zuge der Jahresabschlussarbeiten auf das Privatkonto bzw. das Privateinlagenkonto umgebucht.

Geschäftsvorfälle	Konten	Soll	Haben
Wir erhalten für die am 4. Jan. 2005 angeschaffte Verpackungsmaschine eine IZ über 4.814,00 € auf unser Bankkonto überwiesen	1200 (2800) Bank an 2744 (4980) Investitionszulagen (steuerfrei)	4.814,00	4.814,00
Umbuchung der IZ auf unser Privatkonto	2744 (5410) IZ an 1890 (3001) Privateinlage	4.814,00	4.814,00

Bei Kapitalgesellschaften ist die IZ außerhalb der Buchführung bei der Ermittlung des steuerpflichtigen Gewinns herauszurechnen.

---

1   InvZulG 2005 vom 17.03.2004, verkündet am 24.03.2004, BGBl I 2004, 438 / BStBl I 2004, 354)
2   Falterbaum/Beckmann, S. 460f.

Zusammenfassung

Abschreibungen des abnutzbaren Anlagevermögens, steuerrechtlich Absetzung für Abnutzung genannt, verfolgen zwei Ziele:

- die Werte der Vermögensgegenstände sollen an Wertminderungen angepasst, d. h. die Vermögenslage zum Bilanzstichtag richtig dargestellt werden (statische Interpretation),
- die Anschaffungs- oder Herstellungskosten sollen als Aufwand auf die Jahre der Nutzung der Vermögensgegenstände verteilt werden (dynamische Interpretation).

Es sind planmäßige und außerplanmäßige Abschreibungen zu unterscheiden.

Bei der planmäßigen Abschreibung sind hinsichtlich der Abschreibungsmethode die lineare, die degressive und die Abschreibung nach der Leistungsabgabe möglich.

Außerplanmäßige Abschreibungen dürfen bzw. müssen bei einer einmaligen Wertminderung durchgeführt werden.

Wenn ein Vermögensgegenstand aus dem Vermögen des Unternehmens ausscheidet, muss dessen Buchwert zum Zeitpunkt des Ausscheidens ermittelt werden. Liegt ein eventueller Erlös aus dem Verkauf dieses Vermögensgegenstandes über dem Buchwert, ergibt sich ein Buchgewinn, liegt er unter dem Buchwert ein Buchverlust.

Aufgaben

4-1. Ermitteln Sie den jährlichen AfA-Satz (Prozentsatz) bei linearer und degressiver Abschreibung. Degressive AfA : das Dreifache der linearen AfA, maximal 30 %.

Nutzungs-dauer	linearer AfA-Satz	degressiver AfA-Satz	Nutzungs-dauer	linearer AfA-Satz	degressiver AfA-Satz
3 Jahre			8 Jahre		
4 Jahre			10 Jahre		
5 Jahre			11 Jahre		
6 Jahre			12 Jahre		
7 Jahre			15 Jahre		

C: Jahresabschluss

4-2. Bilden Sie die Buchungssätze (bei GWG Wahl zur Poolbildung):

Geschäftsvorfälle	Konten	Soll	Haben
1. Ein Pkw wird jährlich linear mit 3.500,00 abgeschrieben. Buchung zum Jahresende			
2. Die jährliche lineare Abschreibung auf eine Maschine beträgt 2.500,00. Die Maschine wurde im ld. J. am 2. Aug. angeschafft. Buchung zum Jahresende			
3. Eine Verpackungsmaschine wird degressiv abgeschrieben. Der Buchwert zum 20xx-12-31 beträgt 1.800,00			
4. Kauf eines Schreibtischs gegen Barzahlung, brutto 977,50			
5. Kauf von Regalen für das Büro. Warenwert, netto 2.560,00 Montage, netto 120,00 Die Rechnung wird per Banküberweisung unter Abzug von 2 % Skonto beglichen			
6. Barkauf eines Laserdruckers, brutto 517,50			
7. Barkauf eines Taschenrechners, brutto 69,00			
8. Barverkauf eines alten Computers am 20xx-06-16 für brutto 1.150,00. Buchwert zum 31. Dez. des Vorjahres 900,00, jährliche lineare Abschreibung 600,00			
9. Barverkauf eines gebrauchten Druckers am 20xx-08-23 für brutto 2.300,00. Der Buchwert zum 31. Dez. des Vorjahres betrug 4.000,00, die jährliche lineare Abschreibung 1.200,00			

4-3. Wie ist der folgende Geschäftsvorfall zu buchen?

Geschäftsvorfälle	Konten	Soll	Haben
Ein Unternehmer erhält für den Kauf einer neuen Computeranlage folgende Rechnung: Computeranlage 26.500,00 Lieferung 250,00 Inbetriebnahme 890,00 27.640,00 + 19 % USt 5.251,60 **32.891,60** Die alte Anlage wird mit 2.000 netto in Zahlung gegeben. Ihr Buchwert beim Abgang beträgt 2.500,00. Der Restbetrag wird nach ca. 5 Wochen überwiesen.			

4-4. Buchen Sie den folgenden Geschäftsvorfall.

Geschäftsvorfälle	Konten	Soll	Haben
Ein Unternehmer erhält für den Kauf eines neuen Fahrzeugs folgende Rechnung: Pkw 45.500,00 Überführungskosten 1.250,00 46.750,00 + 19 % USt 8.882,50 **55.632,50** Ein altes Fahrzeug wird mit 5.000,00 netto in Zahlung gegeben. Buchwert beim Abgang 3.500,00. Der offene Betrag wird nach ca. 8 Wochen überwiesen.			

4-5. Buchen Sie die Anschaffung der folgenden Anlagegenstände und stellen Sie den Abschreibungsplan dazu in der Anlagen-Abschreibungstabelle auf. Achtung der Abschreibungsplan muss gegebenenfalls nachträglich geändert werden.

Obwohl die degressive AfA ab 2008 ausgesetzt ist, soll sie hier zu Übungszwecken mit einem Satz von 30 % (Regel: das Dreifache der linearen AfA, maximal 30 %) angesetzt werden. Wechseln Sie zum optimalen Zeitpunkt zur linearen AfA. Beachten Sie die AfA im Anschaffungsjahr.

Geringwertige Wirtschaftsgüter (GWG) sind entsprechend der Vorschriften ab 2010 (Poolbildung) auf den dafür vorgesehenen Konten zu buchen und abzuschreiben. Geben Sie hier den Abschreibungsbetrag zu jedem Geschäftsfall allein an (Vereinfachung).

Alles wird sofort per Bank bezahlt. Abschreibungsbeträge dürfen aufgerundet werden.

C. Jahresabschluss

Geschäftsvorfälle	Konten	Soll	Haben
1. Anschaffung eines Diktiergerätes, netto 1.125,00, Lieferung am 14.Jan.20xx, ND 5 Jahre, lineare AfA			
2. Kauf von 2 Registrierkassen, netto 3.525,00, 20 % Rabatt, Lieferung am 1. Aug.20xx, ND 5 Jahre, lineare AfA			
3. Montage einer Ladentheke am 3. Okt. 20xx für 4.200,00 netto, ND 8 Jahre, degressive AfA 30 %			
4. Kauf von 3 Schreibtischen zu je 2.700,00 minus 10 % Rabatt, Lieferung am 2. Mai 20xx, ND 8 Jahre, degressive AfA, 30 %			
5. Kauf von 4 Terminplanern zu brutto 2.200,00 mit 20 % Rabatt			
6. Anschaffung eines Faxgerätes zu einem Listenpreis von 1.175,00 netto. Wir erhalten 15 % Rabatt, ND 8 Jahre 1.175,00 − 15 % = 998,75			
7. Buchen Sie die AfA für BGA für das Anschaffungsjahr 20xx nach dem 1. Jahr			
8. Buchen Sie die AfA für GWG für das Anschaffungsjahr 20xx nach dem 1. Jahr			
9. Ein im abgelaufenen Jahr verschrottetes Regal steht noch mit 588,00 im Anlagenverzeichnis			
10.In der Kasse fehlen 0,07			
11. Die Diktiergerätanlage, wird am 9. Juni 20x1 für 739,45 brutto verkauft (6 Monate AfA)			
12. Buchen Sie die AfA für BGA für das Anschaffungsjahr 20xx nach dem 3. Jahr			

Soll	0485 (0890) SammGWG		Haben

Soll	4862 (6554) Abschr GWG		Haben

Anlagen-Abschreibungstabelle   Firma: Horst Bachnik e.K.

Anschaffungsjahr(e) 20xx				
in €	Konto: 0300 (0800) Betriebs- und Geschäftsausstattung			
Bezeichnung des Gegenstandes >>	Diktiergerät	2 Registrierkassen	Ladentheke	3 Schreibtische
Anschaffungsdatum	20xx-01-14	20xx-08-01	20xx-10-03	20xx-05-02
Nutzungsdauer	5 Jahre	5 Jahre	8 Jahre	8 Jahre
AfA-Art	linear	linear	degressiv	degressiv
AfA - %	20 %	20 %	30 %	30 %
AfA-Jahresbetrag	225,00	564,00		
Anschaffungswert				
Abschreib./Abgang				
Wert per 20xx-12-31				
Abschreib./Abgang				
Wert per 20x1-12-31				
Abschreib./Abgang				
Wert per 20x2-12-31				
Abschreib./Abgang				
Wert per 20x3-12-31				
Abschreib./Abgang				
Wert per 20x4-12-31				
Abschreib./Abgang				
Wert per 20x5-12-31				
Abschreib./Abgang				
Wert per 20x6-12-31				
Abschreib./Abgang				
Wert per 20x7-12-31				
Abschreib./Abgang				
Wert per 20x8-12-31				

C: Jahresabschluss

5 Bewertung der Forderungen

In diesem Kapitel erfahren Sie, wie die Forderungen zu bewerten sind.

Nachdem die Forderungen nach ihrer Wertigkeit in vollwertige, zweifelhafte und uneinbringliche Forderungen eingeteilt sind, wird auf die notwendigen Buchungen eingegangen.

Nach der Einzelbewertung der Forderungen wird dann die Pauschalbewertung angesprochen.

5.1 Warum Forderungen bewertet werden müssen

Forderungen aus Lieferungen und Leistungen (gegenüber Kunden, Debitoren) gehören zum Umlaufvermögen. Sie sind so wie das übrige Umlaufvermögen (z. B. Warenvorräte) im Rahmen der Jahresabschlussarbeiten zum Bilanzstichtag zu bewerten.[1]

Forderungen werden grundsätzlich zu Anschaffungskosten bewertet, wenn keine Abschreibungen erforderlich sind. Die Anschaffungskosten entsprechen den Rechnungsbeträgen einschließlich der in Rechnung gestellten Umsatzsteuer.[2]

Wenn der Wert der Forderungen am Bilanzstichtag niedriger ist als die Anschaffungskosten, sind sie auf diesen Wert abzuschreiben.[3] Bei der Bewertung sind die Zahlungsfähigkeit und Zahlungswilligkeit des Schuldners sowie die sonstigen Aussichten des Zahlungseingangs zu berücksichtigen. Der Kaufmann muss alle Umstände beachten, die geeignet sind, den Wert der Forderungen nach den Verhältnissen des Bilanzstichtages zu beeinträchtigen. Alle Erkenntnisse bis zur Bilanzaufstellung sind dabei zu verwerten.

Die Kundenforderungen müssen im Zuge der Jahresabschlussarbeiten nach ihrer wirklichen Einbringlichkeit untersucht werden. Dabei werden die Forderungen in die folgenden drei Gruppen eingeteilt:

---

1   Vgl. § 253 Abs. 1 und 3 HGB, § 6 Abs. 1 Nr. 2 EStG.
2   Vgl. Glade, § 253 Tz 564.
3   § 253 Abs. 3 Satz 2 HGB, vgl. auch Glade, § 253 Tz 569.

- vollwertige (einwandfreie) Forderungen,
- zweifelhafte Forderungen,
- uneinbringliche Forderungen.

Forderungen sind grundsätzlich einzeln zu bewerten.[1] Das bedeutet, dass wir alle Forderungen einzeln durchgehen und prüfen müssen, mit welchem Wert sie anzusetzen sind. Das ist bei einem großen Forderungsbestand nicht möglich. Es werden dann nur die Forderungen besonders geprüft, die z. B. durch Mahnverfahren bis zur Bilanzaufstellung auffällig geworden sind. Um auch das Ausfallrisiko bislang nicht auffällig gewordener Forderungen abfangen zu können, ist die Bildung einer Pauschalwertberichtigung notwendig.

5.2 Zweifelhafte Forderungen

Forderungen sind zweifelhaft, wenn am Bilanzstichtag der Verlust noch nicht endgültig feststeht, er aber wahrscheinlich ist. Wenn ein nur teilweiser Zahlungseingang erwartet wird, muss der Nennwert der Forderung auf den wahrscheinlichen Wert abgeschrieben werden.

Die Höhe der Abschreibung liegt im Ermessen des Kaufmanns, sie darf nicht willkürlich sein. Eine Forderung darf so lange nicht als wertlos abgeschrieben werden, wie eine Verrechnungsmöglichkeit durch eine in der Bilanz ausgewiesene betriebliche Verbindlichkeit gegenüber demselben Schuldner besteht.[2]

Merkmale für zweifelhafte Forderungen können sein:
- schleppende Zahlungsweise des Kunden,
- Notwendigkeit häufiger Mahnungen,
- der Erlass von Mahnbescheiden,
- der Schuldner befindet sich in Zahlungsverzug,
- Illiquidität,
- ein Vergleichsverfahren wurde eingeleitet,
- Mängelrügen und Beanstandungen wegen mangelhafter Lieferung sind geltend gemacht worden,
- zerrüttete Vermögensverhältnisse,
- persönliche Unzuverlässigkeit,
- Eröffnung eines Insolvenzverfahrens.

Zweifelhafte Forderungen *können* zur Klarstellung auf das Konto **Zweifelhafte Forderungen** umgebucht werden. In der Bilanzgliederungsvorschrift ist dafür kein besonderer Posten vorgesehen. Dort erscheint nur ein Posten Forderungen aus Lieferungen und Leistungen.[3]

C: Jahresabschluss

---

1 § 252 Abs. 1 Nr. 3 HGB.
2 Glade, § 253 Tz 574.
3 Vgl. Horschitz u.a., S. 401.

5.3 Uneinbringliche Forderungen

Forderungen sind uneinbringlich, wenn am Bilanzstichtag feststeht, dass eine Zahlung nicht erreicht werden kann und sie in voller Höhe ausfallen werden. Uneinbringliche Forderungen müssen voll abgeschrieben werden (der beizulegende Wert bzw. der Teilwert beträgt 0,00 €).

Merkmale für uneinbringliche Forderungen sind:
- der Insolvenzantrag wird mangels Masse abgewiesen,
- die Insolvenzmasse reicht zur Deckung der nicht bevorrechtigten Forderungen nicht aus,
- die Zwangsvollstreckung ist fruchtlos verlaufen und wird es bleiben,
- der Schuldner ist verstorben, ohne Vermögenswerte zu hinterlassen,
- die Forderungen wurden durch Gerichtsentscheid für unberechtigt erklärt,
- der Schuldner hat mit Recht die Einrede der Verjährung eingewendet.[1]

Wenn das vereinbarte Entgelt uneinbringlich geworden ist, ist die dafür geschuldete USt zu berichtigen. Entsprechend muss der Schuldner seine Vorsteuer berichtigen. Für den Gläubiger bedeutet das, dass für ihn nur der Nettobetrag der Forderung ausfällt.[2]

5.4 Pauschalwertberichtigung

In der Praxis ist es bei einem großen Kundenkreis oftmals nicht möglich, alle Forderungen einzeln zu bewerten. Da aber erfahrungsgemäß mit Ausfällen zu rechnen ist, werden voraussichtliche Ausfälle geschätzt und abgeschrieben. Die Höhe des Abschreibungsprozentsatzes wird betriebsindividuell ermittelt. Abgeschrieben wird auch hier nur auf den Nettoforderungsbestand. Der einmal gewählte Prozentsatz für die pauschale Abschreibung muss aus Gründen der Bewertungsstetigkeit in den Folgejahren beibehalten werden, es sei denn, es treten besondere Umstände ein, die eine Änderung rechtfertigen.

Bei der Bemessung der pauschalen Wertberichtigung sind im Allgemeinen die folgenden Faktoren zu berücksichtigen:
- das allgemeine Ausfallwagnis,
- Skonti und sonstige Erlösschmälerungen,
- Zinsverlust,
- Einziehungskosten (Mahn- und Prozesskosten).[3]

Eine pauschale Wertberichtigung bis zu 1 % der Forderungen ohne USt und nach Aussonderung der Einzelwertberichtigungen wird im Allgemeinen ohne Prüfung bei Betriebsprüfungen anerkannt, wenn eine Pauschalwertberichtigung dem Grunde nach berechtigt ist.

Die Umsatzsteuer auf pauschal ermittelte Forderungsausfälle darf nicht korrigiert werden.

---

1   Vgl. Falterbaum/Beckmann, S. 649.
2   § 17 UStG und Abschn. 223 Abs. 5 UStR.
3   Glade, § 253 Tz 576.

Gemischtes (kombiniertes) Verfahren (Einzel- und Pauschalbewertung)

Es kann auch ein gemischtes Wertberichtigungsverfahren gewählt werden. Dann werden einige Forderungen einzeln und der restliche Forderungsbestand pauschal bewertet. In diesem Fall sind umso strengere Maßstäbe an die Bemessung der Pauschalwertberichtigung zu legen.

Das Problem der Bewertung von Forderungen ergibt sich nur für die Forderungen, die zum Bilanzstichtag bestehen. Forderungen, die im Laufe des Geschäftsjahres endgültig uneinbringlich werden, werden sofort abgeschrieben.

5.5 Buchungen

Im Zusammenhang mit der Bewertung von Forderungen können u.a. folgende Konten angesprochen werden.

SKR 03	IKR	Kontenbezeichnung
1460	2470	Zweifelhafte Forderungen
2400	6951	Forderungsverluste
4886	6541	Abschreibungen auf Umlaufvermögen
2732	5452	Erträge aus abgeschriebenen Forderungen
2730	5451	Erträge aus der Herabsetzung der Pauschalwertberichtigung zu Forderungen
2450	6953	Einstellung in die Pauschalwertberichtigung zu Forderungen
0998	3670	Einzelwertberichtigung auf Forderungen
0996	3640	Pauschalwertberichtigung auf Forderungen

Direkte und indirekte Abschreibungsform (Einzelbewertung)

Grundsätzlich kann auf folgende Konten abgeschrieben werden:

- direkt auf 1400 (2400) **Forderungen** bzw. 1460 (2470) **Zweifelhafte Forderungen** oder
- indirekt auf 0998 (3670) **Einzelwertberichtigung auf Forderungen**

Bei vollständiger Abschreibung auf eine uneinbringliche Forderung wird direkt auf das Konto **Zweifelhafte Forderungen** gebucht.

Die indirekte Abschreibung ist vorzuziehen, wenn auf eine zweifelhafte Forderung ein Teilbetrag abgeschrieben wird. In einer EDV-Buchführung kann nie direkt auf dem Sachkonto Forderungen gebucht werden. Es wird immer auf einem Debitorenkonto gebucht und der dort gebuchte Betrag dann automatisch auf das Sachkonto Forderungen übertragen. Dadurch kann es nie eine Differenz zwischen den Personenkonten und dem zugehörigen Sachkonto geben. Die Debitorenkonten (und die darauf aufbauende Offene-Posten-Verwaltung) gibt Auskunft über die einzelnen Forderungen gegenüber den Kunden. Wenn Teilbeträge aus Forderungen herausgebucht werden, dann wird es später eventuell schwierig, die einzelnen Forderungen herauszufinden.

C: Jahresabschluss

Ausweis von Wertberichtigungen in der Bilanz

Wertberichtigungsposten für Forderungen sind in der Bilanz nicht zulässig. Das Wertberichtigungskonto für Forderungen ist deshalb als Unterkonto zum aktiven Bestandskonto Forderungen zu behandeln. Die Wertberichtigungskonten **Einzelwertberichtigungen auf Forderungen** und **Pauschalwertberichtigung auf Forderungen** müssen deshalb über das Konto **Forderungen** abgeschlossen werden. Die Verrechnung kann auch erst bei der Aufstellung der Bilanz selbst erfolgen.[1]

5.5.1 Abschreibung auf eine Forderung im Laufe des Geschäftsjahres

Wir beginnen mit dem einfachsten Fall einer Forderung, die im Laufe eines Geschäftsjahres entstanden ist und die vor Ende des Geschäftsjahres ganz oder teilweise endgültig uneinbringlich wird.

Geschäftsvorfälle	Konten	Soll	Haben
Wir haben im Februar an einen neuen Kunden 50 Hantelstangen geliefert	1400 (2400) Ford an 8200 (5100) Erlöse an 1770 (4800) USt	2.334,78	1.962,00 372,78
Nachdem das Zahlungsziel abgelaufen ist, mehrere Mahnungen ohne Reaktion blieben, erfahren wir im Juli desselben Jahres, dass dieser neue Kunde einen Insolvenzantrag gestellt hat	2400 (6951) FordVerluste 1770 (4800) USt an 1400 (2400) Ford	1.962,00 372,78	2.334,78
Variante: Wir erhalten einen Teil unserer Forderungen, 1.000, überwiesen	1200 (2800) Bank an 1400 (2400) Ford	1.000,00	1.000,00
	2400 (6951) FordVerluste 1770 (4800) USt an 1400 (2400) Ford	1.121,66 213,12	1.334,78

Hinweis: Ein Forderungsverlust entsteht nur in Höhe der Nettoforderung, weil wir die bereits entrichtete Umsatzsteuer vom Finanzamt zurückerstattet erhalten, § 17 UStG.

Hinweis: Wir verwenden hier das **Konto 2400 Forderungsverluste.** Dieses Konto befindet sich im SKR 03 in der Klasse 2 Abgrenzungskonten. Eine Abgrenzungskontenklasse gibt es im IKR nicht. Sinnvoll wäre bei allen Abschreibungen, die das abzurechnende Geschäftsjahr betreffen, auch das Konto 4886 Abschreibungen auf Umlaufvermögen außer Vorräte und Wertpapiere des Umlaufvermögens. Die Klasse 4 erfasst die betrieblichen Aufwendungen. Die Abgrenzungskonten sollen Aufwendungen und Erträge, die nicht betriebsbedingt oder periodenfremd sind, von den betrieblichen Aufwendungen abgrenzen. Das ist für die Buchführungsauswertungen, z. B. für die Betriebswirtschaftliche Auswertung (BWA) und die Weiterverwendung der Daten in der Kosten- und Leistungsrechnung eine interessante Vorarbeit. In der GuV erscheinen beide Konten zusammengefasst im Posten Sonstige betriebliche Aufwendungen. Das wird im IKR augenfällig deutlich.

---

1   Vgl. Horschitz u.a., S. 468, Glade, § 266 Tz 361, 366.

5.5.2 Buchungen im Rahmen der Jahresabschlussarbeiten und im neuen Geschäftsjahr

Abschreibung einer uneinbringlichen Forderung

Geschäftsvorfälle	Konten	Soll	Haben
Die Forderung aus der Lieferung an einen Kunden von Oktober des Jahres in Höhe von 1.160,00 € ist uneinbringlich geworden, weil die Zwangsvollstreckung fruchtlos geblieben ist und ein späterer Erfolg unwahrscheinlich ist	2400 (6951) FordVerluste 1770 (4800) USt an 1400 (2400) Ford	1.000,00 190,00	1.190,00

Hinweis: In diesem Fall stellte sich die endgültige Uneinbringlichkeit erst im Laufe der Bilanzerstellung heraus.

Abschreibung einer zweifelhaften Forderung

Unser Kunde Gerd Hoppe ist im November in Zahlungsschwierigkeiten geraten. Nach Rücksprache rechnen wir damit, dass wir von unserer Forderung über 2.142,00 € brutto voraussichtlich 30 % nicht erhalten werden.

Berechnung der Abschreibung: Der Bruttobetrag ist durch 1,19 zu teilen, anschließend sind davon 30 % zu berechnen.

$$2.142,00 : 1,19 \quad = \quad 1.800,00$$
$$1.800,00 \cdot 0,3 \quad = \quad 540,00$$

Am 31. Dez. ist folgendermaßen zu buchen:

Geschäftsvorfälle	Konten	Soll	Haben
Es ist auf das Konto Zweifelhafte Forderungen umzubuchen	1460 (2470) ZweifFord an 1400 (2400) Ford	2.142,00	2.142,00
30 % der Nettoforderung ist indirekt abzuschreiben	2400 (6951) FordVerluste an 0998 (3670) EWB Ford	540,00	540,00

Zahlungseingang zweifelhafter Forderungen im neuen Jahr

Grundsätzlich sind bei einem Zahlungseingang zweifelhafter Forderungen folgende drei Fälle möglich:

- Zahlungseingang entspricht der Schätzung,
- Zahlungseingang ist größer als die Schätzung = Sonstiger betrieblicher Ertrag (Konto: 2732 (5462) **Erträge aus abgeschriebenen Forderungen**),
- Zahlungseingang ist kleiner als die Schätzung = Sonstiger betrieblicher Aufwand (Konto: 2400 (6951) **Forderungsverluste**).

16 Schröter u.a. - ISBN: 978-3-8120-0017-8

C: Jahresabschluss

Geschäftsvorfälle	Konten	Soll	Haben
Saldovortragsbuchungen im neuen Jahr	9000 (8000) Saldovortrag an 0998 (3670) EWB Ford	540,00	540,00
	1460 (2470) ZweifFord an 9000(8000) Saldovortr	2.142,00	2.142,00

Geschäftsvorfälle	Konten	Soll	Haben
Der Zahlungseingang entspricht der Schätzung Buchungen bei Zahlungseingang	1200 (2800) Bank an 1460 (2470) ZweifFord	1.499,40	1.499,40
USt-Berichtigung auf den Forderungsausfall	1770 (4800) USt an 1460 (2470) ZweifFord	102,60	102,60
Auflösung der Einzelwertberichtigung auf Forderungen (EWB)	0998 (3670) EWB Ford an 1460 (2470) ZweifFord	540,00	540,00

Soll	1460 (2470) ZweifFord	Haben	Soll	0998 (3670) EWB Ford	Haben
9000	2.142,00	1200 1.499,40	1460	540,00	9000 540,00
		1770 102,60			
		0998 540,00			

Geschäftsvorfälle	Konten	Soll	Haben
Der Zahlungseingang ist größer als die Schätzung	1200 (2800) Bank an 1460 (2470) ZweifFord	1.750,00	1.750,00
Buchungen bei Zahlungseingang	1770 (4800) USt an 1460 (2470) ZweifFord	46,62	46,62
	0998 (3670) EWB Ford an 1460 (2470) ZweifFord	540,00	540,00
	1460 (2470) ZweifFord an 2732 (5452) Erträge aus abgeschriebenen Ford	248,62	248,62

Berechnung der USt-Berichtigung und der Erträge aus abgeschriebenen Forderungen:

Zweifelhafte Forderung, brutto	2.142,00 €
– Zahlungseingang	1.750,00 €
Forderungsausfall, brutto	392,00 €
– USt (dividiert durch 1,19)	62,59 €
Forderungsausfall, netto	329,41 €
abgeschrieben wurden (Wertberichtigung):	540,00 €
tatsächlicher Ausfall	329,41 €
Erträge aus abgeschriebenen Forderungen (Sonstiger betrieblicher Ertrag)	210,59 €

Soll	1460 (2470) ZweifFord		Haben
9000	2.142,00	1200	1.750,00
2732	210,59	1770	62,59
		0998	540,00

Soll	0998 (3670) EWB Ford		Haben
1460	540,00	9000	540,00

Soll	2732 (5440)ErtrFo		Haben
		1460	210,59

Soll	1200 (2800) Bank		Haben
1460	1.750,00		

Geschäftsvorfälle	Konten	Soll	Haben
Der Zahlungseingang ist kleiner als die Schätzung Buchungen bei Zahlungseingang	1200 (2800) Bank an 1460 (2470) ZweifFord	1.035,00	1.035,00
	1770 (4800) USt an 1460 (2470) ZweifFord	176,75	176,75
	0998 (3670) EWB Ford an 1460 (2470) ZweifFord	540,00	540,00
	2400 (6951) FordVerl an 1460 (2470) ZweifFord	390,25	390,25

Berechnung der USt-Berichtigung und des Aufwands aus abgeschriebenen Forderungen:

Zweifelhafte Forderung, brutto	2.142,00 €
– Zahlungseingang	1.035,00 €
Forderungsausfall, brutto	1.107,00 €
– USt (dividiert durch 1,19)	176,75 €
tatsächlicher Forderungsausfall, netto	930,25 €
tatsächlicher Forderungsausfall, netto	930,25 €
abgeschrieben wurden (Wertberichtigung):	540,00 €
Forderungsverluste (Sonstiger betriebl. Aufwand)	390,25 €

Soll	1460 (2470) ZweifFord		Haben
9000	2.142,00	1200	1.035,00
		1770	176,75
		0998	540,00
		2400	390,25

Soll	0998 (3670) EWB Ford		Haben
1460	540,00	9000	540,00

Soll	2400 (6951) FordVerl		Haben
1460	390,25		

Soll	1200 (2800) Bank		Haben
1460	1.035,00		

5.5.3 Pauschalwertberichtigung (PWB)

Berechnung der Pauschalwertberichtigung

Forderungsbestand zum 31.12.20xx, brutto	285.000,00 €
– USt (dividiert durch 1,19)	45.504,21 €
Forderungsbestand, netto	239.495,79 €
1 % auf den Forderungsbestand, netto	2.394,50 €

Geschäftsvorfälle	Konten	Soll	Haben
Bildung der Pauschalwertberichtigung auf Forderungen	2450 (6953) EinstPWB an 0996 (3640) PWB	2.394,50	2.394,50

Buchungen im neuen Geschäftsjahr

Wenn im neuen Geschäftsjahr Forderungen endgültig ausfallen, können sie
- auf das Pauschalwertberichtigungskonto gebucht oder
- direkt abgeschrieben (über das Konto Forderungsverluste) werden.

In der Praxis ist es üblich, dass das Konto PWB im Laufe des Jahres nicht berührt wird, sondern dass Forderungsausfälle direkt abgeschrieben werden.[1] Die jeweilig enthaltene USt wird dabei korrigiert.

Am Ende des Jahres wird dann die Pauschalwertberichtigung an den neuen Forderungsbestand angepasst. Dabei ist es möglich, dass die neue Pauschalwertberichtigung höher oder niedriger als im alten Jahr ist.

Anpassung der Pauschalwertberichtigung an den neuen Forderungsbestand

Fall 1: Der neue Forderungsbestand ist höher

Forderungsbestand zum 20x1-12-31, brutto	342.000,00 €
– USt (dividiert durch 1,19)	54.605,05 €
Forderungsbestand, netto	287.394,95 €
1 % auf den Forderungsbestand, netto	2.873,94 €
PWB altes Jahr	2.394,50 €
Erhöhung der PWB	479,44 €

Fall 2: Der neue Forderungsbestand ist niedriger

Forderungsbestand zum 20x1-12-31, brutto	256.000,00 €
- USt (dividiert durch 1,19)	40.873,95 €
Forderungsbestand, netto	215.126,05 €
1 % auf den Forderungsbestand, netto	2.151,26 €
PWB altes Jahr	2.456,90 €
Senkung der PWB	– 305,64 €

---

1   Horschitz u.a., S. 401.

Geschäftsvorfälle	Konten	Soll	Haben
Fall 1: Anpassung an die neu errechnete PWB, die höher als im letzten Jahr ist	2450 (6953) EinstPWB an 0996 (3640) PWB	479,44	479,44
Fall 2: Anpassung an die neu errechnete PWB, die niedriger als im letzten Jahr ist	0996 (3640) PWB an 2730 (5451) Erträge Herabsetzung der PWB	305,64	305,64

Gemischte Einzel- und Pauschalbewertung

Es ist auch möglich, ein Verfahren zu wählen, bei dem die Einzel- und die Pauschalwertberichtigung gemischt angewendet werden. Dieses Verfahren ist auch steuerlich anerkannt.

Dabei werden dann von dem Gesamtbestand der Forderungen die Summe der Forderungen, die einzeln wertberichtigt wurden, und die Summe der uneinbringlichen Forderungen, soweit sie noch nicht direkt abgeschrieben wurden, abgezogen. Auf den Restbestand der Forderungen wird dann die Pauschalwertberichtigung berechnet. Der anzusetzende Prozentsatz ist dann allerdings niedriger zu wählen als bei einer alleinigen Pauschalwertberichtigung.

Die tatsächlichen Forderungsverluste werden dann im Laufe des Jahres so wie bei der alleinigen Pauschalwertberichtigung direkt abgeschrieben.

Zusammenfassung

Alle Forderungen werden in drei Gruppen eingeteilt:

- einwandfreie Forderungen,
- zweifelhafte Forderungen,
- uneinbringliche Forderungen.

Forderungen aus Lieferungen und Leistungen sind zum Bilanzstichtag grundsätzlich zu den Anschaffungskosten zu bewerten. Liegt ihr Wert am Bilanzstichtag unter den Anschaffungskosten, müssen Abschreibungen vorgenommen werden.

Forderungen sind grundsätzlich einzeln zu bewerten.

Eine Pauschalbewertung ist zulässig und notwendig, um das Ausfallrisiko aller bis zu dem Bilanzstichtag noch nicht auffällig gewordenen Forderungen auszugleichen.

Alle Abschreibungen sind vom Nettobetrag der Forderungen zu berechnen. Eine Korrektur der Umsatzsteuer darf erst erfolgen, wenn der endgültige Zahlungsausfall feststeht.

Die Abschreibungen können direkt auf das Konto Forderungen oder Zweifelhafte Forderungen oder indirekt auf ein Wertberichtigungskonto (Einzelwertberichtigung auf Forderungen bzw. Pauschalwertberichtigung auf Forderungen) gebucht werden.

C: Jahresabschluss

Aufgaben

5-1. Bilden Sie zu folgenden Geschäftsvorfällen die Buchungssätze:

Geschäftsvorfälle	Konten	Soll	Haben
1. Über das Vermögen des Kunden H. Köster wird ein Insolvenzverfahren eröffnet. Unsere Forderung an ihn beträgt 7.735,00			
Der Forderungsausfall wird voraussichtlich 35 % betragen			
Im neuen Jahr beträgt der Zahlungseingang 3.867,50			
2. Unser Kunde K. Hart gerät im August in Zahlungsschwierigkeiten. Unsere Forderung an ihn beträgt 2.082,50			
Zum Bilanzstichtag rechnen wir mit einem Forderungsausfall von 40 %			
Im neuen Geschäftsjahr erhalten wir nach Abschluss des Insolvenzverfahrens 624,75			
3. Warenverkauf auf Ziel an O. Stark, am 20xx-02-12 netto 3.500,00			
Am 20xx-05-15 erfahren wir, dass über das Vermögen von Stark ein Insolvenzverfahren eingeleitet wurde			

Am 20xx-08-27 wird der Insolvenzantrag mangels Masse abgelehnt			
4. Unser Kunde K. Hart gerät im August in Zahlungsschwierigkeiten. Unsere Forderung an ihn beträgt 6.545,00			
Zum Bilanzstichtag rechnen wir mit einer Insolvenzquote von 40 %			
Im neuen Geschäftsjahr erhalten wir 50 % unserer Forderung überwiesen			

5-2. Bilden Sie die Buchungssätze zu den folgenden Geschäftsvorfällen:

Geschäftsvorfälle	Konten	Soll	Haben
1. Banküberweisung eines Kunden abzüglich 1,5 % Skonto Rechnungsbetrag 5.175,00			
2. Die Bank schreibt uns Zinsen gut 37,80			
3. Barentnahme des Inhabers 500,00			
4. Gehaltsabrechnung Bruttogehalt 4.234,00 – Lohn, Kirchensteuer 1.250,00 – Sozialvers. AN 720,00 Auszahlungsbetrag 2.264,00			
5. Arbeitgeberanteil SV			
6. Banküberweisung des Auszahlungsbetrages			
7. Banküberweisung der Abzüge und des Arbeitgeberanteils SV			

C: Jahresabschluss

8. Banküberweisung folgender Steuern
   Grundsteuer(Betriebsvermögen)780,00
   Grundsteuer (Privatvermögen) 260,00
   Kfz-Steuer für Firmenwagen 2.850,00			

9. Wareneinkauf bar, brutto 1.150,00			
10. Warenverkauf auf Ziel, brutto 920,00			

11. Der Spediteur stellt uns folgende
    Beträge in Rechnung:
    Rollgeld für bezogene Waren,
    netto   85,00
    Frachtkosten für Lieferung
    an Kunden, netto   65,00
    Umsatzsteuer   28,50
    Gesamtbetrag 178,50			

12. Warenentnahme des Inhabers, netto 130,00			
13. Wir senden Waren an den Lieferanten zurück, brutto 920,00			

14. Ein Lieferant gewährt uns einen
    Preisnachlass nach einer Mängelrüge,
    netto 70,00			

6 Zeitliche Abgrenzung

Der Gewinn ist periodengerecht zu ermitteln. Dazu müssen Aufwendungen und Erträge periodengerecht erfasst werden.

Wenn Ausgaben oder Einnahmen vor dem Abschlussstichtag geleistet werden, die Aufwand oder Ertrag für eine bestimmte Zeit nach diesem Tag darstellen, sind Rechnungsabgrenzungsposten zu bilden.

Wenn Ausgaben oder Einnahmen nach dem Abschlussstichtag geleistet werden, die Aufwand oder Ertrag für eine bestimmte Zeit vor diesem Tag darstellen, sind sie über die Konten Sonstige Verbindlichkeiten oder Sonstige Forderungen zu buchen.

6.1 Warum zeitliche Abgrenzungen vorgenommen werden müssen

Bei der zeitlichen Abgrenzung geht es darum, dass der Gewinn periodengerecht ermittelt wird. Periodengerechte Gewinnermittlung bedeutet, dass alle Aufwendungen und Erträge unabhängig von den Zahlungszeitpunkten in das Wirtschaftsjahr eingeordnet werden, in das sie wirtschaftlich gehören.[1]

Wir müssen deshalb im Zuge der Jahresabschlussarbeiten Aufwendungen und Erträge auf ihre zeitliche Zugehörigkeit hin überprüfen. Wie Sie gleich noch sehen werden, kommen dazu einige bestimmte Geschäftsvorfälle insbesondere in Frage, sodass nicht sämtliche Aufwendungen und Erträge geprüft werden müssen.

Bedenken Sie die folgenden Fälle:
1. Wir schließen mit unseren Kunden Frank Nagel e.K. und Michael Maasch e.K. am 20xx-12-10 einen Kaufvertrag über die Lieferung von diversen Sportgeräten ab. Als Zahlungsziel werden 30 Tage vereinbart.

---

1   §§ 250, 252 Abs. 1 Nr. 5 HGB, § 5 Abs. 5 EStG.

C: Jahresabschluss

a) An den Kunden Nagel liefern wir die Waren am 20xx-12-30 aus.
b) An den Kunden Osterwald liefern wir die Waren am 20x1-01-02 aus.
Die Zahlungen beider Kunden wird unserem Konto am 20x1-01-27 gutgeschrieben.

2. Wir schließen am 20. Oktober einen Mietvertrag ab über die Überlassung eines Lagerraumes für die Zeit vom 1. bis zum 30. November. Die Miete von 300,00 € ist vereinbarungsgemäß nach Ablauf der Mietzeit fällig. Sie wird am 5. Dezember auf unserem Bankkonto gutgeschrieben.

3. Wir schließen am 20. November einen Mietvertrag ab über die Überlassung eines Lagerraumes für die Zeit vom 1. bis zum 31. Dezember. Die Miete von 480,00 € ist vereinbarungsgemäß nach Ablauf der Mietzeit fällig. Sie wird am 5. Januar auf unserem Bankkonto gutgeschrieben.

4. Wir vermieten einen Lagerraum für die Zeit vom 1. Dezember bis zum 28. Februar. Die vereinbarungsgemäß nach Ablauf der Mietzeit fällige Miete von 840,00 € wird am 5. März auf unserem Bankkonto gutgeschrieben.

Überlegen Sie bei allen Fällen:
• Welche Buchungen sind wann durchzuführen?
• Wann ist die Lieferung oder sonstige Leistung erbracht?
• Betrifft der Geschäftsvorfall das alte oder das neue Jahr?

Zu 1. Bei einem Warenverkauf handelt es sich um einen erfolgswirksamen Vorgang. Wenn wir Waren verkaufen, dann ist mit der Übergabe der Waren die Lieferung (unsere Leistung) erbracht. Der Erfolg ist mit dem Datum der Lieferung realisiert. Die Rechnung erhält in der Regel das Datum der Rechnungserstellung. Falls die Rechnung erst im neuen Jahr erstellt wird, erhält sie hiervon abweichend als Datum den 31. Dez., sodass sie in das Jahr eingeordnet werden kann, in das die Lieferung und damit der Ertrag gehört.

Hinweis: Das Datum des Kaufvertrages ist für die Buchführung ohne Bedeutung. Waren, die noch nicht geliefert worden ist und für die auch keine Anzahlung geleistet wurde, darf nicht gebucht werden. Im Jahresabschluss wird keine Rechenschaft abgegeben über abgeschlossene Kaufverträge.[1]

Die erst am 20x1-01-02 gelieferte Waren an unseren Kunden Michael Maasch e.K. darf nicht im alten Jahr (im Jahr 20xx) gebucht werden.

Geschäftsvorfälle	Konten	Soll	Haben
Unser Kunde Frank Nagel e.K. erhält am 20xx-12-30 eine Warenlieferung über 911,03. Die Rechnung ist auf den 20xx-12-31 datiert	1400 (2400) Ford an 8200 (5100) Erlöse an 1770 (4800) USt	911,03	765,57 145,46

---

1   Vgl. Maier/Schmitt, Bürgerliches Recht und Steuerrecht, S. 43, 68.

Jahresabschlussbuchung	9400 (8010) SBK	911,03	
	an 1400 (2400) Ford		911,03
Jahreseröffnungsbuchung	1400 (2400) Ford	911,03	
	an 9000 (8000) SV		911,03
Unser Kunde Michael Maasch e.K. erhält am 20x1-01-02 eine Warenlieferung über 688,32. Die Rechnung ist auf den 20x1-01-02 datiert	1400 (2400) Ford	688,32	
	an 8200 (5100) Erlöse		578,42
	an 1770 (4800) USt		109,90
Die offene Rechnung Nagels wird am 20x1-01-27 überwiesen	1200 (2800) Bank	911,03	
	an 1400 (2400) Ford		911,03
Die offene Rechnung Osterwalds wird am 20x1-01-27 überwiesen	1200 (2800) Bank	688,32	
	an 1400 (2400) Ford		688,32

Für den ersten Fall können wir als Ergebnis festhalten, dass die Erfolge der Warenverkäufe jeweils im zugehörigen Jahr gebucht werden. Ein Abgrenzungsproblem entsteht nicht. Noch fehlende Rechnungen werden spätestens im Zuge der Jahresabschlussarbeiten nachgebucht.[1] Die Zahlung (die Banküberweisung) im neuen Jahr stellt lediglich einen Aktivtausch[2] dar, der nicht erfolgswirksam ist.

Die erfolgswirksame Buchung wird im Fall von Warenverkäufen durch die Rechnung (Belegkreis Ausgangsrechnungen) ausgelöst.

Zu 2. Wir schließen einen Mietvertrag ab und vereinbaren, dass die Zahlung bis zum 5. Dezember fällig wird. Der Geschäftsvorfall wird mit der Zahlung gebucht. Welche Leistung haben wir zu erbringen? Wir müssen den Lagerraum für eine bestimmte Zeit zur Nutzung überlassen. Diese Leistung ist mit Ablauf der vereinbarten Zeit erbracht. Die Vermietung des Lagerraumes betrifft das laufende Geschäftsjahr, die Zahlung trifft ebenfalls im laufenden Geschäftsjahr ein, sodass kein Abgrenzungsproblem entsteht.

Geschäftsvorfälle	Konten	Soll	Haben
Wir schließen am 20. Oktober einen Mietvertrag ab über die Überlassung eines Lagerraumes für die Zeit vom 1. bis zum 30. November	keine Buchung		
Die Miete wird am 5. Dezember auf unserem Bankkonto gutgeschrieben 300,00	1200 (2800) Bank	300,00	
	an 2750 (5401) Grundstückserträge		300,00
Jahresabschlussbuchungen	9400 (8010) SBK	300,00	
	an 1200 (2800) Bank		300,00
	2750 (5401) Grundstückserträge	300,00	
	an 9300 (8020) GuV		300,00

C. Jahresabschluss

---

1 Lesen Sie auch noch einmal ganz genau das Kapitel Einführung durch. Verfolgen Sie dort genau den gesamten Belegfluss, Erstellung des Lieferscheins, der Rechnung und schließlich die Buchungen..
2 Vgl. dazu Abschnitt A, Kapitel 1.

Zu 3. Auch in diesem Fall haben wir unsere Leistung, die Überlassung eines Lagerraumes für die Zeit vom 1. bis zum 31. Dezember, vollständig im alten Jahr erbracht. Der Ertrag für diese Leistung gehört deshalb auch ganz in das alte Jahr. Die Zahlung erfolgt aber erst im neuen Jahr.

Zu 4. Unsere Leistung, die Überlassung des Lagerraumes, erstreckt sich über einen Zeitraum, der das alte und das neue Geschäftsjahr berührt. Der Ertrag aus dieser Leistung gehört also zum Teil in das alte und zum Teil in das neue Geschäftsjahr. Die Zahlung erfolgt erst im neuen Geschäftsjahr.

Im Folgenden erhalten Sie alle Informationen, um auch die Fälle 3 und 4 und außerdem alle weiteren grundlegenden Fälle der zeitlichen Abgrenzung korrekt buchen zu können.

Zunächst halten wir vorläufig fest: Im Rahmen der Jahresabschlussarbeiten müssen wir in unserer Buchführung Korrekturen vornehmen,
- wenn ein Ertrag routinemäßig mit der Zahlung gebucht wird und Leistung und Zahlung in verschiedene Geschäftsjahre fallen,[1]
- wenn eine Leistung zeitbezogen ist und der Zeitraum zwei Geschäftsjahre berührt.

Das Problem der zeitlichen Abgrenzung entsteht
- sowohl bei Aufwendungen als auch Erträgen und
- bei Zahlungen im Voraus oder im Nachhinein.

6.2 Sonstige Forderungen und Sonstige Verbindlichkeiten

Sonstige Forderungen

Wir vergleichen jetzt noch einmal den Fall 2 mit dem Fall 3. Im Fall 2 haben wir mit der Zahlung den Mietertrag gebucht. Da Zahlung und Mietertrag hier in das gleiche Geschäftsjahr fallen, gab es kein Problem einer zeitlichen Zuordnung des Ertrages. Die Buchung lautete Bank an Grundstückserträge. Genauso muss auch der Ertrag im Fall 3, Mietertrag für den Monat Dezember, für das abgelaufene Geschäftsjahr gebucht werden. Da wir auf dem Bankkonto noch nicht buchen können, benötigen wir ein Konto, mit dem wir diese Buchung mit der Einnahme vorwegnehmen können; wir müssen die Einnahme antizipieren (antizipative Einnahmen).

Dazu richten wir das Konto 1500 (2670) **Sonstige Forderungen** ein.

Hinweis: Genau genommen heißt dieses Konto entsprechend des Bilanzpostens Sonstige Vermögensgegenstände. Verwechseln Sie das Konto nicht mit Forderungen aus Lieferungen und Leistungen.[2]

---

1 Eine besondere Rechnung wird z. B. bei Mietverträgen nicht zu jedem Zahlungstermin ausgestellt. Die Zahlungsmodalitäten werden im Mietvertrag festgelegt. Selbst um die USt geltend zu machen, ist nicht eine wiederkehrende Rechnung auszustellen. Es genügt, wenn die Bemessungsgrundlage und die USt aus dem Vertrag hervorgehen. „Als Rechnung ist auch ein Vertrag anzusehen, der die in § 14 Abs. 1 Satz 2 UStG geforderten Angaben enthält." Abschn. 183 Abs. 2 UStR.

2 Vgl. auch Korth, Kontierungshandbuch, S. 178.

Geschäftsvorfälle	Konten	Soll	Haben
Wir schließen am 20. November einen Mietvertrag ab über die Überlassung eines Lagerraumes für die Zeit vom 1. bis zum 31. Dezember.	keine Buchung		
Jahresabschlussbuchungen	1500 (2670) SonstFord an 2750 (5401) Grundstücks- erträge	480,00	480,00
	9400 (8010) SBK an 1500 (2670) SonstFord	480,00	480,00
	2750 (5401) Grundstücks- erträge an 9300 (8020) GuV	480,00	480,00
Jahreseröffnungsbuchung	1500 (2670) SonstFord an 9000 (8000) SV	480,00	480,00
Die Miete von 480,00 ist vereinbarungs- gemäß nach Ablauf der Mietzeit fällig. Sie wird am 5. Januar auf unser Bankkonto gutgeschrieben	1200 (2800) Bank an 1500 (2670) SonstFord	480,00	480,00

Altes Geschäftsjahr

Soll	1500 (2670) SonstFord	Haben		Soll	2750 (5401) GrErtr	Haben
2750	480,00	SBK	480,00	GuV	480,00	1500	480,00

Soll	9400 (8010) SBK	Haben		Soll	9300 (8020) GuV	Haben
1500	480,00				2750	480,00

Neues Geschäftsjahr

Soll	9000 (8000) SV	Haben		Soll	1200 (2800) Ba	Haben
		1500	480,00	1500	480,00	

Soll	1500 (2670) SonstFord	Haben		Soll		Haben
SV	480,00	1200	480,00			

Es wird jetzt sicherlich keine großen Schwierigkeiten bereiten, auch den Fall 4 korrekt zu lösen.

Der Unterschied zum Fall 3 liegt darin, dass
• ein Teil des Ertrages in das alte und
• ein Teil in das neue Geschäftsjahr gehört.

An diesem Beispiel können Sie sehr deutlich die Zeitbezogenheit der erbrachten Leistung erkennen. Eine Lieferung von Waren ist immer mit der Übergabe erbracht.

Wir müssen die jeweiligen Zeitanteile ermitteln und entsprechend buchen. Die Miete ist auf die drei Monate aufzuteilen. Daraus folgt für den Monat Dezember 840,00 : 3 = 280,00 €, für die Monate Januar und Februar 560,00 €.

Geschäftsvorfälle	Konten	Soll	Haben
Wir vermieten einen Lagerraum für die Zeit vom 1. Dezember bis 28. Februar	keine Buchung		
Jahresabschlussbuchungen	1500 (2670) SonstFord an 2750 (5401) Grundstücks- erträge	280.00	280,00
	9400 (8010) SBK an 1500 (2670) SonstFord	280.00	280,00
	2750 (5401) Grundstückserträge an 9300 (8020) GuV	280.00	280,00
Jahreseröffnungsbuchung	1500 (2670) SonstFord an 9000 (8000) SV	280.00	280,00
Die vereinbarungsgemäß nach Ablauf der Mietzeit fällige Miete von 840,00 wird am 5. März auf unserem Bankkonto gutgeschrieben	1200 (2800) Bank an 1500 (2670) SonstFord an 2750 (5401) Grundstücks- erträge	840.00	280,00 560,00

Nach diesen Buchungen haben wir den Mietertragsanteil für das alte Geschäftsjahr und den Anteil für das neue richtig erfasst.

Sonstige Verbindlichkeiten

Es wird Sie sicherlich nicht überraschen, wenn wir jetzt auf die Idee kommen und uns fragen, wie denn zu verfahren sei, wenn wir noch Verpflichtungen für das alte Geschäftsjahr haben, die von uns erst im neuen Jahr bezahlt werden.

Ein Beispiel für sonstige Verbindlichkeiten kennen wir bereits, die Lohnsteuer und die Sozialversicherungsbeiträge für den Monat Dezember überweisen wir immer erst im kommenden Monat (das Gehalt wird in der Regel so überwiesen, dass es noch zum Monatsende abgebucht wird). Dieser Fall hat uns keine Probleme bereitet, weil wir routinemäßig diese Verbindlichkeiten auf die Konten **Verbindlichkeiten aus Lohn- und Kirchensteuer** und **Verbindlichkeiten im Rahmen der sozialen Sicherheit** buchen. Damit sind alle Aufwandsbuchungen schon im richtigen, im zugehörigen Geschäftsjahr erfasst und die Zahlungsverpflichtungen werden erfolgsneutral in das neue Jahr gebracht.[1]

---

1   Glade, § 250 Tz 64.

Nehmen wir ein anderes Beispiel. Wir haben vom 1. bis zum 31. Dezember unsere Kreditlinie überzogen. Die dafür berechneten Zinsen in Höhe von 172,00 € werden am 3. Januar abgebucht. Da wir im Belegkreis Bank noch nicht buchen können, benötigen wir ein Konto, mit dem wir diese Buchung mit der Ausgabe vorwegnehmen können (antizipative Ausgabe).

Dazu richten wir das Konto 1700 (4890) Sonstige Verbindlichkeiten ein.

Geschäftsvorfälle	Konten	Soll	Haben
Wir nehmen vom 1. bis zum 31. Dezember einen Überziehungskredit in Anspruch	keine Buchung		
Jahresabschlussbuchungen	2100 (7500) Zinsaufwand an 1700 (4890) SonstVerbindl	172,00	172,00
	1700 (4890) SonstVerbindl an 9400 (8010) SBK	172,00	172,00
	9300 (8020) GuV an 2100 (7500) Zinsaufw	172,00	172,00
Jahreseröffnungsbuchung	9000 (8000) SV an1700 (4890) SonstVerbindl	172,00	172,00
Die dafür berechneten Zinsen in Höhe von 172,00 € werden am 3. Januar abgebucht	1700 (4890) SonstVerbindl an 1200 (2800) Bank	172,00	172,00

Nach diesen Buchungen haben wir den Zinsaufwand für das alte Geschäftsjahr richtig, also verursachungsgerecht, erfasst.

Jetzt fehlt uns noch ein entsprechender Fall, bei dem ein Teil des Aufwandes in das alte und ein Teil in das neue Geschäftsjahr fallen. Dazu verändern wir unseren ersten Fall für die Zeit vom 15. Dezember bis zum 15. Januar.

Geschäftsvorfälle	Konten	Soll	Haben
Wir nehmen vom 15. Dezember bis zum 15. Januar einen Überziehungskredit in Anspruch	keine Buchung		
Jahresabschlussbuchungen	2100 (7500) Zinsaufwand an 1700 (4890) SonstVerbindl	86,00	86,00
	1700 (4890) SonstVerbindl an 9400 (8010) SBK	86,00	86,00
	9300 (8020) GuV an 2100 (7500) Zinsaufwand	86,00	86,00
Jahreseröffnungsbuchung	9000 (8000) SV an1700 (4890) SonstVerbindl	86,00	86,00
Die dafür berechneten Zinsen in Höhe von 172,00 werden am 3. Januar abgebucht	1700 (4890) SonstVerbindl 2100 (7500) Zinsaufwand an 1200 (2800) Bank	86,00 86,00	172,00

6.3 Rechnungsabgrenzungsposten

Bedenken Sie die folgenden Fälle:

1. Wir überweisen am 20. Dezember die Prämie für die Haftpflichtversicherung unseres Lieferwagens für das nächste Jahr, 2.400,00 €.
2. Wir erhalten am 28. Dezember eine Gutschrift für einen vermieteten Büroraum über 3.100,00 € für den Monat Januar.
3. Wir haben am 29. September die Kfz-Steuer von 780,00 € für unseren Lieferwagen für ein Jahr überwiesen.
4. Für ein Darlehen erhalten wir die Zinsen über 1.800,00 € für die Zeit vom 1. November bis zum 31. Januar im Voraus.

Überlegen Sie bei allen Fällen:

- Welche Buchungen sind wann durchzuführen?
- Wann ist die Lieferung oder sonstige Leistung erbracht?
- Betrifft der Geschäftsvorfall das alte oder das neue Jahr?

Zu 1. Wir haben eine Zahlung erbracht, die Gegenleistung bezieht sich auf den Zeitraum des gesamten nächsten Jahres. Die Gegenleistung, die Haftpflichtversicherung für unseren Lieferwagen, ist ein betrieblicher Aufwand.

Zu 2. Für eine von uns im nächsten Geschäftsjahr zu erbringende Leistung für einen bestimmten Zeitraum erhalten wir bereits im alten Jahr die Zahlung.

Wenn wir diese beiden Geschäftsvorfälle routinemäßig mit dem Vorliegen des Bankkontoauszuges buchen, dann buchen wir im alten Geschäftsjahr einen Aufwand und einen Erfolg, die aber in das neue Jahr gehören.

Diese Buchungen müssen deshalb im Zuge der Jahresabschlussarbeiten so korrigiert werden, dass der Aufwand bzw. Ertrag für das alte Jahr neutralisiert und erst im neuen Jahr wirksam wird. Zum Überleiten von Aufwendungen und Erträgen dienen die Konten Aktive und Passive Rechnungsabgrenzung (sie heißen deshalb auch transitorische Posten).

- Im Voraus geleistete Zahlungen werden mithilfe des Kontos 0980 (2900) Aktive Rechnungsabgrenzung (ARAP) neutralisiert,
- im Voraus erhaltene Zahlungen werden über das Konto 0990 (4900) Passive Rechnungsabgrenzung (PRAP) neutralisiert.

Geschäftsvorfälle, bei denen von vornherein klar ist, dass sie in das neue Jahr gehören, können auch gleich abgegrenzt werden. Ob das Arbeit erspart, hängt von der jeweiligen Buchführungsorganisation ab.

Zu 3. In beiden Fällen handelt es sich um einen zeitraumbezogenen Aufwand bzw. Ertrag.

Zu 4. Der Erfolg muss in der Höhe, die das jeweilige Jahr betrifft, gebucht werden.

Aktive Rechnungsabgrenzung

Geschäftsvorfälle	Konten	Soll	Haben
Wir überweisen am 20. Dezember die Prämie für die Haftpflichtversicherung unseres Lieferwagens für das nächste Jahr, 2.400,00	4500 (7100) Fahrzko an 1200 (2800) Bank	2.400,00	2.400,00
Jahresabschlussbuchungen	0980 (2900) ARAP an 4500 (7100) Fahrzko	2.400,00	2.400,00
	9400 (8010) SBK an 0980 (2900) ARAP	2.400,00	2.400,00
Jahreseröffnungsbuchung	0980 (2900) ARAP an 9000 (8000) SV	2.400,00	2.400,00
	4500 (7100) Fahrzko an 0980 (2900) ARAP	2.400,00	2.400,00

Berücksichtigung der aktiven Rechnungsabgrenzung gleich bei der Zahlung.

Geschäftsvorfälle	Konten	Soll	Haben
Wir überweisen am 20. Dezember die Prämie für die Haftpflichtversicherung unseres Lieferwagens für das nächste Jahr 2.400,00	0980 (2900) ARAP an 1200 (2800) Bank	2.400,00	2.400,00
Jahresabschlussbuchungen	9400 (8010) SBK an 0980 (2900) ARAP	2.400,00	2.400,00
Jahreseröffnungsbuchung	0980 (2900) ARAP an 9000 (8000) SV	2.400,00	2.400,00
	4500 (7100) Fahrzko an 0980 (2900) ARAP	2.400,00	2.400,00

Der Aufwand gehört zum Teil ins alte, zum Teil ins neue Geschäftsjahr.

Geschäftsvorfälle	Konten	Soll	Haben
Wir haben am 28. September die Kfz-Steuer von 780,00 für unseren Lieferwagen für ein Jahr überwiesen	4500 (7100) Fahrzko an 1200 (2800) Bank	780,00	780,00
Jahresabschlussbuchungen	0980 (2900) ARAP an 4500 (7100) Fahrzko	585,00	585,00
	9400 (8010) SBK an 0980 (2900) ARAP	585,00	585,00
Jahreseröffnungsbuchung	0980 (2900) ARAP an 9000 (8000) SV	585,00	585,00
	4500 (7100) Fahrzko an 0980 (2900) ARAP	585,00	585,00

C: Jahresabschluss

17 Schröter u.a. - ISBN: 978-3-8120-0017-8

Passive Rechnungsabgrenzung

Geschäftsvorfälle	Konten	Soll	Haben
Wir erhalten am 28. Dezember eine Gutschrift für einen vermieteten Büroraum über 3.100,00 für den Monat Januar	1200 (2800) Bank an 2750 (5401) GrundErtr	3.100,00	3.100,00
Jahresabschlussbuchungen	2750 (5401) GrundErtr an 0990 (4900) PRAP	3.100,00	3.100,00
	0990 (4900) PRAP an 9400 (8010) SBK	3.100,00	3.100,00
Jahreseröffnungsbuchung	9000 (8000) SV an 0990 (4900) PRAP	3.100,00	3.100,00
	0990 (4900) PRAP an 2750 (5401) GrundErtr	3.100,00	3.100,00

Berücksichtigung der passiven Rechnungsabgrenzung gleich bei der Zahlung.

Geschäftsvorfälle	Konten	Soll	Haben
Wir erhalten am 28. Dezember eine Gutschrift für einen vermieteten Büroraum über 3.100,00 für den Monat Januar	1200 (2800) Bank an 0990 (4900) PRAP	3.100,00	3.100,00
Jahresabschlussbuchungen	0990 (4900) PRAP an 9400 (8010) SBK	3.100,00	3.100,00
Jahreseröffnungsbuchung	9000 (8000) SV an 0990 (4900) PRAP	3.100,00	3.100,00
	0990 (4900) PRAP an 2750 (5401) GrundErtr	3.100,00	3.100,00

Der Ertrag gehört zum Teil ins alte, zum Teil ins neue Geschäftsjahr.

Geschäftsvorfälle	Konten	Soll	Haben
Für ein Darlehen erhalten wir die Zinsen über 1.800,00 für die Zeit vom 1. November bis zum 31. Januar im Voraus gezahlt	1200 (2800) Bank an 2600 (7100) ZinsErtr	1.800,00	1.800,00
Jahresabschlussbuchungen	2600 (7100) ZinsErtr an 0990 (4900) PRAP	600,00	600,00
	0990 (4900) PRAP an 9400 (8010) SBK	600,00	600,00
Jahreseröffnungsbuchung	9000 (8000) SV an 0990 (4900) PRAP	600,00	600,00
	0990 (4900) PRAP an 2600 (7100) ZinsErtr	600,00	600,00

6.4 Exkurs: Zeitliche Abgrenzung und Umsatzsteuer

Bislang haben wir in der zeitlichen Abgrenzung nur Fälle behandelt, bei denen keine USt anfiel. Mieten und Zinsen sind nach § 4 UStG von der USt befreit, auf die Befreiung kann nach § 9 UStG unter bestimmten Bedingungen verzichtet werden.

Die Berücksichtigung der USt bei der zeitlichen Abgrenzung richtet sich nach den Vorschriften der §§ 13, 14 und 15 UStG.

In § 14 UStG und Abschn. 183 Abs. 2 UStR werden die Anforderungen an eine Rechnung festgelegt. Dazu vergleichen Sie bitte den Gesetzestext im Anhang und unsere schon früher gemachten Ausführungen.

In den folgenden Beispielen gehen wir von der Sollbesteuerung, nicht der Istbesteuerung, aus. Danach entsteht die USt grundsätzlich nach dem Voranmeldungszeitraum, in dem die Leistung ausgeführt wurde.

Passive RAP	Rechnung liegt vor.	fällige USt auf 1770 (4800) USt buchen
	Rechnung liegt noch nicht vor.	Übergang zur Istbesteuerung (§ 13U'StG) buchen auf 1770 (4800) USt
Sonstige Forderungen	Es kommt nicht darauf an, ob eine Rechnung vorliegt, sondern ob die Leistung ausgeführt wurde. Das ist hier immer der Fall.	fällige USt ist zu buchen auf 1770 (4800) USt
Aktive RAP	Die Vorsteuer kann abgezogen werden, wenn eine Rechnung mit gesondert ausgewiesener Steuer vorliegt. Das gilt auch, wenn eine Zahlung vor Ausführung des Umsatzes geleistet wurde.	1570 (2620) Abziehbare Vorsteuer
	Rechnung liegt nicht vor.	1548 (2601) Vorsteuer im Folgejahr abziehbar
Sonstige Verbindlichkeiten	Die Leistung ist zwar ausgeführt, eine Rechnung aber noch nicht erteilt.	1548 (2620) Vorsteuer im Folgejahr abziehbar

Hinweis: Ein Vertrag, in dem die nach § 14 UStG geforderten Angaben enthalten sind, gilt auch als Rechnung. Im Vertrag fehlende Angaben müssen in anderen Unterlagen enthalten sein, auf die im Vertrag hinzuweisen ist.

Beispiele: Alle Buchungen für den Jahresabschluss sind durchzuführen. Alle Angaben nach § 14 UStG sind im Mietvertrag enthalten.

Geschäftsvorfälle	Konten	Soll	Haben
1. Die Miete unserer Telefonanlage ist monatlich nachträglich fällig, 740,00 zzgl. USt	4900(6930)Sonstbetr.Aufw 1570 (2600) Vorst an1700 (4890) SonstVerb	740,00 140,60	880,60
2. Wir erhalten für eine Tennisbespann-vorrichtung monatlich nachträglich 80,00 zzgl. USt Miete	1500 (2670) SonstFord an 8600 (5410) SonstErlö an 1770 (4800) USt	95,20	80,00 15,20
3a) Wir erhalten für einen Wartungs-vertrag für eine Tennistraglufthalle 2.800,00 zzgl. USt im Voraus. Routine-buchung	1200 (2800) Bank an 8600 (5410) SonstErlö an 1770 (4800) USt	3.332,00	2.800,00 532,00
3b) Buchung Jahresabschluss	8600 (5410) SonstErlö an 0990 (4900) PRAP	2.800,00	2.800,00
4a) Für die Anmietung eines Zweitbüros zahlen wir für die Zeit von Januar bis März im Voraus 6.000,00. Der Ver-mieter hat für die USt optiert (er hat auf die USt-Befreiung verzichtet). Routinebuchung	4210 (6700) Miete 1570 (2600) Vorst an 1200 (2800) Bank	6.000,00 1.140,00	7.140,00
4b) Buchung Jahresabschluss	0980 (2900) ARAP an 4210 (6700) Miete	6.000,00	6.000,00
5a) Für einen neu abgeschlossenen Wartungsvertrag für unsere EDV-Anlage zahlen wir im Voraus für die Zeit von Dezember bis Februar 1.800,00 zzgl. USt. Eine Rechnung lag zum Jahresende noch nicht vor.	4800 (6160) Reparaturen und Instandhaltung 1548 (2601) Vorsteuer im Folgejahr abziehbar an 1200 (2800) Bank	1.800,00 342,00	2.142,00
5b) Buchung Jahresabschluss	0980 (2900) ARAP an 4800 (6160) Reparaturen und Instandhaltung	1.200,00	1.200,00

6.5 Überblick über die zeitliche Abgrenzung

Nachdem wir jetzt einige grundlegende Beispielfälle zur zeitlichen Abgrenzung durchgearbeitet haben, wollen wir die Ergebnisse in einem Überblick zusammenstellen. Außerdem werden wir weitere Geschäftsvorfälle, für die eine zeitliche Abgrenzung infrage kommt, zusammentragen.

Übersicht zeitliche Abgrenzung[1]

Geschäfts-vorfall	Sach-verhalt	im alten Jahr (vor dem Bi-lanzstichtag)	im neuen Jahr (nach dem Bi-lanzstichtag)	Buchung zum Schluss des Ge-schäftsjahres	Bilanzausweis
Miete, Pacht, Versicherungs-beiträge, Provi-sionen, Gehäl-ter, Löhne u.a.	noch zu erhalten	Ertrag	Einnahme	SonstFord an Ertragskonto	Sonstige Vermö-gensgegenstände (aktiv)
	noch zu zahlen	Aufwand	Ausgabe	Aufwandskonto an SonstVerbindl	Sonstige Verbind-lichkeiten (passiv)
	im Voraus bezahlt	Ausgabe	Aufwand	Aktive RAP an Aufwandskonto	Aktive Rech-nungsabgren-zungsposten (transitorisches Aktivum)
	im Voraus erhalten	Einnahme	Ertrag	Ertragskonto an Passive RAP	Passive Rechnungs-abgrenzungsposten (transitorisches Passivum)

Beispiele für aktive Rechnungsabgrenzungsposten[2]
- Abstandszahlungen an Mieter für vorzeitige Vertragsauflösung,
- Bereitstellungszinsen,
- Bürgschaftsgebühren,
- Honorarvorauszahlungen für Arbeiten, die der Zahlungsempfänger in einem bestimmten Zeitraum nach dem Abschlussstichtag zu leisten hat; nicht jedoch bei Pauschalhonorar,
- Kraftfahrzeugsteuer,
- Vorauszahlungen für Lagerkosten,
- Lizenzgebühren, soweit für eine bestimmte Zeit vorausgezahlt,
- Mietvorauszahlungen,
- Versicherungsprämien,
- vorausgezahlte Zinsen,
- vorausgezahlte Zuschüsse für ein bestimmtes Verhalten innerhalb einer bestimmten Zeit,
- Steuerberatungskosten,
- Wartungsverträge, soweit die Vertragslaufzeit über den Bilanzstichtag hinausgeht, nicht für künftige Kostensteigerungen bei Mehrjahresverträgen.
- Vorauszahlung (Miete) für einen Messestand für eine zeitlich feststehende Messe, obwohl Werbeaufwand,
- Wechseldiskontspesen beim Bezogenen (= Schuldner),
- Zahlung für eine Flugkarte für einen nach dem Bilanzstichtag gebuchten Flug.

---

1   Vgl. ADS, § 250 Tz 7, Falterbaum/Beckmann, S. 181, 188.
2   ADS, § 250 Tz 53f., 117, Glade, § 250 Tz 33f., 73, § 266 Tz 514, Korth, Kontierungshandbuch, S. 188f.

Nicht in Betracht kommt eine aktive Rechnungsabgrenzung für

- Forschungs- und Entwicklungskosten,
- Gesellschaftsteuer,
- Kataloge eines Versandhauses, soweit nicht größerer Vorrätebestand,
- Redaktions- und Lektoratskosten,
- Werbekosten (auch nicht Reklamefeldzug).[1]

Beispiele für passive Rechnungsabgrenzungsposten

- eingegangene Mietvorauszahlungen,
- im Voraus vereinnahmte Zinsen, Pachten,
- zeitabhängige Lizenzzahlungen,
- Bierbezugsverpflichtung eines Gastwirts.

Hinweis: Aktive und passive Rechnungsabgrenzungsposten dürfen nicht miteinander saldiert werden (§ 246 Abs. 2 HGB).

Hinweis: Die Bildung von Rechnungsabgrenzungsposten kann aus Vereinfachungsgründen unterbleiben, wenn die abzugrenzenden Beträge von geringer Bedeutung sind und die unterlassene Abgrenzung das Ergebnis nur geringfügig beeinflusst. Als Grenze kann ein Betrag von ca. 5.000,00 € angesehen werden.[2]

Beispiel: regelmäßig wiederkehrende, betragsmäßig bedeutungslose Beträge, wie z. B. Steuern und Versicherung für einen nur aus wenigen Fahrzeugen bestehenden Fuhrpark.

Rechnungsabgrenzungsposten sind an das Vorliegen von 4 Voraussetzungen gebunden:

- Vorleistungen des einen Vertragspartners aus einem gegenseitigen Vertrag für eine zeitraumbezogene Gegenleistung des anderen Vertragspartners oder Vorleistungen aufgrund gesetzlicher Bestimmungen,
- Ausgabe oder Einnahme vor dem Abschlussstichtag,
- Aufwand oder Ertrag nach dem Abschlussstichtag,
- Ausgabe oder Einnahme müssen Aufwand oder Ertrag für eine bestimmte Zeit nach dem Abschlussstichtag darstellen.

Ausgaben bzw. Einnahmen nach dem Bilanzstichtag, die Aufwand bzw. Ertrag für einen Zeitraum vor diesem Tag darstellen (antizipative Posten), dürfen nicht als Rechnungsabgrenzungsposten ausgewiesen werden. Sie werden als Sonstige Forderungen und Sonstige Verbindlichkeiten ausgewiesen.

Wann sollten Abgrenzungen gebucht werden?

Wir haben zwei grundsätzlich mögliche Buchungszeitpunkte für die Buchungen von aktiven und passiven Rechnungsabgrenzungen kennengelernt:

1. Alle Geschäftsvorfälle werden routinemäßig gebucht und am Jahresende werden die Abgrenzungsbuchungen durchgeführt.
2. Gleich bei den Zahlungsvorgängen wird die Abgrenzungsbuchung durchgeführt.

---

1   Vgl. ADS, § 250 Tz 8.
2   Glade, § 266 Tz 516, ADS, § 250 Tz 44. Falterbaum/Beckmann, S. 183.

Welche Methode in der Praxis die günstigere ist, lässt sich allgemein nicht entscheiden. Das hängt u.a. von der Organisationsform und der Größe der Buchhaltung und dem Umfang der Abgrenzungsbuchungen ab.

Bei Einnahmen und Ausgaben im alten Jahr, die teils das alte, teils das neue Jahr betreffen, sind routinemäßige Buchungen sicherlich vorzuziehen.

Zusammenfassung

Aufwendungen und Erträge müssen periodengerecht ermittelt werden.

Dabei sind vier Fälle zu unterscheiden:

1. für Erträge, die in das alte Wirtschaftsjahr gehören, geht die Zahlung erst im neuen Wirtschaftsjahr ein.

   Die Buchung zum Jahresabschluss lautet:
   Sonstige Forderungen (Sonstige Vermögensgegenstände) an Ertragskonto

   Buchung bei Eingang der Zahlung im neuen Wirtschaftsjahr:
   Finanzkonto an Sonstige Forderungen

2. Aufwendungen, die in das alte Wirtschaftsjahr gehören, werden von uns erst im neuen Wirtschaftsjahr bezahlt.

   Buchung zum Jahresabschluss:
   Aufwandskonto an Sonstige Verbindlichkeiten

   Buchung bei Zahlung im neuen Wirtschaftsjahr:
   Sonstige Verbindlichkeiten an Finanzkonto

3. Im alten Wirtschaftsjahr werden Aufwendungen bezahlt, die ganz oder teilweise in das neue Wirtschaftsjahr gehören. Die Aufwendungen, die in das neue Wirtschaftsjahr gehören, müssen abgegrenzt werden.

   Buchung zum Jahresabschluss:
   Aktive Rechnungsabgrenzung an Aufwandskonto

   Buchung nach Kontoeröffnung im neuen Wirtschaftsjahr:
   Aufwandskonto an Aktive Rechnungsabgrenzung

4. Im alten Wirtschaftsjahr haben wir Zahlungen erhalten für Erträge, die ganz oder teilweise dem neuen Wirtschaftsjahr zuzurechnen sind. Die Erträge, die in das neue Wirtschaftsjahr gehören, sind abzugrenzen.

   Buchung zum Jahresabschluss:
   Ertragskonto an Passive Rechnungsabgrenzung

   Buchung nach Kontoeröffnung im neuen Wirtschaftsjahr:
   Passive Rechnungsabgrenzung an Ertragskonto

C: Jahresabschluss

Aufgaben

6-1. Wir schließen am 23. Nov. einen Mietvertrag ab über die Überlassung eines Lagerraumes für die Zeit vom 1. bis zum 31. Dez. Die Mietzahlung in Höhe von 350,00 € erhalten wir vereinbarungsgemäß am 5. Januar des neuen Jahres. Bilden Sie die Buchungssätze zum Jahresabschluss, zu Beginn des neuen Geschäftsjahres und bei Eingang der Zahlung.

Geschäftsvorfälle	Konten	Soll	Haben

6-2. Wir nehmen vom 1. bis zum 31. Dez. einen Überziehungskredit in Anspruch. Die Bank wird dafür am 2. Jan. des neues Jahres unser Bankkonto belasten mit Zinsen in Höhe von 158,60 €. Bilden Sie die Buchungssätze zum 31. Dez. des alten Jahres, zum 1. Jan. und am 2. Jan. des neuen Jahres.

Geschäftsvorfälle	Konten	Soll	Haben

6-3. **Wir überweisen am 20. Dez. die Prämie für die Haftpflichtversicherung unseres Liefer-wagens für das nächste Jahr 1.680,00 €.**

Bilden Sie die Buchungssätze am 20. Dez., zum 31. Dez. des alten Jahres und zum 1. Jan. des neues Jahres.

Geschäftsvorfälle	Konten	Soll	Haben

6-4. **Wir erhalten am 28. Dezember eine Gutschrift für einen vermieteten Büroraum über 2.520,00 € für den Monat Januar.**

Bilden Sie die Buchungssätze bei Mieteingang, zum Jahresabschluss und bei Eröffnung des neuen Geschäftsjahres.

Geschäftsvorfälle	Konten	Soll	Haben

6-5. Bilden Sie die Buchungssätze

Geschäftsvorfälle	Konten	Soll	Haben
1. Wir kaufen von unserem Lieferanten Atlantik Surfen GmbH Surfbretter für 1.352,58 netto auf Ziel (4 Wochen) ein. a) Die Lieferung erfolgt am 30. Dez. b) Die Lieferung erfolgt am 5. Jan.			
2. Am 28. Sept. überweisen wir an die Kfz-Versicherung 4.800,00 für die Zeit von 1. Okt. des laufenden bis 30. Sept. des kommenden Jahres. Buchen Sie am 31. Dez.			
3. Wir erhalten die Garagenmiete von 120,00 (die Garage gehört zum Betriebsvermögen) für Dezember erst im Januar. Buchen Sie zum Jahresabschluss			
4. Für ein Darlehen werden wir die Zinsen in Höhe von 1.200,00 für die Zeit vom 1. Okt. des alten Jahres bis 31. März. des neuen Jahres erst zum 31. März. zahlen. Buchen Sie zum Jahresabschluss			

7 Rückstellungen

Auch beim Thema Rückstellungen geht es um das Problem der zeitlichen Erfolgs-abgrenzung.

In diesem Kapitel erfahren Sie, unter welchen Voraussetzungen Rückstellungen gebildet werden dürfen bzw. müssen, wie sie gebucht und aufgelöst werden.

7.1 Rechtliche Grundlagen

Bedenken Sie den folgenden Fall:
Wir nehmen ein neues Tennisschlägermodell aus neuartigem Material in unser Sortiment auf. Um die Markteinführung zu fördern, geben wir zusätzlich zu der gesetzlich vorgeschriebenen Gewährleistung eine weitere von einem halben Jahr.

Überlegen Sie:
• Entsteht uns durch diese Gewährleistung ein Aufwand?

Wenn ja,
• wie hoch wird dieser Aufwand sein und
• wann wird dieser Aufwand eintreten?

• Durch eine Gewährleistung entsteht ein Aufwand, wenn der Gewährleistungsfall eintritt.
• Die Höhe des Aufwandes können wir nur schätzen.
• Wann ein Gewährleistungsfall eintritt, wissen wir nicht. Wir müssen aber damit rechnen, dass wir in Zukunft in Anspruch genommen werden.

Wenn wir im abgelaufenen Geschäftsjahr eine Gewährleistung ohne rechtliche Verpflichtung erbracht haben, dann ist im abgelaufenen Geschäftsjahr ein Aufwand entstanden, der erst im neuen Geschäftsjahr zu einer Ausgabe führen kann. Aus diesem Grunde müssen wir eine Rückstellung bilden.

Rückstellungen dienen der periodengerechten Gewinnermittlung. Sie unterscheiden sich von den als Verbindlichkeiten zu bilanzierenden Schulden dadurch, dass ihre genaue Höhe und/oder Fälligkeit noch nicht feststeht; sie werden daher geschätzt.

Rückstellungen (vgl. § 249 HGB) sind zu bilden

1. für ungewisse Verbindlichkeiten und,
2. für drohende Verluste aus schwebenden Geschäften.
3. Außerdem für im Geschäftsjahr unterlassene Aufwendungen für Instandhaltung, die im folgenden Geschäftsjahr innerhalb von drei Monaten oder
4. für Abraumbeseitigung, die im folgenden Geschäftsjahr nachgeholt werden.
5. Für Gewährleistungen, die ohne rechtliche Verpflichtung erbracht werden.
6. Rückstellungen dürfen für unterlassene Aufwendungen für Instandhaltung auch gebildet werden, wenn die Instandhaltung nach Ablauf der Frist nach Satz 2 Nr. 1 innerhalb des Geschäftsjahres nachgeholt wird.
7. Sie dürfen außerdem für ihrer Eigenart genau umschriebene, dem Geschäftsjahr oder einem früheren Geschäftsjahr zuzuordnende Aufwendungen gebildet werden, die am Abschlussstichtag wahrscheinlich oder sicher, aber hinsichtlich ihrer Höhe oder des Zeitpunkts ihres Eintritts unbestimmt sind.

Allgemein können folgende Fälle unterschieden werden:

1. Verpflichtungsrückstellung,
2. Risikorückstellung,
3. Verlust aus schwebenden Geschäften,
4. Aufwandsrückstellungen.

7.2 Buchung der Rückstellungen

Im Zusammenhang mit Rückstellungen können u.a. folgende Konten angesprochen werden. Beachten Sie, dass bei der Bildung der Rückstellungen das Gegenkonto das entsprechende Aufwandskonto ist.

SKR 03	IKR	Kontenbezeichnung
0950 – 0979	3700 – 3999	Rückstellungen
0974	3950	Rückstellungen für Gewährleistungen
2284	5481	Erträge aus der Auflösung von Rückstellungen für Steuern vom Einkommen und Ertrag
2289	5482	Erträge aus der Auflösung von Rückstellungen für sonstige Steuern
2735	5480	Erträge aus der Auflösung von Rückstellungen

SKR 03	IKR	Kontenbezeichnung
2020	6990	Periodenfremde Aufwendungen
2280	6991	Steuernachzahlungen Vorjahr
4320	7700	Gewerbesteuer
4790	6992	Aufwand für Gewährleistung

Geschäftsvorfälle	Konten	Soll	Haben
1. Bildung einer Rückstellung für Gewährleistung 12.000,00	4790 (6992) AufGewähr an 0974 (3950) Rückst	12.000,00	12.000,00
Jahresabschlussbuchungen	9300 (8020) GuV an 4790(6992) AufGewähr	12.000,00	12.000,00
	0974 (3950) Rückst 9400 (8010) SBK	12.000,00	12.000,00
Saldenvorträge im neuen Jahr	9000 (8000) SV an 0974 (3950) Rückst	12.000,00	12.000,00
Fall 1: Wir werden insgesamt mit einem höheren Betrag in Anspruch genommen als die Rückstellung 15.000,00	0974 (3950) Rückst 2020 (6990) PerifremAufw an 1200 (2800) Bank	12.000,00 3.000,00	15.000,00
Fall 2: Wir werden mit einem geringeren Betrag als die Rückstellung in Anspruch genommen 6.800,00	0974 (3950) Rückst an 1200 (2800) Bank	6.800,00	6.800,00
Den nicht mehr benötigten Teil der Rückstellung müssen wir wieder auflösen 5.200,00	0974 (3950) Rückst an 2735(5480) ErtrAuflö Rückst	5.200,00	5.200,00

Jahresabschlussbuchungen

Soll	4790 (6992) AufGew	Haben	Soll	0974 (3950) Rückst	Haben
Rü	12.000,00	GuV 12.000,00	SBK	12.000,00	AufG 12.000,00

Soll	9300 (8020) GuV	Haben	Soll	9400 (8010) SBK	Haben
AufG	12.000,00				Rü 12.000,00

Neues Geschäftsjahr

Kontendarstellung für Fall 1: Aufwand höher als Rückstellung

Soll	9000 (8000) SV	Haben	Soll	0974 (3950) Rückst	Haben
Rü	12.000,00		Ba	12.000,00	SV 12.000,00

C: Jahresabschluss

Soll	2020 (6990) PerifremAufw	Haben
Ba	3.000,00	

Soll	1200 (2800) Bank	Haben
	R/A	15.000,00

Neues Geschäftsjahr

Kontendarstellung für Fall 2: Aufwand kleiner als Rückstellung

Soll	9000 (8000) SV	Haben
Rü	12.000,00	

Soll	0974 (3950) Rückst		Haben
Ba	6.800,00	SV	12.000,00
EAR	5.200,00		

Soll	2735 (5480) ErtAuflRü	Haben
	Rü	5.200,00

Soll	1200 (2800) Bank	Haben
	Rü	6.800,00

Zusammenfassung

Rückstellungen dienen der periodengerechten Gewinnermittlung.

Sie müssen bzw. dürfen gebildet werden, wenn im neuen Geschäftsjahr mit Zahlungen zu rechnen ist, deren genaue Höhe und deren Fälligkeit nicht bekannt sind.

Wenn der Grund für die Rückstellungen entfallen ist, müssen sie aufgelöst werden.

Aufgaben

7-1. Bilden Sie zu folgenden Vorgängen die Buchungssätze.

Geschäftsvorfälle	Konten	Soll	Haben
Für Garantiezusagen ist am 31. Dez. eine Rückstellung zu bilden in Höhe von 4.500,00			
Die Konten sind abzuschließen			
Buchen des Saldovortrags im neuen Geschäftsjahr			
Wir haben insgesamt an Gewährleistung zu zahlen durch Banküberweisung 5.600,00			

7-2. Bilden Sie zu folgenden Vorgängen die Buchungssätze.

Geschäftsvorfälle	Konten	Soll	Haben
1. Unser Steuerberater wird uns für die Jahresabschlussarbeiten voraussichtlich 3.450,00 brutto berechnen			
2. Für einen von uns geführten Prozess zahlen wir an unseren Anwalt per Banküberweisung 4.570,00 netto. Wir hatten dafür im vergangenen Jahr eine Rückstellung von 5.000,00 gebildet			
3. Anfang März überweisen wir durch die Bank eine Gewerbesteuernachzahlung an das Finanzamt 5.250,00 Wir hatten im letzten Jahr dafür eine Rückstellung über 4.500,00 gebildet			
4. Zum Jahresabschluss wird mit einer Gewerbesteuerrestzahlung von 3.200,00 gerechnet			
5. Im April erhalten wir die endgültige Abrechnung zu Fall 4. Wir überweisen durch die Bank 3.100,00			

8 Abschlüsse verschiedener Unternehmensformen

In diesem Kapitel erhalten Sie einen Überblick über die Besonderheiten der Abschlüsse der verschiedenen Unternehmensformen.

Nach einer kurzen Skizzierung der verschiedenen Unternehmensformen zeigen wir, welche Regeln bei der Aufstellung des Abschlusses der Personengesellschaften und der Kapitalgesellschaften zu beachten sind.

8.1 Unternehmensformen

Grundsätzlich sind bei den Unternehmensformen zu unterscheiden
- Einzelunternehmen und
- Gesellschaftsunternehmen.

Einzelunternehmen gehören jeweils einem einzelnen Unternehmer. Er haftet für sein Unternehmen persönlich mit seinem gesamten Vermögen. Er richtet ein Konto 0870 Eigenkapital und ein Konto 1800 Privat (falls gewünscht untergliedert in weitere Konten) ein.

Gesellschaftsunternehmen werden eingeteilt in
- Personengesellschaften und
- Kapitalgesellschaften.

Bei den Personengesellschaften gibt es die
- OHG (Offene Handelsgesellschaft) und die
- KG (Kommanditgesellschaft).

Bei den Kapitalgesellschaften gibt es u.a. die
- AG (Aktiengesellschaft) und die
- GmbH (Gesellschaft mit beschränkter Haftung).

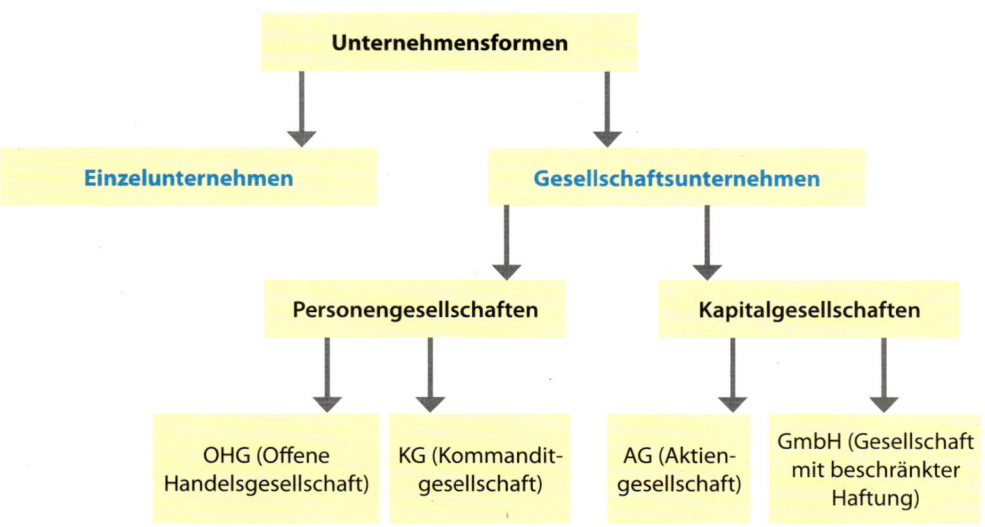

8.2 Personengesellschaften

Offene Handelsgesellschaft

In der OHG sind alle Gesellschafter grundsätzlich gleichgestellt. Sie haben sich gleichermaßen im Unternehmen zu engagieren und tragen das gleiche Risiko.

Entsprechend ist der Gewinn aufzuteilen, wenn keine anderen Regelungen getroffen wurden. Für jeden Gesellschafter werden ein Kapitalkonto und ein Privatkonto eingerichtet.

Die Gewinnverteilung richtet sich, sofern nichts anderes vereinbart wurde, nach § 121 HGB.

Danach gilt:
- vom Jahresgewinn erhält jeder Gesellschafter zunächst einen Anteil in Höhe von 4 % seines Kapitalanteils. Wenn der Gewinn dazu nicht ausreicht, verringert sich der Prozentsatz entsprechend.
- Einlagen und Entnahmen, die im Laufe des Jahres getätigt wurden, sind bei der Zinsberechnung zeitanteilig zu berücksichtigen.
- Der verbleibende Jahresgewinn oder der Verlust ist dann nach Köpfen zu verteilen.

Beispiel: Die an einer OHG beteiligten Gesellschafter haben zum 1. Jan. die in der Tabelle angegebenen Kapitaleinlagen.
A: Entnahme am 31. März. von 20.000 : 20.000 · 4 % : 12 · 9 = 600
C: Einlage am 30. Juni. von 40.000 : 40.000 · 4 % :12 · 6 = 800

Der Gewinn betrug 500.000,00 €, er ist nach § 121 HGB zu verteilen:

18 Schröter u.a. - ISBN: 978-3-8120-0017-8

C: Jahresabschluss

Gesell-schafter	Kapital am 1. Jan.	4 % Kapi-talverzin-sung	4 % Zinsen auf Einla-gen und Entnahmen	Restge-winn	Gesamt-gewinn	Privatent-nahmen	Kapital am 31. Dez.
A	400.000	16.000	- 600	152.600	168.000	- 20.000	548.000
B	300.000	12.000		152.600	164.600		464.600
C	350.000	14.000	+ 800	152.600	167.400	+ 40.000	557.400
	1.050.000	42.000	+ 200	457.800	500.000		1.570.000

Im neuen Jahr sind die Kapitalkonten mit den neu errechneten Beträgen zu eröffnen. Der Gewinn wird nach seiner endgültigen Feststellung über ein Gewinnverteilungskonto auf die Eigenkapitalkonten verteilt. In einer EDV-Buchführung ist eine Umbuchung des Gewinns nicht ohne Weiteres möglich. Die Unterkonten der Kapitalkonten werden automatisch in der Bilanz mit saldiert.[1]

Geschäftsvorfälle	Konten	Soll	Haben
Gewinnverteilung von 500.000 Kapitalverzinsung	9999 Gewinnverteilung	42.000	
	an 0871 Eigenkapital A		16.000
	an 0872 Eigenkapital B		12.000
	an 0873 Eigenkapital C		14.000
Zinsen auf Einlagen und Entnahmen	0871 Eigenkapital A	108	
	an 9999 Gewinnverteilung		108
	9999 Gewinnverteilung	800	
	an 0873 Eigenkapital C		800
Gewinn nach Köpfen	9999 Gewinnverteilung	457.308	
	an 0871 Eigenkapital A		152.436
	an 0872 Eigenkapital B		152.436
	an 0873 Eigenkapital C		152.436
Privatentnahmen	0871 Eigenkapital A	20.000	
	an 1801 Privat		20.000
	1803 Privat		
	an 0873 Eigenkapital C	40.000	40.000

Kommanditgesellschaft

In einer Kommanditgesellschaft gibt es zwei verschiedene Gesellschafterformen, den persönlich haftenden Komplementär und den nur in Höhe seiner Kapitaleinlage haftenden Kommanditisten. Der Kommanditist ist nicht selbst im Unternehmen tätig. Entsprechend wird die Gewinnverteilung zugunsten des Komplementärs geregelt. Zunächst gilt die Regelung wie bei der OHG, die Verteilung des Restgewinns ist in einem angemessenen Verhältnis vorzunehmen (§ 168 Abs. 2 HGB). Die genaue Aufteilung wird im Gesellschaftsvertrag festgelegt.

---

1   Vgl. dazu bei der DATEV das Programm JAHR und das Kapitel Jahresabschluss in Schröter: EDV-Buchführung.

8.3 Kapitalgesellschaften

Die Kapitalgesellschaften, wir sprechen hier nur die AG und die GmbH an, sind juristische Personen. Die Gesellschafter sind nicht Mitunternehmer, die Gesellschaft haftet ihren Gläubigern nur mit ihrem Kapital.

Für die Kapitalgesellschaften sind im HGB ergänzende Vorschriften getroffen (§§ 264ff.). Für die Kapitalgesellschaften ist die Gliederung der Bilanz und der GuV vorgeschrieben. Unterschiede gibt es hier, die abhängig sind von der Größe der Gesellschaft.[1] Wichtig ist hier noch, dass der Jahresabschluss um einen Anhang zu erweitern ist.[2]

Wir schauen uns die Gliederung des Eigenkapitals[3] an. Danach wird das Eigenkapital so ausgewiesen:
I.   Gezeichnetes Kapital
II. Kapitalrücklage
III. Gewinnrücklage
   1. gesetzliche Rücklage
   2. Rücklage für eigene Anteile
   3. satzungsmäßige Rücklage
   4. andere Gewinnrücklagen
IV. Gewinnvortrag/Verlustvortrag
V.   Jahresüberschuss/Jahresfehlbetrag

Bemerkenswert ist, dass normalerweise ein Verlust auf der Passivseite ausgewiesen wird. Erst wenn der Verlust das Eigenkapital übersteigt, ist auf der Aktivseite ein Posten „Nicht durch Eigenkapital gedeckter Fehlbetrag" auszuweisen.[4]

Gezeichnetes Kapital
Als gezeichnetes Kapital ist bei der AG das Grundkapital, bei der GmbH das Stammkapital auszuweisen (§ 152 Abs. 1 AktG, § 42 Abs. 1 GmbHG).

Kapitalrücklagen
U.a. Ausweis des Betrags, der bei der Ausgabe von Anteilen einschließlich von Bezugsanteilen über den Nennbetrag hinaus erzielt wird (§ 272 Abs. 2 HGB).

Gewinnrücklagen
Hier werden Beträge ausgewiesen, die aus dem Ergebnis im Geschäftsjahr oder einem früheren Geschäftsjahr gebildet worden sind. In die Gewinnrücklage gehört auch die gesetzliche Rücklage nach § 150 AktG. Danach ist in die Rücklage der zwanzigste Teil des um einen Verlustvortrag aus dem Vorjahr geminderten Jahresüberschusses einzustellen, bis die gesetzliche Rücklage und die Kapitalrücklagen nach § 272 Abs. 2 Nr. 1 bis 3 HGB den zehnten oder den in der Satzung bestimmten höheren Teil des Grundkapitals erreichen.

---

1   Vgl. § 267 HGB.
2   § 264 Abs. 1 HGB.
3   Vgl. § 266 Abs. 3 Buchstabe A, 272 HGB.
4   § 268 Abs. 3 HGB.

C: Jahresabschluss

Hinweis: Verwechseln Sie nicht die Rücklagen mit den Rückstellungen. Rücklagen werden aus dem bereits festgestellten Gewinn gebildet, sie sind Teil des Eigenkapitals. Rückstellungen sind erfolgswirksam, sie mindern den Gewinn.

Gewinnvortrag/Verlustvortrag – Jahresüberschuss/Jahresfehlbetrag

Beim Gewinnvortrag handelt es sich um Gewinne früherer Jahre, die weder ausgeschüttet noch den Rücklagen zugeführt wurden. Der Jahresüberschuss/ Jahresfehlbetrag entspricht dem Posten in der GuV-Rechnung, wenn die Bilanz vor Verwendung des Jahresgewinns aufgestellt wurde.

Größenmerkmale für Unternehmen[1]

Rechtsform	Bilanzsumme	Umsatzerlöse	Arbeitnehmer
Einzelkaufmann nach PublG	> 65 Mio. €	> 130 Mio. €	> 5.000
Personenhandelsgesellschaft nach PublG	> 65 Mio. €	> 130 Mio. €	> 5.000
Kleine Kapitalgesellschaften	≤ 4,84 Mio. €	≤ 9,86 Mio. €	≤ 50
Mittelgroße Kapitalgesellschaften	≤ 19,25 Mio. €	≤ 32,50Mio. €	≤ 250
Große Kapitalgesellschaften	>19,25 Mio. €	> 38,50 Mio. €	> 250
Börsennotierte Kapitalgesellschaften	gilt stets als große Kapitalgesellschaft		
Genossenschaften	wie Kapitalgesellschaft		

Zusammenfassung

In der OHG, in der jeder Gesellschafter unbeschränkt haftet, wird der Gewinn nach der gesetzlichen Regelung folgendermaßen verteilt: Jeder Gesellschafter erhält zunächst eine 4%ige Verzinsung seiner Kapitalanteile aus dem Gewinn, der Restgewinn wird nach Köpfen verteilt.

In der KG erhalten nach der gesetzlichen Regelung Komplementär und Kommanditist ebenfalls eine 4%ige Verzinsung ihrer Kapitalanteile. Der Rest ist in angemessenem Verhältnis unter Berücksichtigung der verschiedenen Rechtsstellungen der Gesellschafter (volle Haftung – beschränkte Haftung) zu verteilen.

In den Kapitalgesellschaften (AG, GmbH) wird nach Bildung der gesetzlichen Rücklagen der Gewinn entsprechend dem Beschluss der Hauptversammlung verteilt.

---

1 KapCoRiLiG

Aufgaben

8-1. An einer OHG haben die drei Gesellschafter zu Beginn eines Wirtschaftsjahres folgende Kapitaleinlagen.

Gesellschafter Knobloch	350.450,00 €
Gesellschafter Läuchli	248.900,00 €
Gesellschafter Brunner	560.340,00 €

Gesellschafter Knobloch hat am 20. Okt. 15.000,00 €, Gesellschafter Brunner am 15. Dez. 8.900,00 € entnommen.

Der Gewinn beträgt 245.000,00 €. Laut Gesellschaftsvertrag erhält jeder Gesellschafter einen Anteil in Höhe von 6 % seines Kapitalanteils. Der Restgewinn ist nach Köpfen zu verteilen. Erstellen Sie den Gewinnverteilungsplan.

Bilden Sie die erforderlichen Buchungssätze.

Gesell-schafter	Kapital zu Beginn	6 % Verzinsung des Kapital-anteils	6 % Zinsen auf Privatent-nahmen	Rest-gewinn	Gesamt-gewinn	Privatent-nahmen	Kapital am Ende des Geschäfts-jahres
Knobloch							
Läuchli							
Brunner							

Geschäftsvorfälle	Konten	Soll	Haben
Gewinnverteilung von 245.000,00 Kapitalverzinsung			
Zinsen auf Entnahmen			
Gewinn nach Köpfen			
Privatentnahmen			

C: Jahresabschluss

9 Gliederung des Rechnungswesens Gesetzliche Grundlagen der Buchführung (Rechnungslegung)

Die Finanzbuchführung ist ein Teilgebiet des Rechnungswesens.

In diesem Kapitel erhalten Sie einen grundlegenden Überblick über das Rechnungswesen mit seinen weiteren Gebieten und deren gegenseitigen Verknüpfungen.

Außerdem geben wir eine Zusammenfassung über die wichtigsten gesetzlichen Grundlagen der Buchführung und der Rechnungslegung.

9.1 Gliederung des Rechnungswesens

Im Laufe des Lehrgangs haben wir einige Male angedeutet, dass in der Finanzbuchführung gewonnene Daten in anderen Bereichen weiterverarbeitet werden können. Wir wollen hier jetzt einen kurzen Überblick geben über die Gliederung des Rechnungswesens.

Das Rechnungswesen besteht aus den vier Teilen:
- Buchführung (Finanzbuchführung),
- Kosten- und Leistungsrechnung,
- Statistik,
- Planung.

Buchführung
Die Aufgabe der Buchführung besteht darin,
- alle Geschäftsvorfälle des Unternehmens systematisch und vollständig zu erfassen und zu verarbeiten
- und den Erfolg durch Betriebsvermögensvergleich und durch Gegenüberstellung von Aufwendungen und Erträgen festzustellen.

Kosten- und Leistungsrechnung

In der Buchführung werden alle Aufwendungen und Erträge, gleichgültig, ob sie dem eigentlichen Betriebsziel zuzuordnen sind oder nicht, erfasst.

Beispiel: In einem Großhandelsbetrieb ist der eigentliche Betriebszweck die Verteilung von Waren. Dazu werden die Leistungen Einkauf, Zusammenstellung der Waren, Werbung, Verkauf, Transport erbracht.

Betrachten Sie im Kontenrahmen DATEV SKR 03 die Klasse 2. Dort finden Sie Konten für betriebsfremde Aufwendungen und Erträge, Zinsen, sonstige Aufwendungen und Erträge und kalkulatorische Kosten.

Alle diese Aufwendungen und Erträge gehören nicht zu dem eigentlichen Betriebszweck und werden für kalkulatorische Zwecke in der Kostenartenrechnung herausgerechnet.

Die Kosten- und Leistungsrechnung baut auf den Zahlen der Buchführung auf. Sie ermittelt die betrieblichen Leistungen und Kosten und ordnet sie schließlich den Kostenträgern zu.

Statistik

In der Statistik werden die in der Buchführung gewonnenen Daten weiterverarbeitet und aufbereitet. Sie dient dazu, Vergleiche zu früheren Rechnungsperioden oder zu anderen Unternehmen anzustellen oder Entwicklungen aufzuzeigen.

Planung

Die Planung versucht, die zukünftigen Entwicklungen in den verschiedenen Unternehmensbereichen vorauszuberechnen. Bereiche können sein: Finanzplanung, Kostenplanung, Verkaufsplanung.

9.2 Gesetzliche Grundlagen

HGB, AO, EStG, UStG

Zur Buchführung und zum Jahresabschluss gibt es eine Reihe von Vorschriften, die zu beachten sind. Teilweise sind die Vorschriften eindeutig, teilweise lassen sie einen Gestaltungsspielraum. So kann es durchaus vorkommen, dass ein bestimmtes Problem in zwei Buchführungen unterschiedlich gelöst werden kann.

Wir haben an vielen Stellen angegeben, auf welcher Grundlage eine bestimmte Lösung oder Interpretation beruht. Dadurch haben Sie die Möglichkeit, unsere Darstellung nachzuvollziehen. Schlagen Sie jeweils im Anhang in den Gesetzestexten und Richtlinien nach oder schauen Sie in der Bücherei in die entsprechenden Kommentare.

Die grundlegenden Vorschriften zur Rechnungslegung sind im Handelsgesetzbuch (HGB) enthalten. Das HGB ist auch für die steuerlichen Vorschriften maßgeblich.[1]

Von den Steuergesetzen sind für die Buchführung insbesondere die Abgabenordnung (AO), das Einkommensteuergesetz (EStG) und das Umsatzsteuergesetz (UStG) von Bedeutung.

---

1 Vgl. dazu u.a. Maier/Schmidt, Bürgerliches Recht und Steuerrecht, S. 5f. Vgl. dort auch zur Technik der Rechtsanwendung, S. 7ff.

C: Jahresabschluss

Die Gesetze werden durch Durchführungsverordnungen ergänzt und erläutert. Die Richtlinien sind Verwaltungsanordnungen, die einer einheitlichen Anwendung der Gesetze durch die Verwaltung dienen.

Außerdem gibt es eine Reihe von Kommentaren zu den Gesetzen. Diese Kommentare haben keine Verbindlichkeit, die Verwaltung und die Gerichte orientieren sich aber auch an ihnen. Auf zwei weit verbreitete Kommentare haben wir des Öfteren verwiesen, das ist der Kommentar von Adler/Düring/ Schmalz (ADS) und von Glade.

Die Rechnungslegungsvorschriften sind im Dritten Buch des HGB enthalten. Schauen Sie sich die Gliederung im Gesetz an.

Wer ist zur Buchführung verpflichtet? Dieser Frage wollen wir jetzt genauer nachgehen. Nach § 238 HGB ist jeder Kaufmann verpflichtet, Bücher zu führen. Kaufleute sind der
- Istkaufmann,
- Kannkaufmann und der
- Formkaufmann.

Derjenige, der ein Handelsgewerbe selbstständig betreibt, ist kraft Gesetzes Kaufmann (Istkaufmann), auch ohne Eintragung ins Handelsregister. Als Handelsgewerbe gilt dabei jeder Gewerbebetrieb, der nach Art und Umfang einen in kaufmännischer Weise eingerichteten Geschäftsbetrieb erfordert.

Darüber hinaus gilt ein Unternehmer als Kaufmann, wenn die Firma seines Unternehmens im Handelsregister eingetragen ist (Kannkaufmann). Ein in kaufmännischer Weise eingerichteter Geschäftsbetrieb ist nicht erforderlich. Die Eintragung ist freiwillig.

Die Handelsgesellschaften sind Kaufmann kraft Rechtsform (Formkaufmann).

Von der Bilanzierungs- und Buchführungspflicht befreit sind Kaufleute und Personengesellschaften, wenn sie im Jahr weniger als 50.000 € Gewinn machen oder der Umsatz unter 500.000 € beträgt.

9.3 Grundsätze ordnungsmäßiger Buchführung

Die Grundsätze ordnungsmäßiger Buchführung (GoB) sind ein unbestimmter Rechtsbegriff, der sich ständig fortentwickelt und wegen der wirtschaftlichen Entwicklung auch fortentwickeln muss.[1] Nach traditioneller Auffassung handelt es sich hierbei um diejenigen Buchführungsgrundsätze, die tatsächlich von ehrbaren und ordentlichen Kaufleuten angewendet werden. Daraus ergibt sich auch ihre Einstufung als Gewohnheitsrecht mit rechtsverbindlichem Charakter.[2]

Seit der Einführung des Bilanzrichtliniengesetzes sind wichtige GoB im Handelsgesetzbuch (HGB) festgehalten (kodifiziert, kodifizieren = in einem Gesetzbuch zusammenfassen); vgl. Ansatzvorschriften §§ 246 - 251 HGB, Bewertungsvorschriften §§ 252 - 256 HGB. Trotzdem wird weiterhin allgemein auf die GoB hingewiesen; vgl. § 238 Abs. 1 HGB und § 243 Abs. 1 HGB.

1   Glade, I 213
2   Horschitz u.a., S. 136

Der wichtigste Grundsatz ordnungsmäßiger Buchführung lautet:

Die Buchführung muss so beschaffen sein, dass sie

einem sachverständigen Dritten

innerhalb angemessener Zeit

einen Überblick

über die Geschäftsvorfälle und

über die Lage des Unternehmens

vermitteln kann (§ 238 Abs. 1 Satz 2 HGB).

Die Hauptaufgabe der Buchführung ist die Beweissicherung.[1]

In jeder Buchführung müssen

die Geschäftsvorfälle

dargestellt und

dokumentiert und

die Vermögenslage

ausgewiesen werden.[2]

1   Glade, I 224
2   Glade, I 225

C: Jahresabschluss

Anhang

Probeklausur Finanzbuchführung

Vorbemerkungen zur Durchführung der Probeklausur

Die folgende Probeklausur entspricht den üblichen Klausuren Buchführung. Zum Bestehen müssen Sie mindestens 50 % der angegebenen Punktzahl erreichen,

Als Hilfsmittel können zugelassen sein (Genaues regeln die jeweiligen Prüfungsordnungen): Lehrgangsunterlagen, teilnehmereigene Mitschriften, Taschenrechner, Kontenrahmen

Es wird in allen Aufgaben (falls erforderlich) mit 19 % Umsatzsteuer gearbeitet.

Die Bearbeitungszeit beträgt 180 Minuten.

Aufgabe 1   je 1 Punkt

Kreuzen Sie bei nachfolgenden Fragen die richtige Antwort an.
Nur eine Antwort ist richtig. Für jede richtige Antwort ein Punkt.

Übertragen Sie bitte Ihre Antworten in diese Tabelle.

1	2	3	4	5	6	7	8	9	10	11	12	13	14	15

1.1 Unter dem Begriff „Bücher der doppelten Buchführung „ versteht man:
a) das Sparbuch des Unternehmers
b) das Bankbuch
c) das Lehrbuch für Buchführung
d) das Grund- und Hauptbuch

1.2 Die Buchführungspflicht wird abgeleitet, aus
a) dem Bürgerlichen Gesetzbuch
b) aus der Zivilprozessordnung
c) aus dem Steuer- und dem Handelsrecht
d) aus der Strafprozessordnung

1.3 Skonto-Ertrag bei Anschaffung von Anlagevermögen wird gebucht
a) über das Konto „Anlagevermögen"
b) über das Konto „Erhaltene Skonti"
c) über das Konto „ Gewährte Skonti"
d) über das „GuV-Konto"

1.4 Die Passivseite der Bilanz gibt Auskunft über
a) Anlage- und Umlaufvermögen
b) die Mittelverwendung im Unternehmen
c) die einzelnen Vermögenswerte und deren Finanzierung
d) die Herkunft der im Unternehmen verwendeten Mittel

1.5 Die Geschäftsvorfälle werden in sachlicher Ordnung erfasst
a) im Grundbuch
b) in der gesetzlich vorgeschriebenen Bilanz
c) im Hauptbuch
d) zunächst im Inventar, dann in der Bilanz

1.6 Wechsel werden in der Buchhaltung so erfasst:
a) Schuldwechsel auf einem Aktivkonto
b) Besitzwechsel auf einem aktiven Bestandskonto
c) Schuldwechsel auf einem Aufwandskonto
d) Besitzwechsel auf einem Ertragskonto

1.7 Die zeitliche Abgrenzung dient immer
 a) der Übertragung von Erträgen und Aufwendungen auf das folgende Geschäftsjahr
 b) der korrekten Berücksichtigung von Erträgen und Aufwendungen des neuen in das alte Geschäftsjahr
 c) der richtigen Erfolgsermittlung entsprechend der zeitlichen Verursachung von Aufwendungen und Erträgen
 d) der zeitgerechten Abgrenzung der Aufwendungen von den Erträgen

1.8 Bei einer Buchung wurde der Betrag falsch eingegeben. Der Fehler wird durch eine „umgekehrte" Buchung rückgängig gemacht. Man nennt dies
 a) Saldierung
 b) Storno
 c) Passivierung
 d) Subtraktion

1.9 Welches Stichwort gehört zum Begriff „Inventur"?
 a) Bestandsverzeichnis
 b) Bestandsaufnahme
 c) Vermögens- und Schuldenverzeichnis
 d) Kontenabschluss

1.10 Welcher Geschäftsvorfall bewirkt eine Aktiv-Passiv-Minderung?
 a) Rückzahlung eines Darlehens über 20.000 € per Bank.
 b) Wareneinkauf auf Ziel, 3.500 €.
 c) Verkauf eines alten Lieferwagens gegen bar, 1.000 €.
 d) Ein Kunde überweist eine Rechnung über 5.000 €.

1.11 Die Buchungsregeln für passive Bestandskonten heißen:
 a) Anfangsbestand im Haben, Abgänge im Haben, Saldo im Soll, Zugänge im Haben
 b) Saldo im Soll, Zugänge im Haben, Abgänge im Soll, Saldovortrag im Haben
 c) Eröffnungsbestand im Haben, Saldo im Haben, Zugänge im Soll, Abgänge im Soll
 d) Zugangsbuchungen im Haben, Abgangsbuchungen im Soll, Saldovortrag im Soll, Saldo im Haben

1.12 Die Umsatzsteuer ist in der Regel an das Finanzamt abzuführen am
 a) 1. jeden Monats
 b) bis zum 10. jeden Monats
 c) bis zum 10. jedes Vierteljahres
 d) zum Monatsende

1.13 Auf welchem Konto wäre zu buchen, wenn es keine Erfolgskonten gäbe?
 a) Eröffnungsbilanzkonto
 b) Schlussbilanzkonto
 c) Eigenkapitalkonto
 d) Kassenkonto

1.14 Wie wird der Rohgewinn ermittelt?
 a) Wareneinkauf minus Warenverkauf
 b) Warenverkauf minus Wareneinkauf
 c) GuV-Konto saldieren
 d) Warenverkauf minus Wareneinsatz

1.15 Welche drei Warenkonten müssen eingerichtet werden?
 a) Warenaufwand – Warenverkauf – Warenbilanzkonto
 b) Warengewinnkonto –Warenaufwand – Warenverkaufskonto
 c) Erlösekonto – Warenbestandskonto – Wareneingangskonto
 d) Warenbestandskonto – Erlösekonto – Warenwirtschaftskonto

Aufgabe 2

Bilden Sie für nachfolgende Geschäftsvorfälle die Buchungssätze:

Geschäftsvorfälle	Konten	Soll	Haben	P
2.1 Warenverkauf auf Ziel, netto　　45.800,00				2
2.2 Warenrücksendung an einen Lieferanten, netto　　350,00				2
2.3 Wir kaufen Ware auf Ziel, netto　　29.231,20				2
2.4 Wir begleichen die Rechnung zu Geschäftsvorfall (2.3) per Banküberweisung				2
2.5 Wir begleichen die Rechnung zu Geschäftsvorfall (2.3) per Banküberweisung unter Abzug von 3 % Skonto				3
2.6 Wir leisten für eine Rechnung über 51.000,00 einen Abschlag über　　26.000,00				2

Geschäftsvorfälle	Konten	Soll	Haben	P
2.7 Für den Versand von Waren an einen Kunden erhalten wir eine Rechnung über 72,00 netto				2
2.8 Unser Kunde erhält folgende Rechnung Listenpreis 3.789,00 − 20 % Rabatt Frachtkosten 43,00 + 19 % USt Die Zahlung erfolgt später per Banküberweisung.				4
2.9 Unser Kunde begleicht die Rechnung zu Geschäftsvorfall (2.8) durch Banküberweisung unter Abzug von 2 % Skonto (Begründung)				3
2.10 Ein Kunde sendet vereinbarungsgemäß beschädigte Ware zurück, Gutschrift, netto 120,00				2
2.11 Wir überweisen einem Kunden vertragsgemäß am Monatsende einen Umsatzbonus von brutto 2.850,00				2
2.12 Wir kaufen für die Fertigung Rohstoffe für 40.500,00, Hilfsstoffe für 3.000,00 und für 1.500,00 Betriebsstoffe auf Rechnung ein (Nettobeträge)				3
2.13 Durch Materialentnahmescheine wurde folgender Werkstoffverbrauch ermittelt: Rohstoffe 23.000,00, Hilfsstoffe 1.900,00, Betriebsstoffe 2.200,00				2

Geschäftsvorfälle	Konten	Soll	Haben	P
2.14 In einer Tischlerei wird bei den Fertigen Erzeugnissen ein Endbestand von 59.000,00 festgestellt, der Anfangsbestand betrug 57.000,00. Buchen Sie die Bestandsveränderung				2
2.15 Wir haben folgende Ausgangsrechnung gebucht, brutto 7.721,00. Der Rechnungsbetrag muss aber richtig 7.712,00 heißen. Geben Sie zunächst die Buchung mit dem falschen Betrag an, stornieren Sie dann die falsche Buchung und buchen Sie mit dem richtigen Betrag.				4

2.16   8 Punkte insgesamt

Auf den Warenkonten ist wie angegeben gebucht worden. Der Warenendbestand beträgt 2.900,00 €. Stellen Sie die notwendigen Berechnungen an, bilden Sie die Buchungssätze und buchen Sie auf den Konten. Schließen Sie die Konten ab (außer SBK und GuV).

Geschäftsvorfälle	Konten	Soll	Haben	P
1. *Buchung der Bestandsminderung*				8
2. *Erhaltene Skonti abschließen*				
3. *Wareneinsatz buchen*				
4. *Konto Erlöse abschließen*				
5. *Warenendbestand buchen*				

Soll	3980 Warenbestand	Haben		Soll	8200 Erlöse	Haben
SV	4.100,00				Kasse	8.400,00

Soll	3200 Wareneingang	Haben		Soll	3730 Erh. Skonti	Haben
Verb	3.550,00				Verb	95,00
Verb	2.380,00				Verb	55,00

Soll	9410 SBK	Haben		Soll	9300 GuV	Haben

Aufgabe 3   10 Punkte

Bilden Sie die Buchungssätze:

Geschäftsvorfälle	Konten	Soll	Haben	P
3.1 Gehaltsabrechnung Bruttogehalt 2.100,00 Lohnsteuer 335,00 Kirchensteuer 31,00 Krankenvers. 140,00 Rentenvers. 190,00 Arbeitslosenvers. 60,00 Pflegevers. 16,00 Buchen Sie die Gehaltsabrechnung mithilfe des Kontos Lohn- und Gehaltsverrechnung				3

19 Schröter u.a. - ISBN 978-3-8120-0017-8

3.2 Arbeitgeberanteil zur Sozialversicherung				2
3.3 Überweisung der Gehälter und der Abzüge				1
3.4 Für unser Büro wird ein Drucker für 310,00 gegen Rechnung gekauft. Die Fracht- und Installationskosten über 100,00 netto sind bei Anlieferung bar fällig. Wir überweisen den Rechnungsbetrag unter Abzug von 3 % Skonto. Geben Sie die höchst mögliche Abschreibung bei einer Nutzungsdauer von 10 Jahren an (Buchung).				4

Aufgabe 4   30 Punkte

Im Rahmen der Jahresabschlussarbeiten bzw. zum Jahresende sind folgende Buchungen durchzuführen. Falls gefordert, geben Sie auch die jeweiligen Buchungen im neuen Geschäftsjahr an.

Geschäftsvorfälle	Konten	Soll	Haben	P
4.1 Für unsere Produkte geben wir eine zusätzliche freiwillige Garantiezusage. Wahrscheinlich zu erbringende Leistungen schätzen wir auf 19.000,00				2

Geschäftsvorfälle	Konten	Soll	Haben	P
4.2 Wir rechnen mit einer Gewerbesteuerrestzahlung von 1.300,00				2
4.3 Wir haben die Zinsen für Dezember für ein Darlehen noch nicht erhalten, 390,00 Jahresabschlussbuchung Jahreseröffnungsbuchungen im neuen Jahr Überweisung				4
4.4 Wir verkaufen Waren, netto 26.000,00				2
4.5 Der Kunde gerät im Laufe des Jahres in Zahlungsschwie-rigkeiten (4.4)				2
4.6 Wir rechnen zum Jahres-abschluss mit einem Ausfall unserer Forderung von 20 %				2
4.7 Vortragsbuchungen im neuen Jahr				1

Geschäftsvorfälle	Konten	Soll	Haben	P
4.8 Der Zahlungseingang ist kleiner als unsere Schätzung, 75 %				3
4.9 Auf den Gesamtbestand der Forderungen von 140.000,00 netto ist eine Pauschalwertberichtigung von 2 % zu bilden				2
4.10 Ein Kunde, dem wir Waren über netto 2.400,00 geliefert haben, gerät noch im selben Geschäftsjahr in Konkurs, wir erhalten nichts				2
4.11 Wir haben für ein Darlehen im Dezember die Zinsen für Januar im Voraus überwiesen, 950,00 laufende Buchung Jahresabschlussbuchung Jahreseröffnungsbuchungen				4

Geschäftsvorfälle	Konten	Soll	Haben	P
4.12 Wir haben die Zinsen für Dezember für ein Darlehen noch nicht erhalten, 555,00 Jahresabschlussbuchung im neuen Jahr Jahreseröffnungsbuchungen Überweisung				4

Literaturhinweise

ADS, Adler/Düring/Schmaltz, Rechnungslegung und Prüfung der Unternehmen. Kommentar zum HGB, AktG, GmbHG, PublG nach den Vorschriften des Bilanzrichtliniengesetzes, 5. Aufl., Stuttgart 1987

Glade, Rechnungslegung und Prüfung nach dem Bilanzrichtliniengesetz, Berlin- Herne 1986

Korth, Kontierungs-Handbuch 1993. Die Kontierung unter Berücksichtigung des gesetzlichen Gliederungsschemas und der DATEV-Kontenrahmen SKR 03 und SKR 04. In Zusammenarbeit mit der DATEV e.G., München 1993

Falterbaum/Beckmann, Buchführung und Bilanz, 14. Aufl., Achim 1992

Horschitz/Groß/Weidner, Bilanzsteuerrecht und Buchführung, 3. Aufl., Stuttgart 1991

Wöhe, Bilanzierung und Bilanzpolitik, 8. Aufl., München 1992

Olfert/Körner/Langenbeck, Bilanzen, 5. Aufl., Ludwigshafen 1989

DATEV (Hrsg.), Jahresabschluss. Musterauswertungen, Artikel-Nr. 10918, 2. Aufl., Nürnberg 1992

DATEV (Hrsg.), Tabellen und Informationen für den steuerlichen Berater, Artikel-Nr. 10807, Nürnberg 1995 (TabInf 1995)

DATEV (Hrsg.), DATEV Bilanz-ABC für Einsteiger. Gliederungsbegriffe und Vorschriften für den Jahresabschluss mit DATEV, Artikel-Nr. 10012, Nürnberg 1990

DATEV (Hrsg.), Finanzbuchführung. Leitfaden, Artikel-Nr. 10016, 2. Auflage, Nürnberg 1993

Popp/Hantke, Der Einzelabschluss nach dem neuen Bilanzrichtliniengesetz. Vergleichende Gegenüberstellung der handelrechtlichen und der steuerrechtlichen Vorschriften, Herne/Berlin 1986

Wöhe, Einführung in die Allgemeine Betriebswirtschaftslehre, 16. Aufl., München 1986

Kontenrahmen

- Industriekontenrahmen (IKR, Auszug aus dem Schulkontenrahmen)
- DATEV - Kontenrahmen SKR 03 (Auszug)

Die aktuellen ausführlichen Kontenrahmen können Sie sich aus dem Internet unter dem Stichwort Industriekontenrahmen bzw. bei der DATEV herunterladen.

Konten des Bilanzbereichs (Beständerechnung)

Aktivkonten

Kontenklasse 0

0 Immaterielle Vermögensgegenstände und Sachanlagen

- 00 Ausstehende Einlagen
- 01 Aufwendungen für die Ingangsetzung und Erweiterung des Geschäftsbetriebes (§ 269)

Immaterielle Vermögensgegenstände

- 02 Konzessionen, gewerbliche Schutzrechte und ähnliche Rechte
- 03 Geschäfts- oder Firmenwert
- 04 Geleistete Anzahlungen auf immaterielle Vermögensgegenstände

Sachanlagen

- 05 Grundstücke und Bauten
- 06 Frei
- 07 Technische Anlagen und Maschinen
- 08 Andere Anlagen, Betriebs- und Geschäftsausstattung
  - 080 Andere Anlagen
  - 081 Werkstätten- und Lagereinrichtung
  - 084 Fuhrpark
  - 086 Büromaschinen, Büromöbel
  - 089 Geringwertige Vermögensgegenstände der Betriebs-und Geschäftsausstattung
- 09 Geleistete Anzahlungen und Anlagen im Bau

Kontenklasse 1

1 Finanzanlagen

- 10 Frei
- 11 Anteile an verbundenen Unternehmen
- 12 Ausleihungen an verbundene Unternehmen
- 13 Beteiligungen
- 14 Ausleihungen an Unternehmen, mit denen ein Beteiligungsverhältnis besteht
- 15 Wertpapiere des Anlagevermögens
- 16 Sonstige Finanzanlagen (Sonstige Ausleihungen)

Kontenklasse 2

2 Umlaufvermögen und aktive Rechnungsabgrenzung (RAP)

Vorräte

- 20 Roh-, Hilfs- und Betriebsstoffe
  - 200 Rohstoffe
    - 2000 Rechnungsbeträge
    - 2001 Bezugskosten
    - 2002 Einstandspreiskorrekturen
    - 2003 Einstandspreiskorrekturen durch Liefererskonti
  - 201 Fremdbauteile (Untergliederung entsprechend 200)
  - 202 Hilfsstoffe (Untergliederung entsprechend 200)
  - 203 Betriebsstoffe (Untergliederung entsprechend 200)
- 21 Unfertige Erzeugnisse
- 22 Fertige Erzeugnisse und Handelswaren
  - 220 Fertige Erzeugnisse
  - 228 Handelswaren (Untergliederung entsprechend 200)
- 23 Geleistete Anzahlungen a. Vorräte

Forderungen und sonstige Vermögensgegenstände (24-26)

- 24 Forderungen aus Lieferungen und Leistungen
  - 240 Forderungen
  - 245 Besitzwechsel
  - 247 Zweifelhafte Forderungen
  - 248 Protestwechsel
- 25 Forderungen gegen verbundene Unternehmen
- 26 Sonstige Vermögensgegenstände
  - 260 Vorsteuer
  - 263 Sonstige Forderungen an Finanzbehörden (ausgezahlte Arbeitnehmersparzulage)
  - 265 Forderungen an Mitarbeiter
  - 267 Andere sonstige Forderungen
- 27 Wertpapiere des Umlaufvermögens
- 28 Flüssige Mittel
  - 280 Guthaben bei Kreditinstituten (Bank)
  - 285 Postgiroguthaben
  - 286 Schecks
  - 288 Kasse
- 29 Aktive Rechnungsabgrenzung
  - 290 Disagio
  - 293 Andere aktive Rechnungsabgrenzungsposten

Passivkonten

Kontenklasse 3

3 Eigenkapital und Rückstellungen

Eigenkapital

- 30 Kapitalkonto/Gezeichnetes Kapital

Bei Einzelfirmen und Personengesellschaften:

- 300 Kapitalkonto Gesellschafter A
  - 3000 Eigenkapital
  - 3001 Privatkonto
- 301 Kapitalkonto Gesellschafter B (Untergliederung entsprechend 300)

Bei Kapitalgesellschaften:

- 300 Gezeichnetes Kapital
- 31 Kapitalrücklage
- 32 Gewinnrücklagen
  - 321 Gesetzliche Rücklagen
  - 323 Satzungsmäßige Rücklagen
  - 324 Andere Gewinnrücklagen
- 33 Ergebnisverwendung
  - 332 Ergebnisvortrag aus früheren Perioden
  - 333 Entnahmen aus der Kapitalrücklage
  - 334 Veränderungen der Gewinnrücklagen vor Bilanzergebnis
  - 335 Bilanzergebnis (Bilanzgewinn/Bilanzverlust)
  - 338 Einstellungen in die Gewinnrücklagen nach Bilanzergebnis
  - 339 Ergebnisvortrag auf neue Rechnung
- 34 Jahresüberschuss/Jahresfehlbetrag
- 35 Sonderposten mit Rücklageanteil
- 36 Wertberichtigungen
  - 360 Wertberichtigungen zu Sachanlagen
  - 363 Wertberichtigungen zu Beteiligungen
  - 364 Pauschalwertberichtigungen zu Forderungen
  - 367 Einzelwertberichtigungen zu Forderungen

Rückstellungen

- 37 Rückstellungen für Pensionen und ähnliche Verpflichtungen
- 38 Steuerrückstellungen
- 39 Sonstige Rückstellungen

Konten des Ergebnisbereichs (Erfolgsrechnung)

Passivkonten	Erträge	Aufwendungen

Kontenklasse 4
4 Verbindlichkeiten und passive Rechnungsabgrenzung (RAP)

40 Frei
41 Anleihen
42 Verbindlichkeiten gegenüber Kreditinstituten
   420 Kurzfristige Bankverbindlichkeiten
   425 Langfristige Bankverbindlichkeiten
43 Erhaltene Anzahlungen auf Bestellungen
44 Verbindlichkeiten aus Lieferungen und Leistungen
45 Schuldwechsel
46 Verbindlichkeiten gegenüber verbundenen Unternehmen
47 Verbindlichkeiten gegenüber Unternehmen, mit denen ein Beteiligungsverhältnis besteht
48 Sonstige Verbindlichkeiten
   480 Umsatzsteuer
   483 Sonst. Steuerverbindlichkeiten
   484 Verbindlichkeiten gegenüber Sozialversicherungsträgern
   485 Verbindlichkeiten gegenüber Mitarbeitern
   486 Verbindlichkeiten aus abzuführenden vermögenswirksamen Leistungen
   487 Verbindlichkeiten gegenüber Gesellschaftern (z. B. Gewinnanteilkonten Kommanditisten)
   489 Übrige sonstige Verbindlichkeiten
49 Passive Rechnungsabgrenzung
   490 Passive Rechnungsabgrenzungsposten

Kontenklasse 5
5 Erträge

50 Umsatzerlöse für eigene Erzeugnisse und andere eigene Leistungen
   500 Umsatzerlöse
      5001 Erlösberichtigungen
      5002 Erlösberichtigungen durch Kundenskonti
51 Umsatzerlöse für Handelswaren
   Untergliederung entsprechend 50
52 Erhöhung oder Verminderung des Bestandes an unfertigen und fertigen Erzeugnissen (Bestandsveränderungen)
53 Andere aktivierte Eigenleistungen
54 Sonstige betriebliche Erträge
   540 Nebenerlöse aus Vermietung und Verpachtung
   541 Sonstige Erlöse
   542 Eigenverbrauch
   544 Erträge aus Werterhöhungen von Gegenständen des Anlagevermögens
   545 Erträge aus Werterhöhungen von Gegenständen des Umlaufvermögens außer Vorräten und Wertpapieren
      5451 aus der Auflösung oder der Pauschalwertberichtigung
      5452 aus der Auflösung oder Herabsetzung der Einzelwertberichtigung
   546 Erträge aus dem Abgang von Vermögensgegenständen
   547 Erträge aus der Auflösung von Sonderposten mit Rücklageanteil
   548 Erträge aus der Herabsetzung von Rückstellungen
   549 Periodenfremde Erträge
55 Erträge aus Beteiligungen
56 Erträge aus anderen Wertpapieren und Ausleihungen des Finanzanlagevermögens
57 Sonstige Zinsen und ähnliche Erträge
   571 Bankzinsen
   573 Diskonterträge
   578 Erträge aus Wertpapieren des Umlaufvermögens
   579 übrige sonstige Zinsen
58 Außerordentliche Erträge
59 Erträge aus Verlustübernahme

Kontenklasse 6
6 Betriebliche Aufwendungen

Materialaufwand

60 Aufwendungen für Roh-, Hilfs- und Betriebsstoffe und Handelswaren
   600 Aufwendungen für Rohstoffe
   601 Aufwendungen für Fremdbauteile
   602 Aufwendungen für Hilfsstoffe
   603 Aufwendungen für Betriebsstoffe
   604 Verpackungsmaterial
   605 Energie
   606 Reparaturmaterial
   608 Aufwendungen für Handelswaren (Wareneinsatz)
   609 Sonderabschreibungen auf Material und Waren
61 Aufwendungen für bezogene Leistungen
   610 Fremdleistungen für Erzeugnisse
   614 Frachten und Fremdlager
   615 Vertriebsprovisionen
   616 Fremdinstandhaltung
   617 Sonstige Aufwendungen für bezogene Leistungen

Personalaufwand

62 Löhne
63 Gehälter
64 Soziale Abgaben und Aufwendungen für Altersversorgung und für Unterstützung

Abschreibungen auf Anlagevermögen

65 Abschreibungen
   651 Abschreibungen auf immaterielle Vermögensgegenstände des Anlagevermögens
   652 Abschreibungen auf Grundstücke und Gebäude
   654 Abschreibungen auf Anlagen, Maschinen, Betriebs- und Geschäftsausstattung

Sonstige betriebliche Aufwendungen (66-70)

66 Sonstige Personalaufwendungen
67 Aufwendungen für die Inanspruchnahme von Rechten und Diensten
   670 Mieten, Pachten, Erbbauzinsen
   671 Leasing
   672 Lizenzen und Konzessionen
   673 Gebühren

Konten des Ergebnisbereichs (Erfolgsrechnung)		Konten für Eröffnung und Abschluss

Aufwendungen

Kontenklasse 6 6 Betriebliche Aufwendungen	Kontenklasse 7 7 Weitere Aufwendungen	Kontenklasse 8 8 Ergebnisrechnung

Kontenklasse 6
6 Betriebliche Aufwendungen

- 675 Kosten des Geldverkehrs
- 676 Provisionen
- 677 Prüfung, Beratung, Rechtsschutz
- 68 Aufwendungen für Kommunikation
- 680 Büromaterial
- 681 Zeitungen und Fachliteratur
- 682 Post
- 685 Reisekosten
- 687 Werbung
- 689 Sonstige Aufwendungen für Kommunikation
- 69 Aufwendungen für Beiträge und Sonstiges sowie Wertkorrekturen und periodenfremde Aufwendungen
- 690 Versicherungsbeiträge
- 692 Beiträge zu Wirtschaftsverbänden und Berufsvertretungen
- 693 Andere sonstige betriebliche Aufwendungen
- 695 Verluste aus Wertminderungen von Gegenständen des Umlaufvermögens (außer Vorräten und Wertpapieren)
  - 6951 Abschreibungen auf Forderungen wegen Uneinbringlichkeit
  - 6952 Einzelwertberichtigungen
  - 6953 Pauschalwertberichtigungen
  - 6954 Kursverluste bei Forderungen und Verbindlichkeiten in Fremdwährung und Valutabeständen
- 696 Verluste aus dem Abgang von Vermögensgegenständen
- 697 Einstellungen in den Sonderposten mit Rücklageanteil
- 698 Zuführungen zu Rückstellungen soweit nicht unter anderen Aufwendungen erfassbar
- 699 Periodenfremde Aufwendungen (soweit nicht bei den betreffenden Aufwandsarten zu erfassen)

Kontenklasse 7
7 Weitere Aufwendungen

- 70 Betriebliche Steuern
- 700 Gewerbekapitalsteuer
- 701 Vermögensteuer
- 702 Grundsteuer
- 703 Kraftfahrzeugsteuer
- 705 Wechselsteuer
- 709 Sonstige betriebliche Steuern
- 71 Frei
- 72 Frei
- 73 Frei
- 74 Abschreibungen auf Finanzanlagen und auf Wertpapiere des Umlaufvermögens und Verluste aus entsprechenden Abgängen
- 75 Zinsen und ähnliche Aufwendungen
- 750 Zinsen und ähnliche Aufwendungen an verbundene Unternehmen
- 751 Bankzinsen
- 753 Diskontaufwand
- 754 Abschreibungen auf Disagio
- 759 Sonstige Zinsen und ähnliche Aufwendungen
- 76 Außerordentliche Aufwendungen
- 77 Steuern vom Einkommen und Ertrag
- 770 Gewerbeertragsteuer
- 771 Körperschaftsteuer
- 772 Kapitalertragsteuer
- 78 Sonstige Steuern
- 79 Aufwendungen aus Gewinnabführungsvertrag

Kontenklasse 8
8 Ergebnisrechnung

- 80 Eröffnung/Abschluss
- 800 Eröffnungsbilanzkonto
- 801 Schlussbilanzkonto
- 802 GuV-Konto Gesamtkostenverfahren
- 803 GuV-Konto Umsatzkostenverfahren

Konten der Kostenbereiche für die GuV im Umsatzkostenverfahren

- 81 Herstellungskosten
- 82 Vertriebskosten
- 83 Allgemeine Verwaltungskosten
- 84 Sonstige betriebliche Aufwendungen

Konten der kurzfristigen Erfolgsrechnung (KER) für innerjährige Rechnungsperioden (Monat, Quartal, Halbjahr)

- 85 Korrekturkonten zu den Erträgen der Kontenklasse 5
- 86 Korrekturkonten zu den Aufwendungen der Kontenklasse 6
- 87 Korrekturkonten zu den Aufwendungen der Kontenklasse 7
- 88 Kurzfristige Erfolgsrechnung (KER)
- 89 Innerjährige Rechnungsabgrenzung

Kontenklasse 9
9 Kosten- und Leistungsrechnung (KLR)

- 90 Unternehmensbezogene Abgrenzungen (betriebsfremde Aufwendungen und Erträge)
- 91 Kostenrechnerische Korrekturen
- 92 Kostenarten und Leistungsarten
- 93 Kostenstellen
- 94 Kostenträger
- 95 Fertige Erzeugnisse
- 96 Interne Lieferungen und Leistungen sowie deren Kosten
- 97 Umsatzkosten
- 98 Umsatzleistungen
- 99 Ergebnisausweise

In der Praxis wird die KLR gewöhnlich tabellarisch durchgeführt. Es wird auf die dreibändigen BDI-Empfehlungen zur Kosten- und Leistungsrechnung hingewiesen.

Kontenrahmen DATEV SKR 03 (Auszug)

0	Anlage- und Kapitalkonten	1	Finanz- und Privatkonten
0065	Grundstücke	1000	Kasse
0080	Bauten auf eig. Grundstück	1100	Postbank
0200	Technische Anlagen und Maschinen	1200	Bank
0300	Fuhrpark	1300	Wechsel aLuL (Besitzwechsel)
0320	Pkw	1329	Protestwechsel
0350	Lkw	1330	Schecks
0380	Sonstige Transportmittel	1348	Sonstige Wertpapiere
0400	Andere Anlagen, Betriebs- u. Geschäftsausstattung (BGA)	1360	Geldtransit
0480	Geringwertige Wirtschaftsgüter bis 410 Euro	1400	Forderungen aLuL
0485	Sammel-Kto. GWG	1460	Zweifelhafte Forderungen
0630	Verbindlichkeiten gegenüber Kreditinstituten	1500	Sonstige Vermögensgegenstände (Sonst. Forderungen)
0650	Verbindlichkeiten gegenüber Kreditinstituten (Hypothekendarlehen)	1530	Forderungen gegen Personal
0871	Eigenkapital	1570	Abziehbare Vorsteuer
0930	Sonderposten mit Rücklaganteil (SmR)	1572	Abz. Vorsteuer a. innergemeinschaftl. Erwerb
0950	Rückstellung f. Pensionen	1588	Bezahlte Einfuhr-USt
0955	Steuerrückstellungen	1590	Durchlaufende Posten
0957	Gewerbesteuerrückstellung	1600	Verbindlichkeiten aLuL
0970	Sonstige Rückstellungen	1660	Schuldwechsel
0974	Rückstellungen für Gewährleistungen	1700	Sonstige Verbindlichkeiten
0980	Aktive Rechnungsabgrenzung (ARAP)	1705	Darlehen (außer gg. Kreditinstituten)
0990	Passive Rechnungsabgrenzung (PRAP)	1710	Erhaltene Anzahlungen
0996	Pauschalwertberichtigung auf Forderungen (PWB)	1740	Verbindlichkeiten aus Lohn und Gehalt
0998	Einzelwertberichtigung auf Forderungen (EWB)	1741	Verbindlichkeiten aus Lohn- und Kirchensteuer
		1742	Verbindlichk. im Rahmen der sozialen Sicherheit
		1750	Verbindlichkeiten aus Vermögensbildung
		1755	Lohn- und Gehaltsverrechn.
		1770	Umsatzsteuer
		1772	Umsatzsteuer aus innergemeinschaftl. Erwerb
		1777	Ust aus im Inland stpfl. EG-Lieferungen
		1780	USt-Vorauszahlung
		1785	USt-Verrechnung
		1789	Umsatzsteuer lfd. Jahr
		1790	Umsatzsteuer Vorjahr
		1792	Sonstige Verrechnungen
		1800	Privatentnahmen
		1890	Privateinlagen

2	Abgrenzungskonten	3	Wareneingangs- und Bestandskto.
2000	Außerordentliche Aufwendungen	3000	Roh-, Hilfs- und Betriebsstoffe-
2010	Betriebsfremde Aufwend.	3200	Wareneingang
2020	Periodenfremde Aufwend.	3700	Nachlässe
2100	Zinsen u. ähnl. Aufwend.	3730	Erhaltene Skonti
2130	Diskontaufwendungen	3740	Erhaltene Boni
2170	Nicht abziehbare Vorsteuer	3770	Erhaltene Rabatte
2200	Körperschaftssteuer	3800	Anschaffungsnebenkosten
2210	Kapitalertragssteuer	3850	Zölle und Einfuhrabgaben
2220	Vermögenssteuer	3960	Bestandsveränderungen
2280	Steuernachzahl. Vorjahr	3970	Bestand Roh-, Hilfs- und Betriebsstoffe
2300	Sonstige Aufwendungen	3980	Bestand Waren
2310	Anlagenabgänge (Restbuchwert/Buchverlust)		
2315	Anlagenabgänge (Restbuchwert/Buchgewinn)	**4**	**Betriebliche Aufwendungen**
2320	Verluste aus dem Abgang von Gegenständen des Anlagevermögens	4000	Material- und Stoffverbrauch (Roh-, Hilfs- und Betriebsstoffe)
2325	Verluste aus dem Abgang von Gegenständen des Umlaufvermögens (außer Vorräten)	4100	Löhne und Gehälter
2340	Einstellung in SmR (steuerfreie Rücklagen)	4130	Gesetzliche soziale Aufwendungen
2341	Einstellung in Rückstellg.	4140	Freiwillige soziale Aufwendungen, Ist-Frei-
2345	Einstellungen in SmR (Sonderabschreibungen)	4145	Freiwillige soziale Aufwendungen, Ist-Pflichtig
2350	Grundstücksaufwendungen	4200	Raumkosten
2375	Grundsteuer	4210	Miete
2400	Forderungsverluste (übliche Höhe)	4220	Pacht
2430	Forderungsverluste (unüblich hoch)	4230	Heizung
2450	Einstellung in die PWB zu Forderungen	4240	Gas, Wasser, Strom
2496	Einstellung in die gesetzliche Rücklage	4250	Reinigung
2500	Außerordentliche Erträge	4260	Instandhaltung Räume
2510	Betriebsfremde Erträge	4280	Sonstige Raumkosten
2520	Periodenfremde Erträge	4320	Gewerbesteuer
2650	Zinsen und ähnliche Erträge		
2670	Diskonterträge	4335	Gewerbekapitalsteuer
2700	Sonstige Erträge	4340	Sonstige Betriebssteuern
2720	Erträge aus aus dem Abgang von Gegenständen des Anlagevermögens	4360	Versicherungen
2730	Erträge Herabsetzung PWB-Forderungen	4380	Beiträge
2732	Erträge aus abgeschriebenen Forderungen	4390	Sonstige Abgaben
2735	Erträge aus der Auflösung von Rückstellungen	4500	Fahrzeugkosten
2740	Erträge Auflösung SmR (steuerfr. Rücklagen)	4510	Kfz-Steuern
2741	Erträge Auflösung SmR (Sonderabschreibungen)	4520	Kfz-Versicherungen
2742	Versicherungsentschädigungen	4530	Laufende Kfz-Betriebskosten
2743	Investitionszuschüsse	4540	Kfz-Reparaturen
2744	Investitionszulagen	4570	Leasingfahrzeugkosten
2750	Grundstückserträge		

4600	Werbe- und Reisekosten	**8**	**Erlöskonten**
4630	Geschenke bis 35 €	8200	Erlöse
4635	Geschenke über 35 €	8500	Provisionserlöse
4640	Repräsentationskosten	8590	Verrechnete Sachbezüge
4650	Bewirtungskosten	8600	Sonstige Erlöse
4655	Nicht abzugsfähige Betriebsausgaben	8650	Erlöse, Zinsen und Diskontspesen
4660	Reisekosten Arbeitnehmer	8700	Erlösschmälerungen
4670	Reisekosten Unternehmer	8730	Gewährte Skonti
4700	Kosten der Warenabgabe	8740	Gewährte Boni
4710	Verpackungsmaterial	8770	Gewährte Rabatte
4730	Ausgangsfrachten	8801	Erlöse aus Anlagenver käufen (bei Buchverlust)
4830	Abschreibungen auf Sachanlagen	8900	Eigenverbrauch
4855	Sofortabschreibungen GWG		
4862	Abschreibung GWG		
4886	Abschreibung auf Forderungen		
4900	Sonst. betriebliche Aufwendungen		
4910	Porto	**9**	**Vortragskonten (Abschlusskonten)**
4920	Telefon	9000	Saldenvorträge Sachkonten (EBK)-
4930	Bürobedarf	9008	Saldenvorträge Debitoren
4940	Zeitschriften	9009	Saldenvorträge Kreditoren
4950	Rechts- und Beratungskosten	9300	Gewinn- und Verlustkonto
4955	Buchführungskosten	9400	Schlussbilanzkonto
4957	Abschluss- und Prüfungskosten	9999	Gewinnverteilungskonto
4970	Nebenkosten des Geldverkehrs		
4980	Betriebsbedarf		
7	**Bestände an Erzeugnissen**		
7050	Unfertige Erzeugnisse (Bestand)		
7110	Fertige Erzeugnisse (Bestand)		

Stichwortverzeichnis